北京建筑文化学术研究系列

本书由北京建筑大学文化发展研究院资助

光明社科文库
GUANGMING DAILY PRESS:
A SOCIAL SCIENCE SERIES

·历史与文化书系·

北京城市与红色文化

主　编｜孙冬梅　孙希磊
副主编｜李　伟　毕瀚文　陈荟洁

光明日报出版社

图书在版编目（CIP）数据

北京城市与红色文化 / 孙冬梅，孙希磊主编 . -- 北京：光明日报出版社，2022.3
ISBN 978-7-5194-6496-7

Ⅰ.①北… Ⅱ.①孙…②孙… Ⅲ.①革命纪念地—介绍—北京 Ⅳ.①K878.2

中国版本图书馆 CIP 数据核字（2022）第 048295 号

北京城市与红色文化
BEIJING CHENGSHI YU HONGSE WENHUA

主　　编：孙冬梅　孙希磊	
责任编辑：杨　茹	责任校对：杨静熙
封面设计：中联华文	责任印制：曹　净

出版发行：光明日报出版社
地　　址：北京市西城区永安路 106 号，100050
电　　话：010-63169890（咨询），010-63131930（邮购）
传　　真：010-63131930
网　　址：http://book.gmw.cn
E - mail：gmrbcbs@gmw.cn
法律顾问：北京市兰台律师事务所龚柳方律师
印　　刷：三河市华东印刷有限公司
装　　订：三河市华东印刷有限公司
本书如有破损、缺页、装订错误，请与本社联系调换，电话：010-63131930

开　　本：170mm×240mm	
字　　数：222 千字	印　　张：15.5
版　　次：2022 年 3 月第 1 版	印　　次：2022 年 3 月第 1 次印刷
书　　号：ISBN 978-7-5194-6496-7	
定　　价：95.00 元	

版权所有　　翻印必究

序 言

　　建筑作为体量最大、最显著的文化形象和代表，是历史长河中经过几千年积累留下的丰厚文化遗产。研究、传承和弘扬优秀建筑文化遗产，有助于促进中华文化发展、增强文化自信，这也是北京建筑大学文化发展研究院的使命和责任。

　　北京建筑大学文化发展研究院自 2020 年 7 月成立以来，聚焦首都全国文化中心建设，依托学校学科专业优势，汇聚专家力量，围绕建筑文化遗产，成功举办了两场主题为"传承长城红色文化，弘扬长城文化精神"和"挖掘文化价值，保护利用历史景观"的高端学术研讨会，正是专家学者们展开的深入研究和精彩对话，才促使我们结集出版了《北京城市与红色文化》（以下简称《文集》）。

　　《文集》由长城红色文化和北京中轴线两大部分组成，共 15 万余字，汇集 22 位知名专家和青年学者的 19 篇重要论文。长城红色文化板块包含《长城文化带的红色文化内涵挖掘与片区打造》《北京长城红色文化的特征及其当代价值》《讲好长城抗战故事　传承红色文化精神》等 8 篇论文。文章从不同的切入点探讨了长城文化带的红色文化内涵、文化资源、红色遗存、红色基因等，对长城红色文化的政治、经济、社会、文化等方面的价值进行了深入分析与阐释。值得一提的是，还有专家探讨长城红色文化与高校思想政治教育的融合路径，从校地共建、校园文化环境熏陶等多角度对北京长城红色文化融入首都高校思想政治教育提出了可行性建议。北京中轴线板块包含《北京中轴线保护与利用调查研究》《文化遗产中的北京中轴线及其保护现状及路径》《北京中轴线文化遗产数字化说明导览系统建设的探索与实践》等 11 篇论文。文章运用文献梳理、实地调研、案例分析等方式，从多角度阐释了北京中轴线的历史背景、时代风貌、文化变迁、遗产分布、现实意义等，还有学者提出了北京核心区内传统建筑和院落微更新策略。

《北京城市与红色文化》是北京建筑大学文化发展研究院成立以来推出的第一本论文集。在此，我谨代表北京建筑大学文化发展研究院感谢各位专家和学者的支持。相信本论文集能为学界各位同人的研究提供一些帮助，为挖掘长城红色文化资源、弘扬长城精神提供有价值的参考，从学理和实践的双重维度为北京中轴线申遗建言献策并提供学术支持。

孙冬梅

北京建筑大学文化发展研究院院长

目 录
CONTENTS

第一部分　长城红色文化

长城文化带的红色文化内涵挖掘与片区打造 ………………………… 3
一、长城文化带的红色文化内涵 ………………………………… 4
二、长城文化带的红色文化资源 ………………………………… 5
三、组团打造过程中弘扬长城文化带红色文化 ……………… 13

北京长城红色文化的特征及其当代价值 …………………………… 15
一、北京长城红色文化的民族性与继承性 …………………… 16
二、北京长城红色文化的丰富性与多样性 …………………… 17
三、北京长城红色文化的时代性 ……………………………… 23
四、北京长城红色文化的地域性 ……………………………… 23

讲好长城抗战故事　传承红色文化精神 …………………………… 26
一、长城抗战是长城文化的重要组成部分 …………………… 27
二、讲好长城抗战故事，传承红色文化精神 ………………… 28

北京长城红色文化与高校思想政治教育的融合路径探究 ………… 31
一、北京长城红色文化与高校思想政治教育的内在契合 …… 32

二、北京长城红色文化融入大学生思想政治教育的机遇与挑战 …… 34
　　三、北京长城红色文化与高校思想政治教育的融合路径 ………… 37

香山建国的伟大意义及精神启示 …………………………………… **40**
　　一、香山建国的伟大历史意义 ………………………………………… 41
　　二、香山建国的精神启示 ……………………………………………… 53

北京关口城堡文化与抗战 …………………………………………… **72**
　　一、北京长城沿线的红色文化教育基地 ……………………………… 72
　　二、中华民族的长城抗战 ……………………………………………… 83

烽火白羊城——国民抗日军发展史迹探略 ………………………… **90**
　　一、关西要害白羊城 …………………………………………………… 91
　　二、白羊城起义——打响平郊民众抗日第一枪 ……………………… 93
　　三、改编：从"红蓝箍"到"五支队" ……………………………… 97
　　四、浅析赵同事件 …………………………………………………… 100
　　五、国民抗日军的历史评价 ………………………………………… 101

党的统一战线与平北抗日根据地的建立及发展 ………………… **103**
　　一、党的统一战线与平北抗日根据地的建立 ……………………… 103
　　二、党的统一战线与平北抗日根据地的发展相辅相成 …………… 104
　　三、党的统一战线使平北抗日根据地赢得抗战胜利 ……………… 109

第二部分　北京中轴线

北京中轴线之美 …………………………………………………… **113**
　　一、北京中轴线韵律之美 …………………………………………… 114
　　二、北京中轴线建筑之美 …………………………………………… 116
　　三、北京中轴线中正和谐之美 ……………………………………… 121

北京中轴线保护与利用调查研究 ... 125
一、研究背景 ... 125
二、现状调查 ... 127
三、经验借鉴 ... 128
四、思路与对策 ... 128
五、几点建议 ... 136

北京中轴线古代建筑研究 ... 138
一、研究的背景 ... 138
二、元代中轴线上的建筑 ... 140
三、明代中轴线上的建筑 ... 142
四、清代中轴线上的建筑 ... 145
五、结语 ... 147

北京中轴线文化遗产数字化说明导览系统建设的探索与实践 ... 148
引言 ... 148
一、北京中轴线文化遗产数字化说明导览系统的背景与意义 ... 149
二、北京中轴线文化遗产数字化说明导览系统的四大理念 ... 150
三、北京中轴线文化遗产数字化说明导览系统建设的
    三大着眼点和四大核心功能 ... 152
四、北京中轴线文化遗产数字化说明导览系统建设的技术路线 ... 156
五、结语 ... 157

民国北京中轴线的历史变迁 ... 158
一、皇宫·故宫·故宫博物院 ... 158
二、天安门前区域的改造 ... 161
三、中轴线南段的变化 ... 165
四、中轴线北段的变化 ... 167
五、结语 ... 169

北京中轴线文化遗产保护利用研究综述 ················ **171**
 一、关于北京中轴线文化遗产保护利用的研究情况 ········ **172**
 二、国内外关于城市轴线的研究综述 ················ **180**
 三、北京中轴线文化遗产保护利用研究方向展望 ········ **184**

元大都精准测量和测控基线考证——兼论钟楼和胡同的本源 ···· **186**
 一、精心规划设计精准建造的都城 ················ **186**
 二、元大都测量基线和测控网推测 ················ **191**
 三、与测控导线有关联的测量方法和胡同遗迹 ········ **199**
 四、结束语：元大都测控网复原研究方向 ············ **201**

北京中轴线的文化内涵 ····························· **203**
 一、中轴线 ··································· **203**
 二、申遗中轴线的基本情况 ······················· **204**
 三、申遗中轴线的文化内涵 ······················· **204**
 四、中轴线各时代的风貌 ························· **210**
 五、小结和建议 ······························· **213**

北京核心区四合院微更新策略探讨 ··················· **215**
 背　景 ····································· **215**
 一、产权解析 ································· **216**
 二、项目特点评估 ····························· **218**
 三、三个实践案例 ····························· **220**
 四、实践回顾 ································· **228**

英国建筑遗产保护的若干理念与措施
 ——以曼彻斯特城市历史建筑更新保护为例 ········· **230**

第一部分　长城红色文化

长城文化带的红色文化内涵挖掘与片区打造

摘　要：长城文化带红色文化是指在中国共产党的领导和影响下，长城沿线地区人民在新民主主义革命斗争中形成的革命文化。长城文化带的红色文化彰显了团结统一、众志成城的爱国精神和坚韧不屈、自强不息的民族精神。弘扬长城文化带红色基因，要依托红色遗存，着力打造长城文化红色主题片区。

关键词：长城文化带　红色文化　主题片区

中共中央、国务院2017年9月批复的《北京城市总体规划（2016—2035年）》（以下简称《规划》）明确规定："以更开阔的视角不断挖掘历史文化内涵，扩大保护对象，构建四个层次、两大重点区域、三条文化带、九个方面的历史文化名城保护体系。"[①] 三条文化带即大运河文化带、长城文化带、西山永定河文化带，《规划》指出长城文化带要有计划地推进重点长城段落维护修缮，加强未开放长城的管理。对长城保护范围及建设控制地带内的城乡建设实施严格监管。以优化生态环境、展示长城文化为重点发展相关文化产业，展现长城作为拱卫都城重要军事防御系统的历史文化及景观价值。

[①] 北京市人民政府. 北京城市总体规划（2016—2035年）[EB/OL]. 北京市人民政府官网，2017-09-13.

一、长城文化带的红色文化内涵

长城是最雄伟的中国古代文化遗存,北京长城是万里长城的精华段,宛如一条巨龙,从城市西北部一路蜿蜒,穿过门头沟区、延庆区、昌平区、怀柔区、密云区和平谷区,从城市东北部拐出境域。与其相关的文化资源众多,如同散落的珍珠密布在长城遗产周围。

随着《规划》的发布,长城不再只论长度,更是有了空间的范畴——北京市长城文化带总面积达到4929.29平方千米,大约等于117个东城区的面积。如此广袤的区域被细分为核心区与辐射区。其中,核心区为长城的保护范围和一类建设控制地带,面积为2228.02平方千米;辐射区为除核心区外的其他区域,面积为2701.27平方千米。

红色文化的范畴有广义和狭义之分。习近平总书记指出:"在5000多年文明发展中孕育的中华优秀传统文化,在党和人民伟大斗争中孕育的革命文化和社会主义先进文化,积淀着中华民族最深层的精神追求,代表着中华民族独特的精神标识。"[①] 因此,广义范畴的红色文化是指"在党和人民伟大斗争中孕育的革命文化和社会主义先进文化"。依据中共北京市委关于首都文化"源远流长的古都文化、丰富厚重的红色文化、特色鲜明的京味文化和蓬勃兴起的创新文化"的划分,笔者认为,狭义范畴的红色文化是指"在党和人民伟大斗争中孕育的革命文化",也就是新民主主义革命时期形成的革命文化。本文主要使用的是狭义范畴的红色文化概念。

因此,长城文化带红色文化的时间范畴主要界定在新民主主义革命时期,即1919年五四运动爆发至1949年中华人民共和国成立的30年间,涵盖建党之初和大革命时期、土地革命战争时期、抗日战争时期和解放战争时期。从内涵概念出发,笔者认为,长城文化带红色文化内涵是:在中国共产党的领导和影响下,长城沿线地区人民在新民主主义革命斗争中形成

---

① 习近平. 在庆祝中国共产党成立95周年大会上的讲话[M]. 北京:人民出版社,2016:13.

的革命文化。

二、长城文化带的红色文化资源

北京城从公元前1046年（蓟城）建城至今已超过3000年，其间历经古蓟城、唐幽州、辽南京、金中都、元大都、明京师、民国北平至中华人民共和国首都北京的发展和变更。据历史文献记载，长城最早修筑于公元前7世纪，考古证明至少在公元前5世纪的春秋末期、战国初期长城就已存在，在北京城3000多年的历史沿革中，可以清晰地看到长城修筑的历史印记。

根据2012年5月8日国家文物局《关于北京市长城认定的批复》所示，北京现存长城为北齐、明代所筑。北齐天保元年（550），北齐政权占领了包括今北京在内的北方东部地区。为防御北方游牧民族和西部的割据政权，北齐曾多次大规模地修筑长城，基本形成两条主防御线。其一为北方的外边，即由今山西西北至河北山海关；其二为内边重城，西起山西偏关区，东至北京昌平区。北京现存长城遗址绝大多数为明长城，横跨北京军都山和西山山区的平谷、密云、怀柔、延庆、昌平、门头沟六区的崇山峻岭，有相当长的一段城墙现在仍是北京市与河北省的界墙，长城的筑造工艺、规模、坚固性在明代都达到顶峰，明朝近300年统治的稳定有赖于长城的修筑，也给后世留下了一份珍贵的文化遗产。

自古以来，长城地区形成了团结统一、众志成城的爱国精神，蕴含着坚韧不拔、自强不息的民族精神，在抗日战争时期，上演了一部部气壮山河的斗争史，形成了长城文化带丰富厚重的红色文化。

（一）长城抗战拉开中日双方在华北的第一场血战，军民共筑血肉长城

1933年2月23日，日本开始大规模进攻热河。3月4日，日军仅以128名骑兵轻取热河省会承德，10天之内，热河省便全部沦于敌手。热河沦陷，中国军队纷纷向长城各关口撤退，日军随即展开进攻，长城抗战全

面展开。此后，中国守军在绵延千余里的100多个长城关口上，与进犯日军展开了长达数月的殊死拼杀。

古北口，有"京师锁钥"之称，是万里长城上的重要隘口，历来是兵家必争之地，也是长城抗战中持续时间最长、打得最激烈、双方死亡人数最多的战役发生地。1933年3月11日晨，日军第8师团及骑兵第3旅进攻古北口，中国第67军112师，第17军2师、25师、83师奋勇抵抗，在武器装备落后的情况下与日军鏖战两月余，毙伤日军5000余名，抗战将士亦有近8000人伤亡。古北口抗战中，涌现出了诸如帽儿山上七勇士可歌可泣的悲壮故事。3月12日拂晓，日军增加兵力对古北口发起强大攻势，25师被迫退守南天门预备阵地。在25师撤退时，145团的7名士兵携1挺机枪扼守帽儿山。日军多次进攻都被打退，无奈日军又先后调来5架飞机、10门重炮对山顶反复轰炸。终因寡不敌众，七勇士壮烈牺牲。此战，七勇士共毙敌160余名，伤敌200余名。古北口战役结束后，当地百姓不忍抗日将士暴尸山野，自发组织起来，把战士尸骨背运至古北口南门外掩埋。一层尸体一层芦席，共埋了360多具尸体，形成直径18米、高10米的大坟，俗称"肉丘坟冢"，为了纪念这段历史，今天这里已经建成古北口战役阵亡将士公墓。

喜峰口位于唐山市迁西县与宽城县接壤处，是长城的又一道重要关隘，古称卢龙塞，是内地通往东北的咽喉要道，也是抗日战争时期名震天下的29军大刀队英勇事迹的发生地。1933年3月9日，日军服部、铃木两旅团联合先遣队进犯喜峰口，驻守此关的中国29军109旅奋起迎战。那时，与装备精良的日本侵略者相比，29军装备极为陈旧落后，但全军将士均有尚武精神，人人练就了一套娴熟的中国传统刀法功夫，在阻击日军时发挥了重要作用。3月10日至11日，大刀队在喜峰口与日军展开白刃格斗。喜峰口一战，29军累计歼敌5300余人，有力打击了日本侵略者的嚣张气焰。自日军侵占东北以后，因遇抵抗轻微，夜间都是脱衣而睡，此役后，有的指挥官命令士兵睡觉时在脖子上套上特制的铁围脖，以防脑袋被砍掉。

日本《朝日新闻》称："明治大帝造兵以来，皇军名誉尽丧于喜峰口外，而遭受六十年来未有之侮辱。"1937年作曲家麦新①就以这场战斗为素材，创作了经典歌曲《大刀进行曲》。这首歌传唱大江南北，极大激发了全国人民奋起抗战的决心。

长城抗战中的古北口战役，打响了北平地区抗日的第一枪，以战况最激烈、战时最长、对战局影响最大而成为长城抗战的主战场，也成为《义勇军进行曲》创作的重要源泉。中国军人在前线奋勇杀敌的壮举激发了北平民众的爱国热情。在中共北平市委及左翼团体的带动下，各界爱国组织、团体纷纷发表通电、宣言，举行集会，支援长城抗战，抗议日军侵略行径。

(二) 南口抗战"无比壮烈的抵抗"打击了日军侵略的嚣张气焰

南口位于北平城西北燕山余脉与太行山的交会处，是居庸关南侧的长城要隘，也是北平通往西北地区的门户。从南口经居庸关、宣化到张家口，是一个东西狭长的盆地，平绥铁路纵贯其中，并有公路相辅，形成西北、华北、东北联通的干线。平津沦陷后，日军在华北将主攻方向从北平南部转向北部的南口一带。南口的得失影响着华北与西北的存亡，守住南口至关重要。

为抢占南口，中日双方都部署了雄厚兵力。1937年8月7日晨，第13军全部到达南口地区并进入阵地。8日，中日两军展开前哨战。11日，日军独立混成第11旅团主力在飞机、大炮和坦克的支援下，向南口的中国军队阵地展开攻击。中国第13军第89师在南口车站和龙虎台高地顽强抵抗

---

① 麦新（1914—1947）：原名孙默心，原籍江苏常熟，生于上海。1935年投身革命，参加进步的群众歌咏团体——民众歌咏会；1936年，参加吕骥领导的"歌曲作者协会"，从此开始创作活动。1937年，创作著名的抗战歌曲《大刀进行曲》；1938年，加入中国共产党；1940年年底，在延安鲁迅艺术学院音乐部研究室工作，后任音乐部党支部书记；1946年3月初，经组织分配到开鲁县工作，先后任县委秘书、县委机关党支部书记、城关区委书记和县委组织部部长、宣传部部长等职。1947年6月6日，在执行任务途中遭匪徒袭击壮烈牺牲。

后，于12日退守长城要隘居庸关、八达岭一线主阵地。19日，中日双方在镇边城和居庸关战况空前激烈，仅在镇边城地区，一日之内中国军队伤亡1200余人。为挽救危局，中国军队将得胜口、镇边城和居庸关一线分为3个固守区。在镇边城地区，中国军队第19军第72师与日军展开反复争夺战后，终因孤立无援，于23日痛失阵地。25日，日军第5师团占领南口。

1937年9月1日，蒋介石以"张垣（张家口——引者注）与南口既失，各部队损失甚重，一时反攻不易"为由，令中国守军"从速做固守晋绥之部署"。① 在南口战役中，中国军队伤亡达1.6万余人，日军也付出了伤亡万余人的代价，中国军队从南口一带全线撤退。

南口战役是卢沟桥事变后中国军队抗击日军的第一个大战役，打乱了日本侵略者的战略计划，粉碎了日本帝国主义"在三个月内灭亡中国"的狂妄梦想。中共中央机关刊物《解放》在《南口的抗战》一文中，对该战役给予高度评价，说在这次战役中，中国军队的"无比壮烈的抵抗"打击了日军侵略的嚣张气焰，中国军队在南口战役中与侵略者以死相拼的英雄气概，鼓舞了全国人民的抗战斗志。南口战役虽然失利，但中国守军的抗战精神可歌可泣。

（三）暗战"无人区"，日军企图分割封锁根据地的行动被挫败

平北抗日根据地的发展壮大，引起了日本侵略者的恐慌，叫嚣要封死中共对"满洲国"的进攻。日军开始实行"集家并村"制造"无人区"。所谓"集家并村"，就是把可能成为八路军游击队活动地区的居民，集结到日伪据点及附近地区，使这些地方成为"无人区"，妄图把老百姓与八路军游击队完全隔绝，从而断绝八路军游击队的人力物力资源，置八路军游击队于"自行歼灭之境"。制造"无人区"的具体做法是：首先，集中日伪兵力对抗日根据地进行残酷的"扫荡"，造成人民恐慌的心理状态；

---

① 南口会战纪要，中国第二历史档案馆藏，档案号为787—7229.

然后，军、政、警、宪全力以赴，强迫老百姓拆毁原来的住房，老百姓不愿拆，他们就放火烧毁，驱赶老百姓到指定村庄居住；最后，摊派大量民夫在村庄周围修筑围墙。

整个"无人区"东起山海关的九门口，沿长城内外，西抵赤城的独石口，北至宁城、围场，南达遵化，包括25个县的大部分地区。平北根据地东部是"伪满洲国西南国境线"的边缘，滦平、丰宁和延庆东部及密云、怀柔北部山区，都是日本侵略者制造"无人区"的重点地区。

1941年下半年，日本关东军首先在滦平于营子搞"集家并村"试验，接着在长城沿线大搞"集家并村"。日军胁迫群众到指定的村庄居住，四周修筑起一丈多高的围墙，只留前后两个门供人出入。门上建岗楼，围墙四角建炮楼，驻有军警特务。这种用炮楼和高墙围起来的村庄被称为"部落"。当地群众进入"部落"之后，就失去了生产、生活、言论、行动的一切自由。这里的居住条件极差，全家七八口人挤住在十几平方米的草棚里。草棚四处透风，冬天简直无法安身，晚上还不准关门，谁家关门就被诬陷为"私通八路"。草棚外面到处是粪便垃圾，夏日臭气熏天，瘟疫疾病流行，冬天不少人被冻死或因传染病致死，群众愤怒地称之为"人圈"。每个"部落"外5千米范围内为"无住地带"，不许居住，耕作时间在上午10时到下午4时之间进行。5千米范围外为"无住禁作地带"，不许居住也不许耕作，这些地区统称为"无人区"。

针对敌人的阴谋，中共平北地委、平北军分区和丰滦密、昌延、龙赤等县委领导"无人区"抗日军民展开艰苦卓绝的斗争。平北军民在反"无人区"斗争初期，主要是稳定局势，加强领导，严密组织；在敌人开始"集家并村"、胁迫群众迁往"部落"时，当地党组织就提出"誓死不离山""坚持下来就是胜利""变无人区为有人区，变少人区为多人区"的号召。各级干部组织群众不下山，房子烧了就搭窝棚、挖山洞，坚壁清野，同日伪军在山头"打游击"。有的群众誓死不进"人圈"，不外迁，日伪军来了就藏到深山密林中，家园财产被毁就住山洞吃野菜，宁愿冻死饿死也不屈服。

1943年，日军全面实行"集家并村"后，平郊党组织和八路军及时转变斗争方式。由原来的拆"部落"、抗"集家并村"等方式，转变为瓦解驻守"部落"的日伪人员，在"部落"内部开展群众斗争。10月，平北地委发出《关于反并村斗争的指示》，冀东党组织对反并村工作也做了周密安排，主要有：在"部落"内，隐蔽发展力量，采取地下工作方式，将"合法斗争"与"非法斗争"相结合，争取由日伪绝对控制转变为两面政权；更广泛地执行统一战线政策和更为宽大的锄奸政策，对伪职人员及上层人物，要耐心争取教育，体谅他们的处境，不要求过高，只要求他们尽可能保护群众，同根据地建立联系，严禁乱杀乱捕；通过各种途径切实关心群众疾苦，千方百计救济被并村内的群众。

　　经过一段艰苦工作，丰滦密等许多地区的"部落"同抗日政权建立了联系。在一些"部落"内还建立了地下党组织，成为领导群众斗争的核心。许多"伪甲长""部落长""自卫团长"，明为日伪干事，实为抗日工作。有些抗日村长打入伪组织，当上"部落长"。经过逐步渗透，根据地和"部落"里面的群众互相配合，共同开展斗争。到1943年下半年，多数"部落"已有名无实。"无人区"不仅有人坚持斗争，连日伪统治的"部落"也变成了抗日斗争的阵地。经过艰苦顽强的斗争，日军分割封锁根据地的行动被挫败。

　　（四）同日军顽强斗争的英雄军民，挺起了中华民族不屈的脊梁

　　面对日本军国主义的野蛮侵略，长城文化带的军民同仇敌忾、共赴国难，铁骨铮铮、视死如归，奏响了气壮山河的英雄凯歌。

传奇"小白龙"

　　1937年全民族抗战爆发后，中国大学的学生白乙化组织垦区暴动，指挥暴动出来的学生武装，渡黄河、穿沙漠、战雁北，东进抗日。1939年，抗日先锋队来到平西，与抗联（冀东大暴动部分人员组编）会合，在萧克亲自指导下合编成"华北抗日联军"，白乙化任副司令员。1939年11月，冀热察党委和挺进军政治委员会提出"巩固平西，坚持冀东，开辟平北"

的战略方针，华北抗日联军改编为挺进军第10团，白乙化任团长。在这个团里，有70多名大学生干部，因此，又被形象地称为"知识分子团"。1940年春，10团奔赴平北，开辟丰滦密敌后根据地。10团战士在白乙化的带领下，在平北取得辉煌战绩。5月，10团分三路越过居庸关，在攻克琉璃庙据点后，胜利会师于密云赶河厂。6月，10团以密云西部的水川地区为中心，建立根据地，并在这个日伪所谓的"模范统治区"正式成立丰滦密联合县政府。8月，10团频繁出击，多次切断平古铁路，为配合百团大战的胜利做出重要贡献。9月至11月，日伪军出动四千余人"铁壁合围"，对丰滦密地区进行78天的大"扫荡"，妄图消灭10团。10团机动灵活地开展游击战，经过连续37次战斗，终于彻底粉碎大"扫荡"，并在长城以北开辟新的根据地。12月，10团乘胜追击，一举歼灭日军所谓的"常胜部队"铃木大队。

1941年春节前夕，白乙化在马营会议上提出"把丰滦密根据地进一步向伪满统治区扩展，将武装斗争提高到一个新阶段"，并做了战略部署，要求提高警惕，严防春节期间敌人偷袭。不出所料，2月4日，日伪道田"讨伐队"前来偷袭。战斗在马营西北的降蓬山上展开。白乙化布下口袋阵，准备全歼敌人。狡猾的敌人从侧面插了过来，与一营迎面相遇，白乙化站在前沿阵地上，手执令旗进行指挥，不幸被子弹击中，壮烈牺牲，年仅30岁。

1944年5月，丰滦密联合县和冀东第五地区队，为白乙化烈士建了镌刻着"民族英雄"四个大字的纪念碑。1984年，密云县人民政府重建白乙化烈士纪念碑，萧克将军手书碑文："血沃幽燕，名垂千古"。

智勇包司令

1937年3月，包森到延安抗日军政大学学习，全面抗战爆发后被派往晋察冀抗日根据地独立1师工作，任33大队总支部书记。1938年7月底，八路军第四纵队（由宋时轮支队和邓华支队合编的部队）主力即将进入长城，包森奉命率1个连40多人，留在兴隆县河川一带活动。仅两个月时间，包森所带领的部队就扩大到200多人，开辟了兴隆东南、遵化东北游击区。10月，八路军第四纵队撤向平西整训，留下八路军3个支队在冀东坚持活动，包森部为2支队。在一年多艰苦卓绝的斗争中，包森率领2支队英勇作战数十次，共歼日伪军数百人，缴枪数百支，使部队和游击区日益扩大，战绩为全冀东之冠。

1941年春，包森率部参加反"治安强化运动"。冀东军分区开展打击伪治安军的作战行动开始后，包森指挥部队多次获胜。其中以1942年1月燕山口内果河沿一役最为有名，包森以7个连兵力，毙俘敌伪中佐以下官兵近千人，创造了以少胜多、以弱胜强的奇迹。1942年2月17日，包森率部在遵化野瓠山同日伪军相遇。在战斗中，当他上北山用望远镜观察敌情时，被敌人狙击手冷枪射中胸部，壮烈牺牲，年仅31岁。

1942年3月17日，延安《解放日报》头版为包森撰写社论，称赞道："他的赫赫战功与英雄精神将永远留在人民的记忆中！"日伪报刊也以"包森司令长官战死"为题，报道他牺牲的消息，言语中罕见地去掉了污蔑之词。

英雄母亲邓玉芬

抗日战争期间，邓玉芬把丈夫和5个孩子送上前线，最后全部战死沙场。习近平总书记高度评价她的英勇事迹，认为"这是中华儿女同日本侵略者血战到底的怒吼，是中华民族抗战必胜的宣言"①。

1940年，八路军10团挺进密云，开辟丰滦密抗日根据地。邓玉芬和丈夫将大儿子任永全、二儿子任永水、三儿子任永兴送到白河游击队。1941年年底，日本侵略者实施惨无人道的"烧光、杀光、抢光"的"三光"政策，制造了丰滦密"无人区"。邓玉芬一家躲进深山誓死不进"人圈"，并将在外扛活的四儿子任永合、五儿子任永安送去参加抗日自卫军模范队。

为让参加救国会的丈夫能腾出身子干抗日的事，邓玉芬承担了全部家

---

① 习近平. 在纪念全民族抗战爆发七十七周年仪式上的讲话 [N]，人民日报，2014-07-08（2）.

务，同时照顾在她家养病的伤员。1942年3月，邓玉芬和乡亲们响应抗日政府发出的"回山搞春耕"的号召，重返"无人区"。此时，她得知丈夫任宗武和四儿子永合、五儿子永安在百梯子种地时遭日军偷袭，丈夫和五儿子同时遇害，四儿子也被抓走了。1942年秋，大儿子永全在保卫盘山根据地的一次战斗中英勇牺牲；1943年夏，被抓走的四儿子永合惨死在鞍山监狱中；同年秋，二儿子永水在战斗中负伤回家休养，因伤情恶化无药医治牺牲。

1944年春，日伪军为肃清"无人区"的抗日力量，围住猪头岭一带。邓玉芬背着刚满7岁的小七儿躲进山洞，小孩子不懂事，哭闹着要回家吃饭。为了掩护山洞里藏着的区干部和乡亲们，邓玉芬从棉袄里扯下棉花套子，塞进小七儿的嘴里。小七儿年幼饥饿，开始发烧。敌人走后，邓玉芬赶紧把棉花套子掏出来，可小儿子被憋得满脸青紫，没过多久，就连病带饿地在妈妈的怀里永远地闭上了双眼。邓玉芬在抗日救国大义下的悲壮之举，在人民心中竖起了英雄母亲的巍峨丰碑。

三、组团打造过程中弘扬长城文化带红色文化

建设北京长城文化带是一种线性遗产区域保护与展示利用的思路。北京长城文化带的空间结构是点线面的组合，是以长城、自然生态环境和道路交通为发展轴线，构建整体发展的带状空间结构。建设长城文化带，以长城为核心和纽带，充分考虑各个区域的文化资源、生态环境和基础设施等因素，按照整体保护、差异发展的思路，着力打造"八达岭—居庸关"段、"九眼楼—慕田峪"段、"古北口—司马台"段、"红石门—将军关"段和"沿河城—小龙门"段五个组团。在对长城历史文化遗产进行整体性保护的同时，在更大尺度范围内连接资源，聚集要素，提升北京长城的文化附加值，更好地服务于首都全国文化中心建设。

打造"八达岭—居庸关"组团，八达岭长城是明长城最早开放的地段，与居庸关长城、明十三陵等共同构成了国家级风景名胜区，同时也是国家长城公园的试点区域。建设该组团，除了深入挖掘明陵文化、长城文

化外，还可依托南口城堡，将中国人民的抗战精神、抗战故事讲好，打造长城文化带红色片区；打造"古北口—司马台"组团，该组团的红色遗存主要有古北口战役阵亡战士墓，还有古北水镇国际旅游度假区，依托这一红色遗存，着力建设集长城文化遗产、历史文化、古村落民俗文化、红色文化为一体的综合性展示区；打造"红石门—将军关"组团，平谷长城段是明代长城进入北京的起点，且地理位置特殊、沿途风景旖旎，拥有自然资源金海湖、大溶洞等风景名胜区，此外，有红色遗存鱼子山抗战遗址，依托该地资源，深入挖掘长城文化，打造京津冀长城文化品牌项目。

长城的每一块砖石、每一方混土，都记载着丰富的历史信息、蕴藏着丰富的文化内涵、彰显着中华民族的精神基因。挖掘长城文化带红色文化内涵是全国文化中心建设的题中应有之义，更是弘扬社会主义核心价值观、传承红色基因的重要举措。

作者简介：曹楠，女，1981年生，山东威海人，硕士，北京市委党史研究室市地方志办二处副处长，研究方向：中共北京党史。

北京长城红色文化的特征及其当代价值

摘 要：文章在梳理北京长城红色文化内涵的基础上，系统论证了北京长城红色文化的民族性、时代性、地域性、丰富性等特征；同时，对北京长城红色文化的政治、经济、社会、文化方面的当代价值进行了深入分析和阐述。

关键词：北京长城红色文化　特征　当代价值

红色文化是中国特有的文化形态，具有鲜明的中国特色，深深打上了中国共产党人浴血奋斗历程的特定印记。其丰富内涵主要指在中国共产党领导新民主主义革命、社会主义革命、社会主义建设和改革开放的历史进程中，所形成的一切物质文化和精神文化的总称。红色文化可以划分为物质文化和精神文化两个不同层面。一是物质文化层面，是指可以用感官去感受和认知物体，包括革命遗址遗迹、革命纪念馆、纪念碑、纪念塔和革命遗物；二是精神文化层面，是指属于精神、思想、观念范畴，包括道德思想、英雄事迹、革命歌曲、革命文艺经典等。由此可见，红色文化是中国共产党领导人民在长期革命和建设实践中逐步形成的，以马克思主义为指导、反映中国革命和建设现实、凝聚共产党人和革命群众独特思想和精神风貌的思想文化资源。

北京长城红色文化本质上是本土红色文化，是在"北京"这一特定区域、"长城"这一特定地域环境中逐渐形成和发展起来的红色文化。因此，它不仅具备红色文化具有的普遍性，还具备能够反映北京和长城地域自然、民族、风俗等特征和发展脉络的特殊性。作为中国红色文化和地方本土文化的重要组成部分，北京长城红色文化兼具中华时代文明的张力和地域发展特色的个性，蕴含着强大的不可替代的地方文明活力，所以，有必要厘清北京长城红色文化的特征，以更深刻地理解其当代价值，更有针对性地加以开发利用。

一、北京长城红色文化的民族性与继承性

红色文化作为一种文化形态，不是无源之水、无根之木，必然有其生成的历史和文化渊源。如果说红色文化是中华民族精神和优秀传统文化的凝聚和积淀，那么，北京长城红色文化则是对长城作为民族之魂这一文化象征的不断凝练和升华。

在漫长的历史进程中，长城内外的中国人民根据所处的自然地理条件，分别发展了以农耕和游牧为主要特征的古代文明。这道雄伟的城墙是中原王朝政权为防御北方游牧民族侵扰而修建的防御工程，其根本宗旨在于竖起一道保卫国家安全和人民生活安定的屏障。在使用刀枪剑戟作战的冷兵器时代，不论步兵还是骑兵，都不能轻易逾越巍峨坚固、体系完整的长城。千百年来，滚滚烽烟，猎猎旌旗，刀光剑影，人喊马嘶，熔铸了雄浑悲壮的长城文化内涵。明代抗倭名将戚继光这样描写他驻守长城边塞的情景："一年三百六十日，多是横戈马上行。""恨不抗日死，留作今日羞。国破尚如此，我何惜此头！"这是抗日英雄吉鸿昌牺牲前留下的铮铮誓言，也是长城精神代代相传，历久弥新的真实写照。"起来！……把我们的血肉，筑成我们新的长城！中华民族到了最危险的时候……"每当我们唱起这首歌，万里长城就会浮现在脑海里。没有长城就没有这首庄严雄壮的国歌。因此，长城红色文化与生俱来地印刻着长城所蕴含的民族精神。

在世界各种文明异彩纷呈又相互竞争的时代，越具有民族性的文化，往往越具有旺盛的生命力。2019年，习近平总书记在甘肃考察时强调："长城凝聚了中华民族自强不息的奋斗精神和众志成城、坚强不屈的爱国情怀，已经成为中华民族的代表性符号和中华文明的重要象征。要做好长

城文化价值发掘和文物遗产传承保护工作，弘扬民族精神，为实现中华民族伟大复兴的中国梦凝聚起磅礴力量。"① 新时期，大力开发和利用长城红色文化资源，就是要进一步弘扬众志成城、坚韧不屈的爱国主义精神。爱国主义是凝聚中华民族力量的精神纽带，也是中华民族精神的核心，蕴含了中华民族最为深厚的历史情感，同时也是社会主义核心价值观的基本内容之一。在新时代的历史方位中，我们要进行具有许多新的历史特点的伟大斗争，要发展中国特色社会主义伟大事业，必须要更好地弘扬爱国主义精神。

同时，深入发掘长城红色文化的历史文化价值还在于有利于坚定文化自信。坚定文化自信，是事关国运兴衰、文化安全、民族精神独立性的大问题。"文化是一个国家、一个民族的灵魂。文化兴国运兴，文化强民族强。没有高度的文化自信，没有文化的繁荣兴盛，就没有中华民族伟大复兴。要坚持中国特色社会主义文化发展道路，激发全民族文化创新创造活力，建设社会主义文化强国。"② 长城是中华民族精神和文化的重要历史载体。北京长城红色文化扎根于中国长城文化的沃土之中，是在马克思主义指导下的近代中国革命、建设和改革的伟大历史实践的成果。所以，我们研究中华文化，坚定文化自信，就不能不读懂长城红色文化。

二、北京长城红色文化的丰富性与多样性

北京地区的长城位于北部的燕山（军都山是其支脉）与西部的太行山北段之上，分布在平谷、密云、怀柔、昌平、延庆和门头沟六个区县。根据文物部门公布的普查数据，北京市境内长城大约629千米，随着野外调查的深入，实际数字还会有所增长。北京长城沿线的红色文化资源极为丰富，且类型多样。除众多的革命和建设时期的红色遗址遗迹外，还包括革

---

① 研究长城文化，弘扬民族精神［N］. 光明日报，2019-09-16.
② 本书编写组. 党的十九大报告学习辅导百问［M］. 北京：党建读物出版社，2017：32.

命精神、红色人物、红色歌曲、红色电影，等等。笔者对北京长城红色遗址遗迹的粗略统计有135处，见下表。

长城红色遗址遗迹列表

门头沟	妙峰山平西情报交通联络站纪念馆：门头沟区妙峰山镇涧沟村
	八路军平西司令部第一驻地：门头沟区斋堂镇西斋堂村
	冀热察区党委：门头沟区斋堂镇大三里村
	八路军宋邓支队会师地旧址：门头沟清水镇杜家庄村
	冀热察军政委员会塔河旧址：门头沟清水镇塔河村
	挺进军司令部塔河驻地：门头沟清水镇塔河村
	挺进军十团团部：门头沟区斋堂镇马栏村
	中共冀热察区委大三里村驻地：门头沟区斋堂镇大三里村
	门头沟西部山区第一个党支部所在地：门头沟区雁翅镇田庄村
	宛平县抗日政府旧址：门头沟区斋堂镇东斋堂村
	王家山惨案纪念碑：门头沟斋堂镇王家山村村西
	丰沙线烈士纪念碑：门头沟区琉璃渠村西山坡
	燕家台革命烈士纪念碑：门头沟区清水镇燕家台村西岗子岭上
	下马岭电站烈士纪念碑：门头沟区雁翅镇下马岭村
	京西矿区革命烈士纪念碑：门头沟区龙泉镇门头沟煤矿
	天桥浮战斗烈士纪念碑：门头沟大台地区大台村名川北段地方台上
	沿河城革命烈士纪念碑：门头沟区斋堂镇沿河城村东
	杨永春、杨怀春烈士纪念碑：门头沟区军饷乡桑峪村西
	杨运亭、杨运令烈士纪念碑：门头沟区军饷乡桑峪村西
	崔显芳烈士纪念碑：门头沟区雁翅镇田庄村
	安增祥烈士纪念碑：门头沟区北岭乡北岭村轿九坨山前
	韩祥海烈士纪念碑：门头沟区大台地区原来庄户村村西路北
	刘玉昆烈士纪念碑：门头沟区斋堂镇柏峪村
	王庆烈士纪念碑：门头沟区军庄镇杨坨煤矿东北
	曹殿忠烈士纪念碑：门头沟区斋堂镇黄岭西村
	赵明淑烈士纪念碑：门头沟区雁翅镇河南台村南山脚下
	昌宛专署党校黄安旧址：门头沟区黄安村
	昌宛专署黄安旧址：门头沟区黄安村
	宛平县人民抗日战争为国牺牲烈士纪念碑：门头沟区斋堂镇九龙头
	蒲洼兵工厂遗址：房山区蒲洼乡蒲洼村
密云	白乙化烈士陵园：密云县石城乡河北村
	密云县革命烈士陵园：密云县城西南一千米处

续表

密云	古北口抗日阵亡将士墓：密云县古北口南关外公路西侧	
	古北口保卫战及阵亡烈士墓碑：密云县城北的古北口东山	
	丰滦密联合县政府旧址：密云县城西北黄花顶山中	
	承兴密联合县政府旧址：密云北庄镇大岭村	
	四竿顶战斗烈士纪念碑：密云县穆家峪镇下庄头峪村	
	英志常青纪念碑：密云县石城乡柳棵峪村	
	救国救民纪念碑：密云县不老屯镇北香峪	
	不屈不挠纪念碑：密云县石城乡张家坟村	
	还我山河纪念碑：石城乡冯家峪镇冯家峪村	
	卫民先锋纪念碑：密云县不老屯镇古石峪村	
	卫国爱民纪念碑：密云县西田各庄镇牛盆峪村	
	靳朝阳烈士纪念碑：密云县溪翁庄镇溪翁西田各庄村	
	刘殿文烈士纪念碑：密云县东邵渠乡南达峪村	
	牛角峪烈士纪念碑：密云县巨各庄镇牛角峪村	
	仓头烈士纪念碑：密云县西田各庄镇仓头村	
	西智烈士纪念碑：密云县西田各庄西智村	
	北庄革命烈士纪念碑：密云县北庄镇南沟村	
	七烈士纪念碑：密云县石城乡张家坟村南	
	潮河关惨案纪念碑：密云县古北口镇潮（河）关村	
	殿臣峪惨案纪念碑：密云县不老屯镇殿臣峪村	
	苍术会四十八烈士纪念碑：密云县大城子镇苍术会村	
	云蒙山烈士纪念碑：密云县石城乡水堡子村	
	烈属邓玉芬纪念碑：石城乡张家坟村	
	云蒙山抗日斗争纪念碑：密云县西田各庄镇牛盆峪村	
	王波烈士纪念碑：密云县半城子乡南香峪村	
	古石峪战斗纪念碑：密云县半城子乡古石峪村	
	冯家峪战斗纪念碑：密云县冯家峪乡冯家峪村北	
	密云水库大坝纪念碑：密云县溪翁庄镇	
	长城抗战七勇士纪念碑：密云县古北口镇	
	雾灵碑苑爱国主义教育基地：密云县新城子镇	
	冯家峪孟思郎峪惨案遗址：石城乡冯家峪镇	
	金崇山烈士纪念碑：太师屯镇葡萄园村	
	南山革命烈士纪念碑：密云县北庄镇大南沟村南山	
	石洞子革命遗址：密云县冯家峪镇石洞子村	
	下营"万人坑"遗址：密云县冯家峪镇下营村	
	抗日标语遗迹：密云县冯家峪镇西口外村	

续表

昌平	昌平烈士纪念碑：城北街道西关 西山惨案纪念碑：昌平流村镇溜石港村（北京市爱国主义教育基地） 高崖口烈士纪念碑：昌平流村镇狼儿峪村 桃林烈士陵园：昌平兴寿镇桃林村 周德纯烈士墓：昌平崔村镇东崔村 十三陵水库纪念碑：昌平十三陵水库大坝的东侧 上店烈士陵园：昌平区流村镇上店村北的公路旁 平西府烈士纪念碑：昌平区北七家镇东沙各庄南 昌平县立乡村师范学校旧址：昌平区城北街道政府街（今昌平区邮政局院内）。 昌宛县委、县政府驻地：昌平区流村镇狼儿峪村 大汤山烈士陵园位于昌平区小汤山镇大汤山村 国民抗日军起义地遗址位于昌平区流村镇白羊城村 东沙各庄烈士陵园位于昌平区北七家镇东沙各庄村 南口抗战遗址位于昌平区南口镇龙虎台村
怀柔	刘士绥烈士墓：怀柔镇大中富乐村西 庙上村党支部：怀柔区庙上村 汤河口烈士陵园：怀柔区汤河口镇南山脚下 沙峪抗日纪念碑：怀柔区渤海镇沙峪村东山 刘玉林烈士墓：怀柔庙城镇桃山村西 茶坞革命烈士纪念碑：怀柔县桥梓镇东茶坞村北馒头山 龙潭惨案纪念碑：怀柔县雁栖镇石片村龙潭沟口 马云龙烈士墓位于怀柔区长哨营满族乡大沟村 道德坑烈士陵园位于怀柔区宝山镇道德坑村
延庆	詹天佑纪念馆：延庆县八达岭长城北侧 烈士陵园：延庆八达岭岔道 平北抗日纪念碑：延庆县旧县城村西 平北军分区司令部纪念碑亭：延庆县张山营镇北山的南碾沟 岔道村"万人坑"惨案碑亭：延庆县八达岭镇岔道村 果树园烈士纪念碑：延庆井庄乡果树园 窑湾烈士纪念碑：延庆井庄窑湾 千家庄烈士纪念碑：延庆千家庄桥南路边 四海革命烈士纪念碑：延庆四海镇四海中学 西洋坊惨案纪念碑：延庆张山营西洋坊

续表

延庆	平北司令部遗址：延庆张山营海沟 李明英雄纪念碑：延庆县旧县白草洼 巾帼英雄纪念碑：延庆井庄柳沟 白龙潭革命烈士纪念碑：延庆县大庄科乡白龙潭旁的北山坡上 徐智甫、胡瑛、程永忠烈士纪念碑：延庆县西二道河乡窑湾村西山坡 侯永杰烈士纪念碑：延庆县第三中学内 解字石村纪念碑：延庆县大庄科乡解字石村 康庄铁路党支部旧址位于延庆县康庄镇 四海县临时办公地旧址位于延庆县四海镇永安堡村 昌延联合县政府诞生地位于延庆县大庄科乡霹破石村 平北红色第一村即延庆县大庄科乡沙塘沟村 双营战斗遗址位于延庆县延庆镇双营村 海字口烈士墓位于延庆县四海镇海字口村 南湾烈士墓位于延庆县四海镇南湾村 千家店镇河南无名烈士墓位于延庆县千家店镇河南村 周四沟围子遗址位于延庆县刘斌堡乡周四沟村
平谷	鱼子山抗日战争纪念馆：平谷区山东庄镇鱼子山村 鱼子山革命纪念碑：平谷区山东庄镇鱼子山村东山上 北土门革命烈士陵园：平谷区熊儿寨乡北土门村的九里山上 北土门战斗纪念碑：平谷区熊儿寨乡北土门村北土门战斗遗址上 孙中山遗训纪念碑：平谷区黄松峪乡黑豆峪村平谷石刻艺术馆 官庄战斗纪念碑：平谷区峪口镇官庄路口北侧 南山村惨案遗址标志碑：平谷区南独乐河镇南山村东南 南张岱战斗烈士纪念碑：平谷区东高村镇南张岱村 上宅革命烈士纪念地：平谷区韩庄镇上宅村 湖洞水将军洞遗址：平谷县黄松峪乡湖洞水风景区峡谷内 东长峪坠机遗址：平谷区熊儿寨乡东长峪北山 北寨抗日遗址：平谷区南独乐河镇一狭长的山谷中 桃棚村抗战遗址位于平谷区山东庄镇桃棚村，包括巨崖洞、平谷县第一个农村中共党支部旧址、抗战时期印刷厂旧址、看守所旧址 井儿峪烈士墓位于平谷区王辛庄镇井儿峪村 刘家河烈士墓位于平谷区南独乐河镇刘家河村 熊儿寨烈士墓位于平谷区熊儿寨乡熊儿寨村 水峪村英烈园位于平谷区金海湖镇水峪村

21

丰富的长城红色文化资源为北京开发长城文化提供了丰富的素材，注入了新的活力。《中共中央关于制定国民经济和社会发展第十四个五年规划和二〇三五年远景目标的建议》明确指出："推动文化和旅游融合发展，建设一批富有文化底蕴的世界级旅游景区和度假区，打造一批文化特色鲜明的国家级旅游休闲城市和街区，发展红色旅游和乡村旅游。以讲好中国故事为着力点，创新推进国际传播，加强对外文化交流和多层次文明对话。"① 北京长城红色文化就是一个个鲜活的中国故事，通过这个载体，能够架起传统与现代、中国与世界文化交流的桥梁，增强中华文化的国际话语权，增进国际社会对我国基本国情、价值观念、社会制度、发展模式的了解和认识。

北京长城红色文化也是支撑乡村振兴的重要基石。《中共中央关于制定国民经济和社会发展第十四个五年规划和二〇三五年远景目标的建议》提出了"优先发展农业农村，全面推进乡村振兴"的战略；刚刚结束的中央农村工作会议，再次强调"民族要复兴，乡村必振兴"②。习近平总书记也强调："要加强社会主义精神文明建设，加强农村思想道德建设，弘扬和践行社会主义核心价值观，普及科学知识，推进农村移风易俗，推动形成文明乡风、良好家风、淳朴民风。"③ 这说明，乡村振兴，既要塑形，更要铸魂。没有乡村文化的高度自信，没有乡村文化的繁荣发展，就难以实现乡村振兴的伟大使命。因此，北京长城红色文化与历史悠久的传统文化相融合是滋养长城沿线乡村精神文明建设的肥田沃土。反过来，实施乡村振兴战略也是传承长城红色文化和中华优秀传统文化的有效途径。

---

① 中共中央关于制定国民经济和社会发展第十四个五年规划和二〇三五年远景目标的建议 [EB/OL]. 中华人民共和国中央人民政府网，2020-11-03.
② 中共中央关于制定国民经济和社会发展第十四个五年规划和二〇三五年远景目标的建议 [EB/OL]. 中华人民共和国中央人民政府网，2020-11-03.
③ 中共中央关于制定国民经济和社会发展第十四个五年规划和二〇三五年远景目标的建议 [EB/OL]. 中华人民共和国中央人民政府网. 2020-11-03.

三、北京长城红色文化的时代性

北京长城红色文化主要集中在抗日战争、解放战争和社会主义建设初期，随着时代的变化不断地充实着新的内容和特色。众所周知，长城修筑之初就是中原王朝的边防线。以长城要塞古北口为例：古北口在北京的北部与河北省交界处，位于山海关和居庸关之间。它扼守着华北平原通往东北平原与蒙古高原的咽喉。古北口在唐代已是幽州的北大门，契丹入塞掳掠、蒙古进攻金中都、明代蒙古各部与满洲军队屡次进攻北京，其南进与北归经常取道古北口。有史可查的大大小小的战役有138次之多，为长城文化增添了血与火的浓重色彩。回望历史，无数杰出将帅的英雄事迹成为鼓舞中国人民的巨大力量。巍然屹立的城墙与中华民族威武不屈、敢于消灭一切来犯之敌的精神高度契合。古往今来，长城精神都是中华民族发展的脊梁。1933年春，古北口成为长城抗战的主要战场。正如古北口战役纪念碑文所写的"大好男儿光争日月，精忠魂魄气壮山河"。在抗日战争时期，无数中华儿女团结一致，抛头颅，洒热血，用自己的血肉铸就了一条新的长城。这条长城，成了民族危亡关头，保家卫国的重要武器，此时，长城精神成了众志成城、英勇奋战的抗战精神；1946年1月，英勇顽强的"古北口保卫战"吹响了解放新中国的第一声号角；1960年，还是在这雄关要塞旁，历时3年的"燕山明珠"密云水库奇迹般建成，此时，长城精神成了战天斗地、顽强拼搏的密云水库精神；在当代中国，长城精神还是"自强不息、顽强拼搏、团结协作、开拓创新"的航天精神，也是举国同心、舍生忘死的抗疫精神。

新时代，我们更加需要中华民族自强不息的奋斗精神和万众一心、坚强不屈的爱国情怀，去实现中华民族的伟大复兴。

四、北京长城红色文化的地域性

北京地区的长城横跨北京北部山区，其中部分长城段是北京市、河北省和天津市的辖区界线。红石门段长城有一座著名的敌楼，是明长城由东向西，进入北京的第一个敌楼，敌楼之上有一块京津冀三地界碑，俗称"一脚踏三省"。这说明北京长城红色文化不是孤立的存在，具有浓厚的地域色彩。目前，长城所在区域大部分集中在北京、天津、河北全境、辽宁中南和西北地区的北部沿线，尤其集中在京津冀一带，成为京津冀的区域特色。可以说，多元文化在这里碰撞、交融，"燕赵文化"和"蒙古文化"兼具，深厚的多元文化、悠久的历史与淳朴的民风民俗融为一体。

《中共中央关于制定国民经济和社会发展第十四个五年规划和二〇三五年远景目标的建议》提出"推进京津冀协同发展、长城、大运河、长征、黄河等国家文化公园"①，将长城文化带纳入国家重要战略布局，可以使长城文化带建设成为连接京津冀的文化纽带。这其中，长城红色文化是不可或缺的一部分。自古燕赵多慷慨悲歌之士，两千多年来，一批批侠义之士不断涌现，鼓舞着后世的人们。在中国人民革命战争的历史上，吉鸿昌、白乙化、邓玉芬、狼牙山五壮士等英雄人物层出不穷。京津冀长城沿线，还有众多的革命遗址遗迹和革命纪念建筑物等资源，是北京红色旅游发展的主要扩展区域。特别是河北省革命纪念建筑物众多，而且知名度高，如石家庄市平山县西柏坡、华北军区烈士陵园、阜平县城南庄晋察冀军区司令部旧址、易县狼牙山风景区、安新县白洋淀景区、清苑县冉庄地道战遗址、唐县白求恩柯棣华纪念馆、丰润区潘家峪惨案纪念馆、晋冀鲁豫烈士陵园、涉县129师司令部旧址、邢台县中国人民抗日军事政治大学陈列馆、献县马本斋烈士纪念馆、隆化市董存瑞烈士陵园及纪念馆、喜峰口长城抗战遗址等，各种类型的红色文化丰富多彩，京津冀一体化发展完全可以将长城红色文化作为切入点，实行联合开发战略，促进三地共赢发展。

---

① 中共中央关于制定国民经济和社会发展第十四个五年规划和二〇三五年远景目标的建议［EB/OL］．中华人民共和国中央人民政府网，2020-11-03．

作者简介：肖建杰，女，1964年生，辽宁沈阳人，教授，博士，研究方向：中共党史。

李伟，女，1978年生，河北石家庄人，助理研究员，硕士，北京建筑大学文化发展研究院，研究方向：艺术学。

讲好长城抗战故事　传承红色文化精神

摘　要：长城抗战是北平抗战的重要组成部分，以古北口七勇士和大刀队英勇抗战形成的长城抗战精神是北平抗战时期红色文化的重要内容。我们应讲好长城抗战故事，弘扬长城文化，传承红色文化精神。一方面，要开展长城抗战的史料搜集与整理，推出一批有价值的研究成果；另一方面，要充分利用多种传播手段讲好长城抗战故事。同时，要充分发挥北平抗战红色文化构建新时代首都文化、打造全国文化中心的作用。

关键词：长城抗战　红色文化　北平抗战

长城是世界奇迹、历史丰碑。习近平总书记强调，"当今世界，人们提起中国，就会想起万里长城；提起中华文明，也会想起万里长城。长城、长江、黄河等都是中华民族的重要象征，是中华民族精神的重要标志。我们一定要重视历史文化保护传承，保护好中华民族精神生生不息的根脉。"习近平总书记的重要论述，对建设长城文化带、弘扬长城文化，推动首都的全国文化中心建设具有长远的指导意义。

长城，不仅是世界建筑奇迹，同时，它也蕴含着丰富的精神文化内涵，长城文化中所体现的中华民族团结统一、众志成城、坚强不屈、自强不息、守望和平、开放包容的伟大精神，是长城作为中华民族代表性符号的重要思想价值。这一文化历史悠久、内涵丰富、底蕴丰厚，是北京文化脉络乃至中华文明的精华所在。

一、长城抗战是长城文化的重要组成部分

1933年1月1日23时左右，日本侵略军华北驻屯军山海关秦榆守备队院内，突然响起了几声巨大的爆炸声，紧接着枪声四起，驻守日军胡乱射击。其实，这是一出贼喊捉贼的闹剧。原来，秦榆守备队队长落合正次郎安排日本宪兵，往守备队营房投掷装有炸药的铁皮罐头，然后守备队鸣枪还击，制造了中国军队进攻日军的假象。于是，日军向东北军第9旅发起了攻击。

在临（榆）永（平）警备区司令何柱国的指挥下，中国守军奋起抵抗，提出"以最后一滴血，为民族争生存；以最后一滴血，为国家争独立；以最后一滴血，为军人争人格"[1] 的口号。反对日军入侵华北的斗争由此开始。

"九一八事变"后，日本帝国主义侵占东三省，并建立"伪满洲国"傀儡政权，东北彻底沦为日本帝国主义的殖民地。但日本并不满足，又策划夺取热河省，觊觎华北地区。

热河省地处辽宁、察哈尔两省之间，南与河北省相邻，长城在其南境。占据热河，既可随时进窥华北，又可巩固其"伪满"的阵地，成为日本侵华计划的重要一环。其实，他们炮制"满洲国"时就已公然宣称热河在其版图之内了。1932年日本侵占锦州后，曾企图占领热河，因遭辽西、热河义勇军和东北军骑兵第3旅的阻击未能得逞。随后，日本又在山海关和辽宁与热河交界处不断制造事端，寻找侵略借口。

1933年2月23日，日本开始大规模进攻热河。3月4日，日军仅以128名骑兵轻取承德，10天之内，热河省便全部沦于敌手。热河沦陷，中国军队纷纷向长城各关口撤退，日军随即展开进攻，长城抗战全面展开。此后，中国守军在绵延千余里的一百多个长城关口上，与进犯日军展开了

---

[1] 方刚营，马春华. 长城亮军刀：长城抗战影像全纪录［M］. 北京：长城出版社，2015：57.

长达数月之久的殊死拼杀。他们面对装备了大量先进武器的日军,浴血奋战,勇猛杀敌,以血肉之躯,谱写了一曲惊天地、泣鬼神的不朽壮歌。

在长城抗战中,中国守军与日军进行了多次战斗,最为著名的是古北口战役和喜峰口战役,彰显了抗日英雄们英勇斗争、不怕牺牲的精神。日本《朝日新闻》称:"明治大帝造兵以来,皇军名誉尽丧于喜峰口外,而遭受六十年来未有之侮辱。"天津《益世报》在《喜峰口的英雄》一文中写道:"法国人忘不了凡尔登的英雄,中国人永世万代亦不能忘记喜峰口的英雄!做凡尔登的英雄容易,做喜峰口的英雄难。法国凡尔登的英雄,他们所有的器械,与德意志的器械可相提并论,我们喜峰口的英雄是光着脚、露着头,使着中古时的大刀。"①

1937年作曲家麦新就是以喜峰口战役为素材,创作了经典歌曲《大刀进行曲》。"大刀向鬼子们的头上砍去,二十九军的弟兄们,抗战的一天来到了,前面有东北的义勇军,后面有全国的老百姓,咱们二十九军不是孤军。看准那敌人,把他消灭,大刀向鬼子们的头上砍去。"这首歌传唱大江南北,极大地激发了全国人民奋起抗战的决心。

长城抗战是"九一八事变"后,中国军队在华北地区进行的第一次大规模抗击日本侵略者的战役。可歌可泣的长城抗战,鼓舞了"九一八"以后国人的抗敌斗志,激发了民众的爱国热情,奏响了全民族抗战的序曲。长城抗战迟滞了日本侵略中国的速度,打破了日本关东军不败神话和速亡中国的野心,使"中国人失掉自信力"的谣言不攻自破。

所以说,长城抗战在弘扬长城文化中具有独特的价值。弘扬长城红色文化,不能不说长城抗战。

二、讲好长城抗战故事,传承红色文化精神

习近平总书记强调,共和国是红色的,不能淡化这个颜色。无数先烈的鲜血染红了我们的旗帜,我们不建设好他们所盼望向往、为之奋斗、为

---

① 冯炳如. 冯治安将军与喜峰口大捷 [J]. 团结,2005(z1):15-17.

之牺牲的共和国，是绝对不行的。不能被轻歌曼舞所误，不能"隔江犹唱后庭花"。习近平总书记还指出，要通过多种形式的宣传阐释和主题教育活动，使全国各族人民牢记用鲜血和生命铸就的中国人民抗日战争的伟大历史，牢记中国人民为维护民族独立和自由、捍卫祖国主权和尊严建立的伟大功勋，牢记中国人民为世界反法西斯战争胜利做出的伟大贡献，弘扬伟大抗战精神。

应该说，长城抗战是北平抗战的重要组成部分，以古北口七勇士和大刀队英勇抗战形成的长城抗战精神是北平抗战时期红色文化的重要内容。我们应讲好长城抗战故事，传承红色文化精神。

一方面，应深入开展长城抗战的史料搜集与整理，包括亲历者的回忆录、报刊资料、中国台湾地区的资料以及日本的相关档案，形成长城抗战的专题史料集。加强对长城抗战的整体研究和具体战役研究，推出一批有价值的研究成果，为弘扬长城红色文化打下坚实的基础。

另一方面，应充分利用多种传播手段讲好长城抗战故事。从众多史料中选取一些有利于弘扬爱国主义精神的、有价值的故事进行加工包装，比如上面讲的古北口七勇士和大刀队，向大众特别是青少年进行广泛传播。有些事例可以建议进入中小学教材。

同时，以长城抗战为重要内容的北平抗战红色文化，是信仰的力量，是精神的洗礼，是新时代建设和传承社会主义核心价值观的重要来源。为抵抗日本帝国主义者的野蛮侵略，北平地区人民前仆后继，英勇奋斗，流血牺牲，进行了不屈不挠的斗争。从"九一八事变"后学生南下示威到声势浩大的"一·二九运动"，从卢沟桥的抗日烽火到平西、平北等抗日根据地的创建，从公开的武装斗争到各种形式的隐蔽斗争，谱写了一曲曲全民族抗战的壮丽凯歌。"长城抗战""大刀队""卢沟桥"成为全中国人民英勇反抗日本侵略的象征，吉鸿昌、佟麟阁、赵登禹、白乙化等抗日英烈，成为北京这座具有光荣爱国主义传统城市的骄傲，陈垣、齐白石、蓝公武等文化名人成为坚守民族气节、挺起不屈脊梁的杰出代表，邓玉芬、杨金花、马福等成为人民踊跃支前的模范人物，由此也形成了北平抗战时期独具特色的红色文化。

北平抗战时期的红色文化,生动反映了中国共产党在北平领导的一系列重大革命斗争,深刻地揭示了中国革命道路的曲折和艰辛,形象地见证了无数中华儿女的奋斗与牺牲,是一笔宝贵的精神财富和丰厚的政治资源。行程万里,不忘来路;饮水思源,不忘初心。习近平同志多次强调,要把红色资源利用好、把红色传统发扬好、把红色基因传承好。

包括长城抗战遗址在内,应该说,北平抗战时期的红色文化资源众多、意义厚重,既有有形的抗战遗存,也有无形的伟大精神。从抗战遗存看,有"七七事变"爆发地卢沟桥、"一·二九运动"纪念亭、焦庄户地道战遗址、昌平区南口战役旧址、长城抗战古北口战场遗址、岔道活人坑遗址以及平西抗战纪念馆、平北抗日烈士纪念园、白乙化烈士纪念馆、中国人民抗日战争纪念馆等。从精神形态看,有以"一·二九运动"为代表的爱国精神以及伟大的抗战精神。这些都是北平抗战时期红色文化的重要内容。充分用好这些革命遗址资源,推动红色基因代代相传,是构建新时代首都文化、打造全国文化中心的基础工程。

作者简介:宋淑玉,女,1970年生,山东烟台人,北京联合大学研究员、博士,研究方向:中共党史。

北京长城红色文化与高校思想政治教育的融合路径探究

摘　要：作为北京市"三大文化带"之一，长城文化带沿线红色文化资源密布，红色文化底蕴厚重，是首都高校思想政治教育天然的"活教材"。将长城红色文化与大学生思想政治教育有机融合，既是推动新时代高校思想政治教育创新的必要举措，也是把握北京全国文化中心城市定位的红色担当。本文立足于高校立德树人的根本任务，在界定北京长城红色文化的内涵、特征的基础上，分析长城红色文化与高校思想政治教育的内在契合性，进而客观分析新媒体时代北京长城红色文化融入首都高校思想政治教育的机遇与挑战，并从思政课主渠道、校地共建、校园文化环境熏陶等角度为北京长城红色文化融入首都高校思想政治教育提出可行性建议。

关键词：新媒体时代　北京长城红色文化　大学生　思想政治教育融合路径

文运同国运相牵，文脉同国脉相连。习近平总书记强调，"我们党带领人民在革命、建设、改革过程中锻造的革命文化和社会主义先进文化，为思政课建设提供了深厚力量"。作为培养社会主义建设者和接班人的主渠道，高校思政课理应成为传承和弘扬红色文化的思想理论高地。北京长城沿线广泛分布着中国共产党带领北京人民在新民主主义革命时期创造的众多红色历史遗存，红色文化底蕴深厚、资源聚集，是首都大学生思想政治教育的优质资源。把北京长城丰富的红色文化与高校思想政治教育有机融合，既能够充分发挥红色文化的铸魂育人价值，传承和弘扬北京长城红色文化，又有利于提高新时代高校思想政治教育的育人实效，具有重大的现实意义。

一、北京长城红色文化与高校思想政治教育的内在契合

北京长城红色文化作为承载红色传统与红色基因的天然载体，既是诠释中国共产党人初心和使命的生动历史，也是记载中国人民艰苦卓绝奋斗历程的鲜活教材，具有重要的资政育人功能。北京长城红色文化与高校思想政治教育存在着高度的契合性，二者之间有着很强的内在关联。

（一）北京长城红色文化的基本内涵

学界目前对红色文化的定义尚未统一，本文从狭义上定义红色文化，认为北京长城红色文化主要是指自中国共产党创建至中华人民共和国成立期间，共产党人团结带领北京地区人民在长城沿线共同创造的物质文化遗产和精神文化资源，如战斗遗址、会议会址、革命烈士纪念碑、革命纪念馆、革命精神等。北京长城沿线一带亲历了伟大抗战、中华人民共和国成立等一系列重大历史事件，形成了以抗战文化为精神支撑，涵盖中国共产党从孕育、成立到发展全过程的极具先进性和地域特色的红色文化。

（二）北京长城红色文化的主要特征

北京长城是万里长城的精华段。[1] 与其他省份的长城红色文化相比，北京长城红色文化特色鲜明，具有内涵的丰富性、分布的广泛性、地方的特色性、精神的传承性等特征。

首先，北京长城沿线的红色文化内涵十分丰富，表现形态多样化，既有战斗遗址、会议会址等红色旧址和革命英雄纪念碑、革命纪念馆等红色

---

[1] 张依萌. 2022年北京冬奥场馆周边长城考古工作述评[J]. 中国文化遗产，2019(6): 91-100.

纪念建筑，又包括长城沿线人民在伟大抗战中表现出来的抵御外敌、视死如归的民族精神及不屈不挠、捍卫主权的抗战精神、爱国主义精神等红色意识形态，共同熔铸了长城沿线红色文化的丰富内涵。其次，长城沿线红色文化分布广泛，呈现出整体广泛、区域集中的特点。北京长城红色文化资源多达100余处，从东到西横跨平谷、密云、怀柔、延庆、昌平、门头沟6区36个乡镇①，沿线广泛分布着纪念馆、烈士墓、烈士陵园等革命遗存，在地理区位上呈现广泛分布、区域集中的特征。再次，作为全国文化中心、政治中心和国际交往中心，北京形成了以古都文化、红色文化、京味文化、创新文化等四大系列为主要内容的特色首都文化。其中，红色文化反映了中国共产党在北京地区为实现民族独立和人民解放而进行的英勇斗争，具有明显的地域特色。北京既是地方的北京，也是全国的北京，北京地区的红色文化在全国具有典型示范作用。② 最后，长城红色文化作为铸魂育人的精神动力，是凝聚国家力量和社会共识的重要精神源泉，具有明显的精神传承性。新媒体时代，大学生文化需求日益多元化，北京长城红色文化只有与时俱进，创新传承方式，符合大学生心理诉求，才能更好地用红色文化之魂滋养时代新人。

（三）北京长城红色文化与高校思想政治教育的内在契合性

1. 马克思主义经典作家及中国共产党人对文化的思想政治教育功能的深刻阐释

马克思、恩格斯在起草国际无产阶级政党第一份党章《共产主义同盟者章程》时，把"具有革命毅力并努力进行宣传工作"③ 写入章程。新民主主义革命时期，毛泽东同志在《论联合政府》一文中使用了"思想教育"的概念。在思想政治教育实际工作中，毛泽东尤其重视青年人的教

---

① 崔晨. 推进北京长城文化带建设 [J]. 北京观察，2019（12）：20.
② 陈洪玲，刘锋. 北京红色文化概述 [M]. 北京：北京出版社，2020.
③ 王玲，陈昱霖. 红色文化资源在高校思想政治教育中的价值和实现 [J]. 学校党建与思想教育，2018（11）：86-88.

育，要求青年坚持走"又红又专"的道路，并明确指出我们的教育方针是要使受教育者在德智体等方面都得到发展，成为有社会主义觉悟的有文化的劳动者，并视其为培养社会主义事业可靠接班人的重要标准。

2. 北京长城红色文化承载着大学生思想政治教育的优质资源和天然教材

北京长城红色文化作为中国共产党在新民主主义革命实践中呈现出来的崇高理想信念、卓越精神品质和高远价值追求，是中国共产党在长城沿线铸造的革命精神结晶，是北京红色文化的价值精髓。从根本上讲，长城红色文化与大学生思想政治教育的基本内容同根同宗、高度一致，是加强大学生理想信念教育、展示长城沿线革命英烈坚定理想信念的"天然橱窗"；是推进大学生爱国主义教育、激发爱国主义情感的"天然标本"，具有重要的思想政治教育价值。

3. 弘扬长城红色文化是高校实现立德树人目标的根本要求

立德树人是高校的根本使命。党的十九大报告指出，要"培养担当民族复兴大任的时代新人"。这一重要论断，深刻回答了"培养什么人、如何培养人"的根本问题，对高校来说，同样提出了新任务、新要求。作为立德树人的重要引擎，以红色文化为代表的先进文化理念，对于青年人树立正确的理想信念和价值观起到至关重要的作用。新时代需要红色文化的引领，立德树人需要红色文化给予驱动力。北京长城红色文化作为红色文化的重要组成部分，为实现立德树人的目标添砖加瓦是其题中应有之义。

二、北京长城红色文化融入大学生思想政治教育的机遇与挑战

（一）新时代北京长城红色文化融入高校思想政治教育面临的机遇

1. 国家战略和区域规划的大力支持

党的十八大以来，以习近平同志为核心的党中央一直非常重视红色文化的传承与弘扬，《国家"十二五"时期文化改革发展规划纲要》《国家

"十三五"时期文化改革发展纲要》等一系列政策文件以及党的十九大报告中对红色文化的传承发展，为新时代红色文化的传承与保护提供了政策指向。2019年，中共中央办公厅、国务院办公厅印发《长城、大运河、长征国家文化公园建设方案》，明确指出依托长城等历史文化资源，规划建设一批国家文化公园，着重突出历史文化遗产的文化内涵和精神要义，将长城等线性文化资源的保护利用提高到国家战略层面，为北京长城红色文化的传承弘扬规划了美好蓝图。

北京市第十二次党代会报告中对加强"全国文化中心"建设，提出"统筹长城文化带、大运河文化带、西山永定河文化带建设"，"深化对古都文化、红色文化、京味文化等历史文化资源的研究利用"，西山文化带和红色文化建设被写入市党代会。《北京城市总体规划（2016—2035年）》明确指出"构建四个层次、两大重点区域、三条文化带、九个方面"的历史文化名城保护体系。《北京市长城文化带保护发展规划（2018—2035年）》明确将北京市长城文化带的空间布局确定为"一线五片多点"，对北京北部山区空间布局进行系统优化和要素整合。北京市从市政规划的角度，对实现全国文化中心建设的宏伟目标提出了具体的实施路径。

2. 提高思想政治教育实效性和亲和力的现实需要

当前，部分高校思政课教学仍以教师"单向灌输"为主要授课方式，红色文化在思政课堂融入不足、大学生缺乏对思政课的兴趣等现实问题依然存在。因此，将北京长城红色文化融入首都高校思政课教学具有强烈的现实紧迫性。推动长城红色文化融入大学生思想政治教育，有利于促进思政课课堂教学模式由以教师为主体的理论灌输向集课堂教学、实践教学、情境教学、校园文化环境感染熏陶等为一体的立体化全方位育人模式转化。不仅丰富了课堂教学内容，创新了授课方式，推动思政课从单向灌输走向双向互动，而且能够增强思政课的感染力和说服力，提高大学生对红色文化的悦纳感和认同度，真正实现北京长城红色文化入脑、入心，让思政课活起来、强起来、实起来。

3. 多媒体技术为加强长城红色文化数字化保护提供了科技支撑

党的十八大以来，习近平总书记曾先后到延安、井冈山等革命圣地考察，反复强调让红色精神放射出新的时代光芒，增强红色文化的时代性。随着现代科学技术的进步，多媒体技术为红色文化的传播提供了新平台、新方式，为弘扬长城红色文化提供了有力的技术支撑。目前，以北京八达岭长城为代表，利用虚拟现实（VR）技术让长城"活起来"，可以自主切换场景内容，将实体历史文化遗产数字化再现，打造"VR全景博物馆"，将实景或虚景组合成360°观赏的全新展示形式，让游客仿佛置身于其中，增强观众主观体验。同时，卫星遥感技术、激光扫描技术、遥感与地理信息技术、测绘技术等现代化技术手段为实现长城文物保护、数字档案管理等功能提供了技术保障。以多媒体技术为媒介，促进北京长城红色文化与高校思想政治教育的有机融合，不仅有利于深入萃取红色文化融入大学生思想政治教育的基因密码，而且有利于红色文化在现代性境遇下的传承与创新。

（二）严峻挑战

1. 新时代社会主要矛盾转变，大学生文化需求呈现多元化趋向

中国特色社会主义进入新时代，随着我国社会主要矛盾的转化，大学生的精神文化需求也呈现出新变化、新特点。高校思想政治教育必须适应大学生思想、生活、学习及心理等方面的多元化需求，在大力加强社会主义核心价值体系建设的基础上，努力通过思想政治理论课、校园文化建设、社会实践活动等，结合现代信息技术等新媒体平台，确保大学生树立正确的世界观、人生观和价值观。在这一过程中，将长城红色文化融入大学生思想政治教育的必要性逐渐凸显。北京长城红色文化可以通过高校思政课堂、实践教学、校园文化潜移默化地熏陶感染等途径，提升大学生对思想政治教育的兴趣度，进一步满足大学生多元化文化需求，提升大学生精神获得感、幸福感。

2. 新媒体时代多元文化对红色文化等主流文化形成强烈冲击

大学生处于成长成才的关键阶段，世界观、人生观和价值观可塑性极高。随着我国综合国力的不断提高，经济全球化、政治多极化、文化多元化的不断推进，中西方文化交融碰撞，西方文化对我国大学生的价值观进行不断渗透，对以红色文化为代表的主流意识形态的宣传教育造成了强烈冲击。不利于培养德智体美劳全面发展的大学生，淡化了中华优秀传统文化所蕴含的艰苦朴素、乐于奉献、勇于拼搏等高尚品质。长城红色文化作为北京市本土性、区域性的红色文化，通过多媒体技术、长城文化节、长城文化主题展览等多样化的表现形式，提升红色文化教育对大学生的吸引力，推动红色文化根植于心，付诸于行。

三、北京长城红色文化与高校思想政治教育的融合路径

（一）发挥思政课堂主渠道作用，将长城红色文化融入课堂教学

思想政治教育课堂教学是高校立德树人最基本、最稳定的教育途径。北京长城红色文化作为高校思想政治教育的优质资源，是首都大学生理想信念教育、爱国主义教育、集体主义教育的天然教科书。

首先，首都高校应当全面认识北京长城红色文化的深刻内涵与重要价值，深入挖掘和利用北京长城红色文化资源，积极寻求北京长城红色文化与思政课堂教学内容的交叉点。发挥思政课教师的育人主体作用，在恰当的课堂教学场景中，把长城红色文化"引进来"，发挥本土性红色文化的育人力量。例如，在《思想道德修养与法律基础》课程教学中，教师可以将长城沿线革命先辈的坚定信念和崇高理想融入大学生理想信念教育和爱国主义教育的内涵阐释、路径启示中。在《中国近现代史纲要》课程教学中，教师应善于从地方红色文化资源中汲取富有感染力的鲜活英雄案例和生动教材教育引导学生，运用近代抗日战争期间长城革命先辈和沿线人民抗击侵华日军进攻的伟大事迹详细阐释抗日战争时期中国共产党人视死如归的抗战精神。其次，思政课教师在授课过程中，要结合大学生多元化的

文化需求，注重运用多媒体教学技术和现代化教学手段，紧跟北京市文化发展规划和国家文化发展战略，以学生喜闻乐见的教学形式讲好红色故事，传承好革命精神，将长城红色文化有效运用到高校思想政治教育的主渠道中，推动"大思政课"建设。①

（二）切实推动校地共建，设立长城红色文化实践育人基地

北京长城主要分布于市域的西、北6个区，沿线途经区县、乡镇众多。一方面，首都高校应该立足北京市作为"全国文化中心"的城市定位，增强建设历史文化名城的使命感和责任感。依托北京长城红色文化资源，与沿线区县、乡镇统筹合作、优势互补，加快推进校地共建，建立长期稳定的大学生红色文化教育实践基地。另一方面，高校要善于挖掘和利用长城红色文化的丰富活动资源，利用一年一度的长城文化节、以长城红色文化为主题的红色展览等多样化的文艺庆典活动，积极拓展思政课"第二课堂"。不仅能够为大学生带来创新性的教学体验，提高学生对思政课的学习兴趣，同时也可以为高校思政课教学提供新的育人场所，培养中国特色社会主义事业的合格建设者和可靠接班人。

（三）优化校园文化环境，打造长城红色文化育人新阵地

马克思指出，"人创造环境，同样，环境也创造人"②。校园文化环境作为思想政治教育的重要环境因素，对大学生思想政治教育的成效有直接的影响。因此，首都高校在开展文化活动的过程中，应重视本土红色文化与校园文化相结合，将长城红色文化精神有机融入校园文化活动，充分发挥红色文化当中的文化精神与价值取向的积极作用。以长城红色文化等本土性红色文化资源为依托，致力于校园红色文化的建设，使红色文化在大学校园随处可见、可感、可学，构筑和谐的高校文化环境，营造良好的高

---

① 曾长秋. 论红色文化资源的价值提升与功能拓展[J]. 湖湘论坛, 2016, 29（6）: 56-61.
② 燕连福. 有"身"的历史——马克思早期历史观再思考[J]. 教学与研究, 2015（6）: 43-50.

校精神文化氛围，在潜移默化中行之有效地完成对大学生的思想政治教育工作，使大学生在了解和认同红色文化的过程中，自觉、主动地用红色文化浸润心灵。

作者简介：李梦园，女，河北石家庄人，北京林业大学马克思主义理论专业 2019 级研究生，主要研究方向：思想政治教育。

香山建国的伟大意义及精神启示[①]

摘　要：中华人民共和国成立的前期准备工作基本上都是毛泽东与中共中央在香山完成的，这半年多的时间铸就了中华民族伟大复兴的辉煌岁月。中华人民共和国的诞生，开启了中华民族伟大复兴的历史新纪元，书写了世界革命进步运动的新篇章。香山期间形成的革命精神，成为新时代坚定道路、理论、制度与文化自信宝贵的历史资源与精神财富。

关键词：香山　新中国　历史意义

"中华人民共和国的成立，不仅是中华民族发展史上的一个伟大事件，也是人类发展史上的一个伟大事件。"[②] 中华人民共和国的诞生，是五四运动以来我国发生的重大历史性事件，是近代以来实现中华民族伟大复兴的一大里程碑。它是中国共产党领导中国人民取得中国旧民主主义革命、新民主主义革命全面胜利的重要标志，是社会主义中国建立的重要标志，自此，一个充满生机的中国，一个充满希望的中国，就巍然屹立在世界的东方。这段时间毛泽东和中共中央基本上居住在香山，可以说，毛泽东与中共中央是在香山完成了中国革命战争的全面胜利与中华人民共和国建国的历史。这半年多的时间铸就了中华民族伟大复兴的辉煌岁月。习近平总书记指出，中共中央在北京香山虽然只有半年时间，但这里是我们党领导解

---

① 本文是作者教育部课题"香山精神研究"（20YJA710002）的一个研究成果。
② 习近平.习近平在国庆 65 周年招待会上的讲话（2014 年 9 月 30 日）[N].人民日报，2014-10-01（2）.

放战争走向全国胜利、新民主主义革命取得伟大胜利的总指挥部，是中国革命重心从农村转向城市的重要标志，在中国共产党历史、中华人民共和国历史上具有非常重要的地位。① 这段时间形成的革命精神是中国共产党领导中国人民进行民主主义革命胜利的系列革命精神谱系重要篇章，是中国共产党领导中国人民在新时代进行伟大斗争、建设伟大工程、推进伟大事业、实现伟大梦想的重要历史资源和思想资源。

一、香山建国的伟大历史意义

（一）中国民主主义革命全面胜利的伟大里程碑

1. 挽救民族危亡的伟大里程碑

民族是人民延续的根脉、国家是人民幸福的襁褓。没有国家的强盛，国民只能苟且偷安；没有民族的复兴，人民只能寄人篱下。鸦片战争后近代中国的历史就是救亡图存的历史。中华民族具有5000多年绵延不绝的文明历史，为人类文明进步做出了不可磨灭的贡献。但是，由于封建制度的腐朽没落，中国在近代被世界快速发展的浪潮甩在了后面。1840年鸦片战争以后，在西方列强坚船利炮轰击下，中国危机四起、人民苦难深重，陷入半殖民地半封建社会的黑暗深渊。在半殖民地半封建社会的百余年间，推翻帝国主义强加给中国人民的不平等条约、联合世界上平等待我的民族和人民共同奋斗、实现中华民族站起来的民族大义，是时代主题，也是先进政治力量的必然使命。

在1840年帝国主义开始侵略中国以后，由于政府的腐败、民生的凋敝和社会的羸弱，帝国主义步步紧逼，不断侵占中华民族的政治、经济利益和进行文化奴役，清政府和民国政府有如傀儡政权，中国濒临被瓜分的境地。比如赔款一项，"粗略统计，清政府时期（1841—1911）实际赔款总额达到9.65亿两白银，民国时期（1912—1949）为6000多万元。"② 中国

---

① 习近平. 习近平视察北京香山革命纪念地 [N]. 人民日报，2019-09-13 (8).
② 张海鹏. 中华人民共和国成立的伟大历史意义 [N]. 人民日报，2009-09-01 (7).

国家首都三次被帝国主义国家占领,尤其是第三次陷落,中国的东北、华北、华东、华中、华南大片国土被日军铁蹄蹂躏,南京不仅被日寇侵占,还进行了惨绝人寰的大屠杀,中华民族的独立主权岌岌可危。

"实现中华民族伟大复兴始终是近代以来中国人民最伟大的梦想。无数志士仁人前仆后继、不懈探索,寻找救国救民道路,却在很长时间内都抱憾而终。太平天国运动、戊戌变法、义和团运动、辛亥革命接连而起,但农民起义、君主立宪、资产阶级共和制等种种救国方案都相继失败了。战乱频仍,民生凋敝,丧权辱国,成了旧中国长期无法消除的病疮。"[1] 中国共产党人在这时候,扛起救亡图存的历史重任,举起争取民族独立解放、人民幸福的大旗,带领英勇的中国人民开辟浴火重生的新征程,依靠人民战争的伟力,赶走了日本帝国主义,坚决抵抗美帝国主义可能的武装干涉,捍卫中华民族的主权、领土完整,彻底废除了列强强加给中国的不平等条约和帝国主义在中国的一切特权,实现了近代中国以来中华民族真正的民族独立、民族解放。"中国必须独立,中国必须解放,中国的事情必须由中国人民自己作主张,自己来处理,不容许任何帝国主义国家再有一丝一毫的干涉。"[2] 这是共产党人的革命宣言,也是中华民族独立自强的宣言。

如在渡江战役开始时,英帝国主义的"紫石英"号等4艘军舰对人民解放军进行武装挑衅,遭到渡江部队的痛击,"紫石英"号军舰被迫搁浅、停留,英国政府国会讨论时,保守党领袖丘吉尔叫嚣要对解放军实行武力报复,毛泽东在以解放军总部发言人的声明中严厉指出,长江是中国的内河,英国人绝没有权利开进军舰,"中国的领土主权,中国人民必须保卫,绝对不允许外国政府来侵犯。"[3] 1949年5月20日,毛泽东电令解放上海

---

[1] 习近平. 在纪念毛泽东同志诞辰120周年座谈会上的讲话(2013年12月26日)[N]. 人民日报,2013-12-27(2).

[2] 毛泽东. 在新政治协商会议筹备会上的讲话(1949年6月15日)[M]//毛泽东选集:第4卷. 北京:人民出版社,1991:1465.

[3] 毛泽东. 中国人民解放军总部发言人为英国军舰暴行发表的声明(1949年4月30日)[M]//毛泽东选集:第4卷. 北京:人民出版社,1991:1460.

的前线指挥员,严正指出:"黄浦江是中国内河,任何外国军舰不许进入,有敢进入并自由行动者,均得攻击之;有向我发炮者,必须还击,直至击沉、击伤或驱逐出境为止。"①

因此,当中华人民共和国诞生的重要标志之一新政协一次会议成功召开时,毛泽东在开幕词中豪迈地指出:"我们的民族将从此列入爱好和平自由的世界各民族的大家庭,以勇敢而勤劳的姿态工作着,创造自己的文明和幸福,同时也促进世界的和平和自由。我们的民族将再也不是一个被人侮辱的民族了,我们已经站起来了。"②

中华人民共和国成立后,按照平等、互利及互相尊重领土主权等原则,"另起炉灶","打扫干净屋子再请客","不承认国民党时代的任何外国外交机关和外交人员的合法地位,不承认国民党时代的一切卖国条约的继续存在,取消一切帝国主义在中国开办的宣传机关,立即统制对外贸易,改革海关制度",收回驻军权和内河航行权,要求"各国无条件承认中国,废除旧约,重订新约",发展和世界各国的外交关系。中华人民共和国成立仅仅3个多月,就已同11个国家建交,主要是当时社会主义阵营的国家;随后,又有13个国家先后宣布承认中华人民共和国,其中7个国家在1950年10月底前同中国建交,这是第一批同新中国建交的不同社会制度国家。中华人民共和国不仅维护了自身主权和领土疆域完整,而且捍卫了世界和平与人类正义事业,以崭新姿态屹立于世界东方。

2. 拯救人民于水火的伟大里程碑

近代,由于西方列强的入侵,封建统治的腐败,中国逐渐沦为半殖民地半封建社会,中华民族遭受了前所未有的深重苦难。亿万同胞居于覆屋之下、漏舟之中,唯有使人民摆脱困苦、挣脱枷锁、解脱危难,方能解决人力物力财力的发展资源问题,形成国家发展、民族进步和革命胜利源源

---

① 毛泽东.对外国军舰轮船进入黄浦江的处理办法(1949年5月20日)[M]//毛泽东文集:第5卷.北京:人民出版社,1996:296.
② 毛泽东.中国人从此站立起来了(1949年9月21日)[M]//毛泽东文集:第5卷.北京:人民出版社,1996:344.

不断的伟力。中国共产党深刻了解近现代中国人民的生存状态，必须推翻压在人民头上的帝国主义、封建主义、官僚资本主义三座大山，为人民救苦救难、与人民同甘共苦，实现民族独立、人民解放、国家统一、社会稳定。新中国的成立，实现了中国从几千年的封建专制制度向人民民主的伟大飞跃。

解放战争时期，国民党代表大地主、大资产阶级的利益，致使城乡破败到极点，尤其严重的是经年累月、几无停止的穷兵黩武，使旧中国处于极度的经济衰败之中。在新中国诞生的1949年，中国经济破敝不堪。与过去中国经济发展的最高年份相比，工业总产值减少了50%左右，粮食产量减少了25%，棉花产量减少了48%。①

据国民党政府向美国求援的报告，抗战后国民党政府军费开支占经济生产总值1945年为52.3%、1946年为41.4%、1947年为50.1%。军费开支巨大，滥发货币，导致国内发生极为严重的通货膨胀。1949年5月，国民党政府金圆券的发行量折合法币高达20383740万亿元，上海的物价总指数由1937年6月的100上升为36366×10^{11}，与第一次世界大战后的德国通货膨胀一起成为"世界货币史上的两大恶梦"②。

毛泽东领导的共产党、人民军队来自人民、相信人民、依靠人民，全心全意为人民服务。在解放的地区开展土地改革运动，使农民和土地直接结合，从根本上废除封建制度的根基，使长期遭受地主阶级残酷压迫和剥削的农民大众翻身做了主人，是中国几千年历史上的一次翻天覆地的社会大变革，创造出了中国任何政党都不曾有过的丰功伟绩。土地改革运动于中华人民共和国成立后在全国开展，到1953年春基本完成，全国3亿多农民无偿分得了约7亿亩土地和大批生产资料，而且不必每年再向地主缴纳约3000万吨以上粮食的地租。

---

① 胡乔木. 中国在五十年代怎样选择了社会主义（1989年3月至4月在美国访问时所作的学术讲演）[M] //胡乔木文集：第2卷. 北京：人民出版社 1993：253.
② 贺水金. 论国民党政府恶性通货膨胀的特征与成因 [J]. 上海经济研究，1999（6）：67-71.

党的七届二中全会上，毛泽东谆谆告诫全党，解放区的"中心任务，是动员一切力量恢复和发展生产事业，这是一切工作的重心所在"①。工作重心转移到城市后，要促进生产事业尽可能迅速地恢复和发展，获得确实的成绩，"首先使工人生活有所改善，并使一般人民的生活有所改善"，为此采取了新民主主义的经济政策，确立社会主义基本制度，消灭一切剥削制度，取得了巨大的成功。如在北平解放后，北平市委高度重视城市的经济恢复和发展工作。市委书记彭真在全市第一次党员大会上的讲话中指出，"革命的最终目的是为了解放生产力，发展生产。为什么要解放工人？因为工人代表生产力。为什么要解放农民？因为农民代表生产力。要改变生产力就得解放生产关系。旧政权是保护旧的生产关系的，所以必须粉碎。如果取得了政权，可是生产不发展，则革命没有达到目的。所以，要革命，一定要把生产搞好。生产大批工业品、农产品来改善人民生活。"②到1950年5月以后，中国物价开始稳定。1950年财政收支基本平衡，1951年、1952年财政还略有节余。1952年与1949年相比，工业总产值增长145%，比战前最高年份增长22.3%，农业总产值增长53.4%，比战前最高年份增长18.5%，粮食、棉花、电力、煤钢、机床、纱等主要产品产量都有明显增加，红色中国创造了奇迹。③

北平市政府在和平接管、建立政权的基础上，在整顿治安、整理市容、安定民生、恢复生产方面，做了大量工作，取得了很好的成绩，仅仅半年的时间，使陷入绝境的工业生产得以恢复，并且一些行业超过了新中国成立前，市场稳定，人民生活有较大的恢复与改善，赢得了各阶层人民

---

① 毛泽东. 在中国共产党第七届中央委员会第二次全体会议上的报告（1949年3月5日）[M]//毛泽东选集：第4卷. 北京：人民出版社，1991：1429.
② 彭真关于当前的方针、政策和任务的讲话（1949年4月18日）[M]//北京市档案馆编，北平解放. 北京：中国文史出版社，2017：553.
③ 胡乔木. 中国在五十年代怎样选择了社会主义（1989年3月至4月在美国访问时所作的学术讲演）[M]//胡乔木文集：第2卷. 北京：人民出版社，1993：253.

的支持与拥护，旧北平变成了人民的新北平。① 在中华人民共和国成立一周年后，周恩来总理代表中央人民政府骄傲地说："在中国，历史上只有一个政府，曾经在一年内做了这么多有利于人民的工作；只有一个政府，曾经在一年内驱逐了那么多的强盗式的'军队'和'政府'，而代之以纪律严明和蔼可亲的人民军队和廉洁而讲道理的人民政府；只有一个政府，曾经在一年内剥夺了帝国主义国家的特权，消灭了可恨的特务机关，停止了无限期的通货膨胀，而给予人民一种欣欣向荣的气象；这个政府，就是中央人民政府。"②

在彻底结束旧中国一盘散沙的局面、实现国家统一、使封建割据局面一去不复返、中国各族人民实现了空前的大团结的同时，中国共产党也开始了建设新国家的光辉征程，取得了令世人瞩目的成就，使广大人民群众从切身体验中感到两种不同的命运，由衷地热爱中国共产党，完全信赖共产党的领导，衷心拥护共产党的领导，并取得极强的示范效应、传导效应，国民党统治区的人民群众开展第二条战线的爱国民主运动，解放区人民积极参军，不怕牺牲，保卫家乡，保卫革命果实，汇成了人民革命、人民战争的洪流，这是中国革命胜利取之不竭、用之不尽的力量源泉。

（二）开启中华民族伟大复兴的历史新纪元

实现中华民族伟大复兴是近代以来中华民族最伟大的梦想，是激励中华儿女团结奋进、义无反顾、英勇斗争的精神旗帜。"中国共产党一经成立，就把实现共产主义作为党的最高理想和最终目标，义无反顾肩负起实现中华民族伟大复兴的历史使命，团结带领人民进行了艰苦卓绝的斗争，谱写了气吞山河的壮丽史诗。"③ 中华民族的伟大复兴就是实现民族独立、

---

① 彭真在北平市各界代表会议上的总结报告（1949年8月14日）[M]//北京市档案馆编．北平解放．北京：中国文史出版社，2017：588.
② 周恩来．为巩固和发展人民的胜利而奋斗（1950年9月30日）[M]//周恩来选集：下卷．北京：人民出版社，1984：49.
③ 习近平．习近平在中国共产党第十九次全国代表大会上的报告（2017年10月18日）[EB/OL]．新华网，2017-10-27.

人民解放和国家富强、人民幸福，就是把中国建设成为富强、民主、文明、和谐、美丽的社会主义现代化强国。现代化使命需要有党的领导的根本保证、社会主义道路的坚定选择、社会主义制度的坚实保障和中国精神的强大动力和中国人民的力量支持。[①] 这些都在新中国成立之时，在以毛泽东为核心的中国共产党人的努力下，开始了伟大的实践。

1. 奠定中华民族伟大复兴的坚实道路

道路关乎党的命脉，关乎国家前途、民族命运、人民幸福。作为中华民族伟大复兴事业的推动者、引领者、实践者，中国共产党人鲜明地提出要走适合中国国情的革命、发展道路，革命道路是"农村包围城市，武装夺取政权"，而非苏俄式的城市中心的革命道路；革命胜利后，建设新民主主义的共和国，中国这个农业为主的大国，现代化的根本途径在工业化，变农业国为工业国；建立共产党领导下的各阶级联合专政，实行民主集中制的新民主主义的国体、政体；以国营经济为领导，个体农业和小商人、中等私人资本等多种经济成分同时存在，"兼顾""两利"的新民主主义经济结构、利益协调政策；建设民族的、科学的、大众的反帝反封建的新民主主义文化，并逐渐过渡到社会主义建设。这不同于苏联直接进入社会主义道路的做法，也与孙中山的资产阶级道路明显不同，是毛泽东等共产党人的积极探索，是新中国发展壮大、稳定繁荣的根本保证。

在这条社会主义道路的探索中，坚持党的领导是决定性的。毛泽东在总结中华人民共和国成立前28年，也就是中国共产党建立以来取得革命胜利的成功经验时，把党的领导放在第一位，毛泽东指出："我们有许多宝贵的经验。一个有纪律的，有马克思列宁主义的理论武装的，采取自我批评方法的，联系人民群众的党。一个由这样的党领导的军队。一个由这样的党领导的各革命阶级各革命派别的统一战线。这三件是我们战胜敌人的主要武器。这些都是我们区别于前人的。依靠这三件，使我们取得了基本

---

① 曲青山. 实现中华民族伟大复兴是近代以来中华民族最伟大的梦想 [J]. 时事报告（党委中心组学习），2018（1）：5-18.

的胜利。"①

党的正确领导是全国解放战争取得迅速胜利、中华人民共和国顺利建立的根本条件。这一时期，毛泽东和中共中央的革命战争战略战术与指挥艺术、中华人民共和国建立的宏伟决策和基本政策，在北平香山期间，指挥渡江作战、全国大进军，以摧枯拉朽之势荡平国民党在大陆的残余力量；与国民党当局南北和谈、新政协筹建与召开、成立中华人民共和国一应事项的决策，达到了极高的境界。同时，强化了党内报告制度等制度建设，整顿无纪律无政府状态，以加强政治纪律建设为抓手，确保全党在政治上、思想上、行动上和中央保持高度一致，实现集中统一和政令通畅；通过整党整军运动、思想教育运动，极大地纯洁了党组织，保证了到1949年9月已达228万余名党员的大党在革命胜利情况下始终保持和人民群众的血肉联系、始终保持艰苦奋斗的作风和政治本色。正是党的阶级性、先进性、纯洁性保证了革命的胜利和中华人民共和国的诞生，赢得了人民群众的拥护，成为中国人民革命与建设事业的领导核心。没有共产党就没有中华人民共和国，没有毛泽东，也没有中华人民共和国。邓小平指出，"如果没有毛泽东同志的卓越领导，中国革命有极大的可能到现在还没有胜利，那样，中国各族人民就还处在帝国主义、封建主义、官僚资本主义的反动统治之下，我们党就还在黑暗中苦斗。所以说没有毛主席就没有新中国，这丝毫不是什么夸张。……没有毛泽东思想，就没有今天的中国共产党，这也丝毫不是什么夸张。"② 中华人民共和国成立时，以毛泽东为核心的第一代中央领导集体的正确领导，228多万党员队伍的继续奋斗，是中华人民共和国继续前进、不断走向胜利的关键。

在这条社会主义道路的探索中，社会主义的基本制度得到确立，并不断完善。在中华人民共和国的探索中，毛泽东和中共中央提出了新民主主

---

① 毛泽东. 论人民民主专政（纪念中国共产党28周年）（1949年6月30日）[M] //毛泽东选集：第4卷. 北京：人民出版社，1991：1480.

② 邓小平. 解放思想，实事求是，团结一致向前看（1978年12月13日）[M] //邓小平文选：第2卷. 北京：人民出版社，1994：148-149.

义的经济政策，在全国革命的高潮中，毛泽东特别提出要警惕党内出现的"贫雇农打江山坐江山"的狭隘口号，及时提出要建立党领导的统一战线，联合各个阶级、各个党派和无党派民主人士，通过广泛的民主形式、民主途径来成立民主联合政府，建立人民民主的中华人民共和国。在筹建中华人民共和国时，毛泽东和中共中央将人民代表大会制度视为"既能表现广泛的民主，使各级人民代表大会有高度的权力；又能集中处理国事，使各级政府能集中地处理被各级人民代表大会所委托的一切事务，并保障人民的一切必要的民主活动"的国家根本政治制度，指导各地建设各级人民代表大会，当人大制度建设仍需一段时间准备时，毛泽东和中共中央又及时建议、指导召开新政治协商会议，以其为中华人民共和国的最高权力机关，并在必要时过渡到全国人民代表大会。毛泽东指出，中华人民共和国产生的民主联合政府，"能使我们的伟大的祖国脱离半殖民地的和半封建的命运，走上独立、自由、和平、统一和强盛的道路。这是一个共同的政治基础。这是中国共产党、各民主党派、各人民团体、各界民主人士、国内少数民族和海外华侨团结奋斗的共同的政治基础，这也是全国人民团结奋斗的共同的政治基础。这个政治基础是如此巩固，以至于没有一个认真的民主党派、人民团体和民主人士提出任何不同的意见，大家认为只有这一条道路，才是解决中国一切问题的正确的方向。"[①] 人民代表大会制度在1954年正式建立，成为我国人民当家作主、社会主义制度的根本政治制度安排。

2. 建立新中国长治久安的制度保障

根本政治制度确立后，毛泽东和中共中央还进行了社会主义其他政治、经济、文化、社会制度的建设与实践，保证了中华人民共和国的长治久安。

在政治制度方面，明确政治协商会议的统一战线性质，是实行中国共

---

① 毛泽东. 在新政治协商会议筹备会上的讲话（1949年6月15日）[M]//毛泽东选集：第4卷. 北京：人民出版社，1991：1464.

产党领导下的多党合作制度的多党合作、政治协商重要机构；在全国人民代表大会产生之前，由人民政协全体会议行使其职权，并产生中央人民政府，行使国家权力，各级政府实行民主集中制。国家实行民族区域自治制度，各民族一律平等、团结互助，反对大民族主义和狭隘民族主义，禁止民族间的歧视、压迫和分裂各民族团结的行为。

在经济制度方面，工作重心转移到城市后，以恢复和发展城市生产为中心工作，没收官僚资本，建立国营经济为整个国民经济的领导成分；谨慎地、逐步地、积极地引导个体农业和手工业向现代化、集体化方向发展；发展、利用城乡私人资本，限制其不利于国计民生的消极作用，各种社会经济成分在国营经济领导之下，分工合作，各得其所，公私兼顾、劳资两利、城乡互助、内外交流，发展生产、繁荣经济，促进整个社会经济的发展。

国防方面，毛泽东提出要建立强大的国防军、建设人民国防，保卫国家主权、领土完整，防备外来侵略。在新政协成立大会上毛泽东指出，"我们的国防将获得巩固，不允许任何帝国主义者再来侵略我们的国土。在英勇的经过了考验的人民解放军的基础上，我们的人民武装力量必须保存和发展起来。我们将不但有一个强大的陆军，而且有一个强大的空军和一个强大的海军。"①

在文化教育方面，建设民族的、科学的、大众的新民主主义的文化教育，提高人民文化水平、培养国家建设人才，肃清封建的、买办的、法西斯主义的思想，发展为人民服务的思想。

毛泽东和中共中央的这些政治、经济、国防思想与制度安排，为新中国的政治安全、社会稳定、经济发展营造了强实的政治环境、社会环境。这也是中华人民共和国成立后长期坚持、不断发展完善的社会主义基本制度，构成了社会主义道路的重要部分。对此，邓小平在1980年10月深刻

---

① 毛泽东.中国人从此站立起来了（1949年9月21日）[M]//毛泽东文集：第5卷.北京：人民出版社，1996：345.

地指出:"三中全会以后,我们就是恢复毛泽东同志的那些正确的东西嘛,就是准确地、完整地学习和运用毛泽东思想嘛。基本点还是那些。从许多方面来说,现在我们还是把毛泽东同志已经提出、但是没有做的事情做起来,把他反对错了的改正过来,把他没有做好的事情做好。今后相当长的时期,还是做这件事。当然,我们也有发展,而且还要继续发展。"①

胡乔木曾说,中国经济在20世纪50年代"最重要事件就是选择了社会主义"②。"中国共产党从来把实现社会主义作为自己的政纲。它认为,中国要确保国家的独立和统一,发展国民经济,实现繁荣富强,使劳动人民免遭剥削和贫困,只有社会主义才是唯一的出路。"③毛泽东根据马列主义基本原理,总结了世界现代化进程的经验,缔造了符合中国国情的社会主义道路。毛泽东指出:"一切革命的历史都证明,并不是先有充分发展的新生产力,然后才改造落后的生产关系,而是要首先造成舆论,进行革命,夺取政权,才有可能消灭旧的生产关系。消灭了旧的生产关系,确立了新的生产关系,这样就为新的生产力的发展开辟了道路。"④中华人民共和国的诞生,确立了社会主义基本制度,消灭了一切剥削制度,推进了中华人民共和国的社会主义事业,完成了中华民族有史以来最为广泛、深刻的社会变革,从根本上改变了中国社会的发展方向,为当代中国的发展进步奠定了政治前提和制度基础,为中国的现代化事业、中华民族伟大复兴奠定了坚实基础。

(三)书写世界革命进步运动的新篇章

中华人民共和国的诞生,是世界无产阶级革命的重要组成部分,也是

---

① 邓小平. 对起草《关于建国以来党的若干历史问题的决议》的意见(1980年3月—1981年6月)[M]//邓小平文选:第2卷. 北京:人民出版社,1994:300.
② 胡乔木. 中国在五十年代怎样选择了社会主义(1989年3月至4月在美国访问时所作的学术讲演)[M]//胡乔木文集:第2卷. 北京:人民出版社,1993:252.
③ 胡乔木. 胡乔木谈中共党史[M]. 北京:人民出版社,1999:345.
④ 毛泽东. 读苏联《政治经济学教科书》的谈话(1959年12月—1960年2月)[M]//毛泽东文集:第8卷. 北京:人民出版社,1999:132.

二战以后最重大的政治事件，对国际局势和世界人民斗争的发展具有深刻的久远的影响①；是马克思列宁主义在中国的具体实践，并产生了中国式的马克思主义——毛泽东思想。红色中国的成立，极大改变了世界政治力量的对比，加强了世界革命力量，有力推动了世界被压迫民族、被压迫人民争取解放的斗争，推动了维护国际的和平事业，增强了世界和平力量。

革命的道路需要革命理论的指引、教导，革命理论一旦形成就会产生无穷的力量。毛泽东思想是中国革命的产物，是中华人民共和国的指导思想，红色中国的胜利，就是毛泽东思想的胜利。毛泽东思想是中国共产党人在长期复杂革命斗争中产生的，是马克思主义的基本原理和中国革命实际相结合、中国共产党人集体智慧的结晶，为中国人民点亮了前进的灯塔。毛泽东和中国共产党人建立的红色中国的伟大成就成为鼓舞世界革命人民进行反帝斗争的重要榜样，成为马克思主义革命道路的一个重要样板。

总之，中华人民共和国的诞生，使具有5000多年文明历史的中华民族全面迈向现代化，让中华文明在现代化进程中焕发出新的蓬勃生机；使具有500年历史的社会主义主张在世界上人口最多的国家成功开辟出具有高度现实性和可行性的正确道路，让科学社会主义在21世纪焕发出新的蓬勃生机。为建立富强、民主、文明、和谐、美丽的社会主义现代化国家奠定了基本的经济、政治和文化条件，为古老的中国赶上时代发展潮流、阔步走向繁荣昌盛创造了根本前提，为当代中国一切发展进步奠定了根本政治前提和制度基础，为新的历史时期开创中华民族伟大复兴事业提供了宝贵经验、理论准备、物质基础，这是新时代坚定道路、理论、制度与文化自信宝贵的历史资源。

---

① 参见《关于建国以来党的若干历史问题的决议》（1981年6月27日中国共产党第十一届中央委员会第六次全体会议通过）。

二、香山建国的精神启示

"中华人民共和国的成立,不仅是中华民族发展史上的一个伟大事件,也是人类发展史上的一个伟大事件。"① 在1949年3月至10月的半年多时间里,以毛泽东为核心的中国共产党第一代领导集体,率领亿万中国军民,推翻了旧中国,建立了中华人民共和国,实现了中华民族的独立解放和伟大觉醒,成为中华民族崛起、复兴的里程碑。期间形成了以坚定信念、革命到底,敢于斗争、勇于创造,为了人民、服务人民,自力更生、艰苦创业,团结统一、共同奋斗,求真务实、谦虚谨慎,依法立国、治军从严等七个方面为主要内涵的革命精神。

(一)坚定信念、革命到底

理想是人对美好未来的想象、希望和追求,是世界观、人生观、价值观的集中写照;信念是人对外在事物和心灵观念的确信、坚信后的执着观念。理想信念的终极来源是对心灵观念的信奉敬仰,信仰是理性分析判断后的坚定的态度、情感与意志,是对信念的固化、理想的确信。

理想源于信仰,信仰产生信念。革命者的理想信念是对马克思主义理论的科学信仰,是对共产主义远大理想和中国革命胜利的共同理想。这种革命的坚定性是终生信仰,要"永久奋斗","奋斗到什么程度呢?要奋斗到5年、10年、40年、50年,甚至到60年、70年,总之一句话,要奋斗到死,没有死就还没有达到永久奋斗的目标"②。十月革命后,先进的中国人接受了马克思主义,中国共产党人成为马克思主义的坚定信仰者、热情传播者、忠实奉行者、坚强捍卫者,"中国人从思想到生活,才出现了一个崭新的时期。中国人找到了马克思列宁主义这个放之四海而皆准的普遍

---

① 习近平. 习近平在国庆65周年招待会上的讲话(2014年9月30日)[N]. 人民日报,2014-10-01(2).

② 毛泽东. 永久奋斗(1939年5月30日)[M]//毛泽东文集:第2卷. 北京:人民出版社,1993:190-191.

真理，中国的面目就起了变化了。"①

对马克思主义的信仰，对共产主义和社会主义的信念，是共产党人的政治灵魂。三大决战胜利后，中共中央、毛泽东就以实现新民主主义制度、进而建立社会主义制度为职志，坚信社会主义制度比资本主义制度具有无比优越性，是最适合中国国情的历史选择，是最适合中国人民需要的时代选择。毛泽东指出，无产阶级的先锋队在十月革命后，学习、接受了马克思主义，建立了中国共产党，并且在血与火的革命斗争中，积28年的革命经验和孙中山旧民主革命的40年经验，得出最基本的结论就是建立团结最广大中国人民的工人阶级领导的、以工农联盟为基础的人民民主专政，在这个政权制度下，实行新民主主义的政治、经济、社会、文化政策，"这就是我们的公式，这就是我们的主要经验，这就是我们主要的纲领"②。

对社会主义中华人民共和国的坚强自信，要求中国共产党人必须将革命进行到底，推翻腐朽没落的国民党反动统治，这又是100多年近代中国的历史结论。太平天国、义和团的农民运动，晚清的洋务运动、戊戌变法，以及辛亥革命的资产阶级变革，已经证明"西方资产阶级的文明，资产阶级的民主主义，资产阶级共和国的方案，在中国人民的心目中，一齐破了产。资产阶级的民主主义让位给工人阶级领导的人民民主主义，资产阶级共和国让位给人民共和国。这样就造成了一种可能性：经过人民共和国到达社会主义和共产主义，到达阶级的消灭和世界的大同"③。

在1949年的新年献词中，中共中央、毛泽东要求全党全军全国各族人民要以革命的暴力打倒反革命的暴力，以革命的意志摧毁反革命的意志，

---

① 毛泽东. 论人民民主专政（1949年6月30日）[M]//毛泽东选集：第4卷. 北京：人民出版社，1991：1470.

② 毛泽东. 论人民民主专政（1949年6月30日）[M]//毛泽东选集：第4卷. 北京：人民出版社，1991：1480.

③ 毛泽东. 论人民民主专政（1949年6月30日）[M]//毛泽东选集：第4卷. 北京：人民出版社，1991：1471.

以全国的胜利建立全民族的和平，以革命的怒潮湮没反对派的对抗、粉碎敌人的阴谋，把伟大的人民解放战争进行到底。① 国共谈判破裂后，毛泽东发出"向全国进军的命令"，要求300万解放军奋勇前进，坚决、彻底、干净、全部地歼灭中国境内一切敢于抵抗的国民党反动派，解放全国人民，保卫中国领土主权的独立和完整，逮捕一切怙恶不悛的战争罪犯。最终在1949年金秋，"中国人民已经战胜了自己的敌人，改变了中国的面貌，建立了中华人民共和国。我们四万万七千五百万中国人现在是站立起来了，我们民族的前途是无限光明的"②。

(二) 敢于斗争、勇于创造

敢于斗争、勇于实践、主动创新，需要有坚强的革命意志、革命定力，需要高超的革命智慧和学习本领。

定力是指对事物理性坚定的判断力、行为决策力、执行力，是面对新情况、新问题、新环境的创新力。理想信念的确立与坚守，需要意志力、行动力、执行力与战斗力的保证。理想信念在现实生活中起作用，重点在行为实践的效果和对人民群众的影响，源于革命信心的革命定力在其中是重要的压舱石。

1949年春，中国革命的每一步，都是人类历史上的巨大创新，都肩负人类历史命运的伟大斗争。前无古人的事业，历史重任压肩，需要非凡的决心、非凡的毅力和非凡的智慧。毛泽东提出"要敢于斗争敢于胜利"③，在任何苦难面前绝不低头、不怕鬼、不信邪，承担起人民解放的使命和民族独立的责任。同时又要善于斗争、善于胜利，善于向群众学习、向实践学习、向书本学习。这种敢于是志气，首先有坚定的革命信仰，坚信革命的正义性、正当性、革命胜利的必然性，在任何时候绝不动摇、绝不屈

---

① 毛泽东. 将革命进行到底（1948年12月30日）[M]//毛泽东选集：第4卷. 北京：人民出版社，1991：1379.
② 毛泽东. 中国人民大团结万岁（1949年9月30日）[M]//毛泽东文集：第5卷. 北京：人民出版社，1996：347.
③ 师哲. 在历史巨人身边[M]. 北京：中央党校出版社，1998：312.

服；这种善于是智慧，是科学理论、实践经验和个人思想的完美结合，需要有超前的政治眼光、坚韧的革命意志和上下齐心的革命群众的支持，更需要超越一般人智慧的创造性，创造性是斗争胜利的关键。如在滇南战役中，毛泽东预先指挥二野陈赓部队从浙江进军广东，南边兜底，堵住白崇禧部南逃道路，迫使白部不得不在岭南和林彪四野部队决战，最后在衡宝战役中将白部主力歼灭，避免其南逃海南或西逃云南出境。毛泽东这种以南中国范围为视域，跨越几省的大迂回、大包围战略，最后一举改变四野一直尾追逃敌、难于抓住敌主力决战的被动局面，确实在几乎所有高级将领思考之外。

在筹备建立中华人民共和国方面，毛泽东创造性地提出先成立政治协商会议，成立中央人民政府，代行全国人民代表大会职权，等到条件成熟时，再进行全国性的普选，正式产生人民代表大会。这种国家建制方式不同于苏联的苏维埃制度、联邦制度，又有别于中国共产党此前的设想。毛泽东鉴于革命形势的飞速发展而不断创新，既是时代使然、历史使然，更是掌握科学真理的与时俱进。人民政协制度是一种人民民主实践，政协代表的代表性得到全国人民的广泛认可，具有广泛的民主性；在革命战争仍在进行、全国部分地区仍未解放的情况下，如要全国普选产生人大代表，社会动员代价过大，短时间内不现实，但是长时间不建立政权，会给帝国主义武装干涉留下可能性，因此，毛泽东在西柏坡尤其是香山期间，就对中华人民共和国国家体制进行大胆创新，取得了巨大成功，也使中华人民共和国的成立水到渠成。

革命时期的战争战略战术，在中国历史上可能还有一些借鉴，但如何确立新中国经济和外交方针，巩固新生的人民政权，却是全新的重要课题。毛泽东创造性地提出新民主主义经济形态理论，提出新中国经济形态是国有经济为主体、多种经济成分并存，国有经济以没收官僚资产阶级经济为基础，当前主要工作在激活民族资本主义发展，使之成为中华人民共和国经济活跃因素，但私营经济、个体经济的发展与前途是社会主义；劳资矛盾是客观存在，要让资本家加快开工，适当限制工人的工资诉求、使之与工人效益相一致。这种经济政策与苏联迥异，取得了稳定市场、促进经济发展、改善人民生活的良好效果，也得到斯大林的高度肯定："中共利用中国资产阶级的反美情绪，与他们建立比较长期合作的政策是正确的"；"劳资间的矛盾，是客观存在的，罢工会有发生，我们暂时不要扩大劳资斗争"。①

创新是对历史经验的总结，是对世界知识的学习，更是对时代环境的主动适应、主动改变。创新是革命事业发展的第一动力。共产党人在创立新中国、建设中华人民共和国的过程中，始终以敢于革命、善于革命，敢于建设、善于建设的主人翁、时代先锋的姿态和形象，开创了中华人民共和国建设的崭新局面。

（三）为了人民、服务人民

中华人民共和国革命精神的核心是爱国主义精神、根基是全心全意为人民服务的宗旨。"为了谁、依靠谁、我是谁"，是一个革命政党必须回答的首要问题，也是检验一个政权性质的试金石。1945年中共七大将全心全意为人民服务作为党的宗旨写入党章，这是毛泽东与中国共产党领导革命胜利、成立中华人民共和国的庄严承诺和路线遵循。

人民是历史的主人，人民是社会发展的动力，人民的支持是政权政府最广泛、最可靠、最牢固的基础，其思想内涵非常丰富，包括：为人民服务而非为大地主阶级、大资产阶级或其他资产阶级服务，解决"为了谁"的问题；为人民服务必须忠诚老实、全心全意，要心里装着群众，关心群众生活，主动解决群众的实际问题与困难，不能半心半意或三心二意，做表面文章，甚至"当官当老爷"；深入群众，向群众学习，密切联系群众，用群众力量解决现实难题，解决"依靠谁"的问题；用是否符合群众利益来作为检验共产党人一切言行对错的标准。

---

① 刘少奇. 关于中共中央代表团与俄共（布）中央斯大林会谈情况给中央的报告（1949年7月18日）[M]//建国以来刘少奇文稿：第1册. 北京：中央文献出版社，2005：32.

毛泽东将"完全和人民群众打成一片"作为人民解放军22年的最重要经验之一①,将军队命名为"人民军队",进行的解放战争命名为"人民战争","这个军队之所以有力量,是因为所有参加这个军队的人,都具有自觉的纪律;他们不是为着少数人的或狭隘集团的私利,而是为着广大人民群众的利益,为着全民族的利益,而结合,而战斗的。紧紧地和中国人民站在一起,全心全意地为中国人民服务,就是这个军队的唯一的宗旨"②。新中国也因此命名为"中华人民共和国",是工人阶级领导的、以工农联盟为基础的人民民主专政的国家。

在三大决战之后,解放军已经取得压倒性胜利的情况下,毛泽东洞悉国民党当局的伎俩,但凡有一线希望,能够尽快结束战争,恢复和平,"以利在全国范围内开展伟大的生产建设,使国家人民稳定地进入富强康乐之境"③,还是积极促成与国民党当局谈判。在战场上的重要战斗中,毛泽东也总是想着首先是和平解决、政治解决,减少战士的牺牲,减少人民群众的损失。比如太原战役,城内阎锡山军已被包围4个多月时间,解放军占有人数、火炮的绝对优势,毛泽东还是要求前线指挥员,"请将攻击太原的时间推迟至22日。那时,如能签订和平协定,则太原即可用和平方法解决;如和谈破裂或签订后反悔不执行,则用战斗方法解决,对我亦无多大损失。"④ 同样,毛泽东还亲自领导了北平、湖南、西南和新疆等地的和平解放。

毛泽东对国民党统治下的人民群众困苦生活非常了解,感同身受。从

---

① 毛泽东. 人民解放军22年的历史经验(1949年7月)[M]//毛泽东军事文集:第5卷. 北京:军事科学出版社、中央文献出版社,1993:653.
② 毛泽东. 论联合政府(1945年4月24日)[M]//毛泽东选集:第3卷. 北京:人民出版社,1991:1039.
③ 毛泽东. 毛泽东1949年4月8日在香山双清别墅和国民党首席谈判代表张治中见面时候说的话[M]//余湛邦. 张治中机要秘书回忆录. 北京:中央党校出版社,1991:97.
④ 毛泽东. 攻击太原时间推迟至22日(1949年4月11日)[M]//毛泽东军事文集:第5卷. 北京:军事科学出版社、中央文献出版社,1993:535.

西柏坡迁住香山途中，路过曾经20多年前到过的保定，见到街市萧条、民众生活艰难，感慨地说："保定还是老样子，20多年也没有什么太大的变化。"① 在颐和园暂歇、去西苑机场阅兵的路上，看到北平市井冷落、汽车稀少的情况，感觉路上都是行人、马车，汽车比延安的路上都少，"我们这样一个古老的国家，北平又是几个朝代的古都，现在还是这么落后。以后这种落后的局面一定会很快改变的。"②

毛泽东心里始终装着人民，始终装着战士，始终以人民疾苦为念。西北战场凶悍的马步芳部队，是人民军队最大血海深仇的国民党军队之一，毛泽东知道一野将士的英雄主义气概，但为了减少战士牺牲，还是一再致电彭德怀，要求大家耐心等待，不必性急，打有把握的几个好仗③；在攻打马步芳盘踞的重镇兰州时，毛泽东更是多次致电前方，要求多准备部队、火炮，详细侦察敌情、地形，做充分的战斗准备，并特别嘱咐"对两马是没有经验的"杨得志兵团（19兵团）"千万不可轻视两马，否则必致吃亏"④。

密切党同人民群众的血肉联系，是中国共产党立于不败之地的根本；立党为公、执政为民，为民革命、为民建国，是中国共产党人的初衷与宗旨，也是中国共产党人的崇高品质。

（四）自力更生、艰苦创业

自力更生、艰苦创业是中国优秀传统文化的组成部分，也是勤劳的中国人民的养家之道、立身之本。近代中国人民始终生活在人口众多、物产有限、资源条件较为艰难而且战争、灾祸频仍的国度，依靠自身力量改善生存生活条件，依靠辛勤劳动、不怕艰难困苦、顽强奋斗建设家园，是传

---

① 阎长林. 我的警卫笔记 [M]. 北京：中国青年出版社，2009：290.
② 阎长林. 我的警卫笔记 [M]. 北京：中国青年出版社，2009：297.
③ 毛泽东. 同意第一野战军暂时停止前进（1949年5月26日）[M] //毛泽东军事文集：第5卷. 北京：军事科学出版社、中央文献出版社，1993：598.
④ 毛泽东. 钳制两马歼灭胡宗南四五个军（1949年6月26日）[M] //毛泽东军事文集：第5卷. 北京：军事科学出版社、中央文献出版社，1993：622.

统古训、美德，也是中华民族自强不息的精神。

中国共产党人大都是农民的儿女，长期在贫困落后的农村革命创业，生于斯长于斯，对中国贫穷落后的面貌、人民艰苦的生活非常了解，极为同情，因此，在全国革命胜利、中华人民共和国成立前夕，毛泽东和中共中央将独立自主、自力更生、艰苦奋斗、勤俭建国作为一种民族精神、国家基本国策加以强调、坚持。

自力更生强调的是共产党人和中国人民要立足于本国，从本国实际出发，依靠本国人民的力量、人民的奋斗，战胜困难，建设家园。"我们的方针要放在什么基点上？放在自己力量的基点上，叫做自力更生。"① 在革命战争时期，依靠自己组织的力量打倒一切中外反动派；在革命与建设时期，是"自力更生为主、争取外援为辅"。

自力更生强调依靠本国人民的力量，不是绝对排斥别国帮助，更不是完全拒斥向别国学习，闭关自守，而是要主动学习，为我所用。中国是后发展国家，其他国家的现代化经验对新中国建设有帮助。在革命时期，中国革命就一直得到以苏联为首的社会主义阵营的帮助、指导，但共产党人、中华人民共和国是以我为主、为我所用，而不是对他国依赖、依附，成为别国的附庸，甚至像国民党政权那样成为帝国主义的打手、爪牙，"独裁、内战和卖国三位一体"。即使是在党的创建时期，由于中国共产党人革命经验欠缺，曾经一度受到共产国际的左右，这是中国革命遭受严重挫折的重要原因之一，但成熟了的中国共产党人迅速走上独立自主发展的道路。遵义会议上，中国共产党选择了自己的领袖毛泽东，中国革命自此焕然一新；抗战时期，中国共产党坚持独立自主的游击战争为主的军事方针，抵制以王明为代表、主要来自苏联与共产国际的错误，争得了抗战的领导权，最终成为抗日战争胜利的中流砥柱；解放战争时期，军事斗争、政治斗争和经济政策，都是以毛泽东为核心的中共中央自主领导、自主决

---

① 毛泽东. 抗日战争胜利后的时局和我们的方针（1945年8月13日）[M] //毛泽东选集：第4卷. 北京：人民出版社，1991：1132.

策的结果。所以,毛泽东说:"中国这个客观世界,整个地说来,是由中国人认识的,不是在共产国际管中国问题的同志们认识的。共产国际的这些同志就不了解或者说不很了解中国社会,中国民族,中国革命"①。

主动学习他国经验,补充本国的不足,是人类对自我知识局限的理性认识。中共中央、毛泽东在中华人民共和国成立前主动派遣刘少奇等去苏联学习、取经,寻求经济外交军事援助,得到了斯大林等的积极回应,这些帮助对新中国的巩固与发展起到了重要的推动作用。后来苏联党和政府以此要挟、威胁,但中共中央、毛泽东坚定维护了民族独立、民族自强,坚决捍卫了国家主权和民族尊严。

艰苦创业即"艰苦奋斗",是共产党人的政治本色。② 艰苦奋斗是指不怕艰难困苦、英勇顽强去战胜困难的奋斗精神,奋发向上、锐意进取、建功立业的创业精神,为国家和人民利益无私工作、勇于献身的敬业精神、奉献精神。艰苦创业、艰苦奋斗不仅意味着在物质层面坚持艰苦朴素、勤俭节约的生活作风,更意味着在精神层面保持着战胜一切艰难险阻、一往无前的思想态度。艰苦奋斗的乐业敬业、吃苦耐劳、艰苦朴素、任劳任怨、永不止歇的精神,是中华传统美德,也是革命者的精神特质。只有具备艰苦奋斗的精神,才能养成为他人服务的利他性格、克己奉公的无私品格和主动抵制任何诱惑的刚强人格,才能在各种诱惑面前挺直腰杆。"奋斗是艰辛的,艰难困苦、玉汝于成,没有艰辛就不是真正的奋斗,我们要勇于在艰苦奋斗中净化灵魂、磨砺意志、坚定信念。"③

中华人民共和国成立前夕,毛泽东一再告诫全党、警示全党要艰苦创业、勤俭建国。离开西柏坡时毛泽东说的"进京赶考"和"绝不当李自

---

① 毛泽东. 在扩大的中央工作会议上的讲话(1962年1月30日)[M]//毛泽东文集:第8卷. 北京:人民出版社,1999:299-300.
② 毛泽东. 艰苦奋斗是我们的政治本色(1956年11月15日)[M]//毛泽东文集:第7卷. 北京:人民出版社,1999:162.
③ 习近平. 在2018年春节团拜会上的讲话(2018年2月14日)[EB/OL]. 新华网,2018-02-14.

成",指的就是不能因为骄傲自满、骄奢淫逸、腐败变质导致革命中途出现问题。"因为胜利,党内的骄傲情绪,以功臣自居的情绪,停顿起来不求进步的情绪,贪图享乐不愿再过艰苦生活的情绪,可能生长","夺取全国胜利,这只是万里长征走完了第一步",因此,"务必使同志们继续地保持谦虚、谨慎、不骄、不躁的作风,务必使同志们继续地保持艰苦奋斗的作风"。①

两个"务必"是对历史经验教训的深刻总结,突出了中国共产党人的历史使命、工作作风与生活修养,只有克己自律、慎独慎微慎初,方能战胜欲望的膨胀、道德的松弛和纪律规矩的松懈危害永远奋斗的事业。正如毛泽东后来强调的:"要使全体干部和全体人民经常想到我国是一个社会主义大国,但又是一个经济落后的穷国,这是一个很大的矛盾。要使我国富强起来,需要几十年艰苦奋斗的时间,其中包括执行厉行节约、反对浪费这样一个勤俭建国的方针。"②

毛泽东率先垂范,生活朴素,轻车简从,对子女严格教育、严格要求,要求他们人格独立,生活独立,不要特权,不搞特殊化,对全党要求也是如此。这使得共产党、人民政府的形象焕然一新,与国民党当局特权横行、两极分化、腐化腐朽的现象形成鲜明对比,这也是共产党得到民众支持的重要原因。移住北平后,毛泽东请回湖南省亲的王稼祥夫人朱仲丽代为看望家亲,后派自己的儿子毛岸英回湖南探亲,都要求一路不张扬,对亲属关心备至,慷慨救济,但不失原则,要求亲戚朋友与普通百姓同吃、同住、同劳动,平等相待,不给党和人民增添负担,绝对杜绝"一人得势,鸡犬升天"的裙带关系。

著名民主人士、民盟主席张澜来到北平参加新政协,毛泽东亲赴张澜驻地设宴款待。毛泽东回答张澜提问时说,共产党人取得胜利的"秘诀"

---

① 毛泽东. 在中国共产党第七届中央委员会第二次全体会议上的报告(1949年3月5日)[M]//毛泽东选集:第4卷. 北京:人民出版社,1991:1438-1439.
② 毛泽东. 关于正确处理人民内部矛盾的问题(1957年2月27日)[M]//毛泽东文集:第7卷. 北京:人民出版社,1999:240.

是做到了谦虚、谨慎、勤劳、节俭，全心全意地为人民服务。张澜深有感触地说："主席讲的前八个字，是中国人的传统美德，少数人能够做到，但要做到这后一句话就很难啦！恐怕这也是历来为政者的病根之所在吧？"毛泽东表示认同。这就是著名的毛泽东与张澜的"北京对"，以后张澜将这句话奉为家训，是张家后代必须遵从的治家之宝。[①]

自力更生、艰苦奋斗的精神，要求共产党人为官要珍惜权力、管好权力、慎用权力，以公仆情怀、求实作风、奋斗精神和道德情操为民服务、造福一方，特别是从我做起，从身边做起，带头树立良好家风，加强对亲属和身边工作人员的教育和约束，严格要求，以艰苦奋斗、艰苦朴素为人生基调，不为物累，不为欲纵，精神饱满，快乐向上，这样才能家业兴旺、国家昌盛。

（五）团结统一、共同奋斗

中国人民政治协商会议第一届全体会议通过《共同纲领》，是中国革命胜利、中华人民共和国成立的标志性成就。这个标志性文件以"共同纲领"命名，反映了共产党人带领全国人民团结奋斗、齐心一志、不折不挠、再接再厉，这个文件是全国人民空前大团结的结果。从1946年旧政协的四分五裂到1949年人民政协的空前大团结，两个时代的鲜明对比，充分说明团结统一、共同奋斗、民主合作是中华人民共和国建立的重要精神。

团结是上下一心、共同配合、相互合作，是志同道合、将集体利益置于个体利益基础上的情感交流，是众人得益的心灵温暖，是共同事业感召下的精诚合作、同心同德、众志成城。团结不是和稀泥，不是江湖结义，而是在共同理想、共同事业支撑下的心意相通、诚心合作，因此共产党人的团结有严格的政治含义，是既有集中又有民主、既有纪律又有自由、既有统一意志又有个人心情舒畅、生动活泼。团结既是党内团结，形成强有力的战斗集体，又是和民主人士等国内各种政治力量的党外团结，建成最

[①] 张茂延. 毛泽东与我父亲张澜 [M] //张澜纪念文集. 成都：四川教育出版社，1999：69.

广泛的统一战线，为了共同的目标努力奋斗。

中华人民共和国成立的一个重要因素，是以毛泽东为核心的党的坚强领导，是中国人民解放军全军将士的浴血奋战。以毛泽东为核心的党中央领导集体，在这一年多时间凝心聚力，以诚相待，相互关心，相互尊重，总揽全局，协调各方。全党上下、全军上下莫不如此，比如邓小平与刘伯承的合作就是佳话。邓小平说两人前后共事13年，感情非常融洽，工作非常协调。"我比他小十多岁，性格爱好也不尽相同，但合作得很好。人们习惯地把'刘邓'连在一起，在我们两人心里，也觉得彼此难以分开。同伯承一起共事，一起打仗，我的心情是非常愉快的。伯承善于与同志团结共事的高尚风格，在今天仍是我们领导干部的表率。"① 1984年3月25日，在回答日本首相中曾根康弘关于"一生中最高兴的是什么"的问题时，邓小平兴奋地回忆道："在我一生中，最高兴的是解放战争的3年。"② 这就是邓小平与刘伯承亲密无间的团结、不断取得革命胜利的时期。

各个野战军也是互相配合，一切行动听从指挥，最大限度实现了军队共同战斗的合力，太原战役就是典型。18兵团包围太原4月之久后，由于徐向前身体有病，中央军委指令彭德怀在开完七届二中全会后，带上华北野战军19、20兵团和四野炮一师，配合18兵团强攻。两军会师，团结有爱、欢欣鼓舞，徐向前与彭德怀推心置腹，相互支持，当时为避免影响军心，下命令、写布告，均用徐向前的名义，但实际上是彭德怀在全盘指挥。彭德怀不熟悉情况，虚心请教，勇挑重担；徐向前则尽心尽力，毫无怨言。③

团结，不只是意见一致同志间的精诚合作，还是与不同意见甚至是政见有差别的人的合作。"所谓团结，就是团结跟自己意见分歧的，看不起

---

① 邓小平. 悼伯承（1986年10月21日）[M]//邓小平文选：第3卷. 北京：人民出版社，1993：185.

② 邓小平. 发展中日关系要看得远些（1984年3月25日）[M]//邓小平文选：第3卷. 北京：人民出版社，1993：54.

③ 徐向前. 徐向前元帅回忆录[M]. 北京：解放军出版社，2005：596.

自己的，不尊重自己的，跟自己闹过别扭的，跟自己做过斗争的，自己在他面前吃过亏的那一部分人。"① 党内如此，党外统一战线建设也是如此。统一战线是中国共产党取得革命成功的重要法宝②，"中国无产阶级应该懂得：他们自己虽然是一个最有觉悟性和最有组织性的阶级，但是如果单凭自己一个阶级的力量，是不能胜利的。而要胜利，他们就必须在各种不同的情形下团结一切可能的革命的阶级和阶层，组织革命的统一战线。"③ 因为共产党人的事业是全人类的事业，需要各方面的支持，要有共同的大原则，政策、决策必须集思广益，更何况党外各群体也是人才集聚、智力密集、联系广泛。中共中央、毛泽东以极大的虚心，主动纳贤，主动学习，听取意见和建议。1948年"五一宣言"提出"召集政治协商会议的口号，团结了国民党区域一切民主党派、人民团体和无党派民主人士于我党周围"。④ 新政协会议作为新中国的孵化器，就是大团结的表征，是中国共产党英明领导、解放军勇敢善战和全国民主力量协同努力的结果。⑤

各民主党派、党外人士百川归海，齐聚北平，团结合作，畅所欲言，献计献策，共谋大业，共襄盛举，凝聚人心、智慧、力量，建立新中国的工作就变得更有成效，更为完满。如关于国名的确定，张奚若先生以政治学家的睿智，提出国名不能有简称，"人民""民主"同义反复，"中华人民民主共和国"（简称"中华民国"）的提法不合理，"中华人民共和国"

---

① 毛泽东. 增强党的团结，继承党的传统（1956年8月30日）[M]//毛泽东文集：第7卷. 北京：人民出版社，1999：92.
② 毛泽东. 统一战线，武装斗争，党的建设，是中国共产党在中国革命中战胜敌人的三个法宝，三个主要的法宝。这是中国共产党的伟大成绩，也是中国革命的伟大成绩。参见毛泽东.《共产党人发刊词》（1939年10月4日）[M]//毛泽东选集：第2卷. 北京：人民出版社，1991：605-606.
③ 毛泽东. 中国革命和中国共产党（1939年12月）[M]//毛泽东选集：第2卷. 北京：人民出版社，1991：645.
④ 毛泽东. 中共中央关于九月会议的通知（1948年10月10日）[M]//毛泽东选集：第4卷. 北京：人民出版社，1991：1347.
⑤ 毛泽东. 毛主席在新政协筹备会上（1949年6月20日）[M]//杨胜群，陈晋主编. 亲历者的记忆：协商建国. 上海：生活·读书·新知三联书店，2009：188.

的科学定名得到学理支撑;又如张治中对几种国旗方案的评议,认为国旗上以横杠表示"黄河""长江"标识中国不好,在国旗上画一道杠,有把国土一分为二之嫌;用一条杠子代表黄河也不科学,老百姓会联想到孙猴子的金箍棒,并推荐曾联松的"五星红旗"式样,得到毛泽东首肯。① 中共中央、毛泽东对各派人士非常尊重,民主协商、包容宽容。毛泽东亲自修改9月30日发出的中共中央《关于人民政协党组选举问题的紧急通知》,要求全体党员代表应负责保证这两次选举获得成功。我们要有精神准备,即使有几十票不选我们,也一点不要难过,不要表示不满,而要看作是全体代表中真实情况的反映。②

团结就是力量,团结方能取得最后胜利,新中国成立的历史雄辩地证明了这个结论。

(六)求真务实、谦虚谨慎

求真务实就是讲求真理、讲求实际,实事求是,掌握事物的本质和运行、变化、发展的规律,按照规律办实事,用实招,求实效,是用"实"的办法研究与解决实际问题。求真务实是一种工作作风、生活态度,更是党的思想作风,是每个共产党人应有的政治品格。"实事求是是马克思主义的精髓,是我们共产党人的重要思想方法。我们过去取得的一切成就都是靠实事求是。"③

可以说,新民主主义革命的胜利、中华人民共和国的成立,就是中国共产党人求真务实思想路线、工作作风的胜利。三大决战胜利后,中共中央、毛泽东采取革命与建设两条腿走路的政策,一方面以军事为主继续打倒国民党反动统治,一方面以团结统一战线为主进行新中国的国家建设,这就是对当时国情、世情、民情的全面准确判断做出的正确决策。

---

① 田书和.张治中反"分裂"——五星红旗的诞生[J].文史月刊,2009(6):71.
② 石光树.迎来曙光的盛会——新政治协商会议亲历记[M].北京:中国文史出版社,1987:279-280.
③ 习近平.在纪念朱德同志130周年诞辰座谈会上的讲话(2016年11月29日)[N].人民日报,2016-11-30.

<<< 第一部分　长城红色文化

当时，国民党反动势力仍盘踞在南方部分地区，并且期待"东山再起"，对蒋介石军事集团必须追穷寇，干净彻底消灭之；以美国为首的帝国主义国家正在远东地区重新布局，对共产党力量虎视眈眈，如果长期处于战争状态，不建立人民政权、人民政府，则名不正言不顺事不成，给帝国主义武装干涉提供借口；而且全国大陆地区大部已经解放，人民政权的建立与巩固是民心所向、大势所趋。因此，在革命横扫南中国反动势力残余的同时，加快新政权建设的步伐，符合人民利益、符合国际潮流，也是加强共产党为代表的进步力量的需要。正是基于对国内国际形势的准确判断，毛泽东在香山开始了新政权建立、渡江作战和追歼国民党残余势力的全盘谋划，取得了中国革命的全面胜利。

求真务实的关键是"实"。要掌握实情，布施实招，就要加强调查研究，反对教条主义和经验主义，反对高高在上、华而不实的工作作风。"思想根本不能实现什么东西，为了实现思想，就要有使用实践力量的人。"① 思想只是头脑里、纸面上的想法，关键是群众实践、人民行动和政府的作为、实践、实干；就要沉下心，埋头调研，掌握真实情况，对症下药，使党的方针政策得到落实。"在全党推行调查研究的计划，是转变党的作风的基础一环。"② 所以，中华人民共和国成立前夕，为了清晰判断中华人民共和国的经济形势，准确找到经济、外交政策面临的难题及症结，毛泽东指示书记处书记刘少奇亲自去天津调研，去苏联访问，实地了解考察，最终做出"四面八方"的经济政策、"一边倒"的外交政策，为新中国的经济恢复、国家安全奠定了基础。

求真务实的思想作风来自自我的准确定位和行为态度的理性，知道每个人都会存在知识的欠缺、思考方法的不足和环境世界的遮蔽，每个人都存在信息盲区、知识盲点、思维短板，因此要有学习精神，了解、理解他人和自己，认知、洞悉世界，这就是谦虚谨慎的作风。毛泽东和中国共产

---

① 神圣家族．马克思恩格斯全集：第 2 卷 [M]．北京：人民出版社，2006：152．
② 毛泽东．改造我们的学习（1941 年 5 月 19 日）[M] //毛泽东选集：第 3 卷．北京：人民出版社，1991：802．

党第一代领导集体，目光犀利，反应敏捷，决策果断，善于透过使人眼花缭乱的复杂现象准确地把握时代脉搏的跳动，看清楚历史潮流的趋向，但仍然谦虚谨慎，也一再谆谆告诫全党务必继续保持谦虚谨慎、不骄不躁、艰苦奋斗的作风。①

谦虚谨慎是虚心礼让，是认识自我不足在前、主动纳谏接受批评接受建议在后。毛泽东与黄炎培在延安的"窑洞对"、与周恩来在进北平路上的"赶考对"、与张澜的"北京对"，尤其是"我们绝不当李自成"的忠告②，都是对全体共产党人胜利在前的警醒、警告与警示。

毛泽东率先垂范，以身作则。在西柏坡提出"不做寿、不送礼、少敬酒、少拍掌、不以人名作地名、不要把中国同志和马恩列斯平列"的"六项规定"。新中国成立前后，两拒把个人图像印上人民币。1947年年底，中国人民银行在筹备发行第一套人民币时，按照中外一般将开国领袖像印在中央银行票子上的习惯，华北人民政府财经办公室提出要在中国人民银行的票面上印上毛泽东像，遭到毛泽东本人的拒绝：票子是政府发行的，不是党发行的。现在，我是党的主席，不是政府主席，因此，票子上不能印我的像。③ 中华人民共和国成立后，他又以七届二中全会有党的决定为由，拒绝了中国人民银行行长南汉宸在人民币上印他头像的请求。④

毛泽东还特别规定了求真务实、谦虚谨慎的工作方法，要满腔热忱，眼睛向下，放下臭架子、甘当小学生，不图虚名，不搞形式主义，不能粗枝大叶、不求甚解，走马观花，道听途说，也就是领导工作要实，谋划实、推进实、作风实；任务责任要实，分工实、责任实、追责实；督查验收要实，制度实、规则实、监督实。这些都成为执政党建设的宝贵财富和

---

① 毛泽东.在中国共产党第七届中央委员会第二次全体会议上的报告（1949年3月5日）[M]//毛泽东选集：第4卷.北京：人民出版社，1991：1438-1439.
② 毛泽东.给郭沫若的信（1944年11月21日）[M]//毛泽东文集：第3卷.北京：人民出版社，1996：227.
③ 石雷（口述），徐庆全（整理）.少为人知的人民币发行内情[J].新华文摘，2010（10）：105-108.
④ 余广人，于保红.建国前后谦虚谨慎的毛泽东[J].炎黄春秋，2002（5）：2-6.

根本遵循。

（七）依法立国、从严治军

法律是治国之重器，纪律是行为的戒尺。法律和纪律都是社会秩序、组织秩序的重要保障。在新民主主义革命即将全面胜利、中华人民共和国成立紧锣密鼓的关键时刻，中共中央、毛泽东高度重视国家法律建设和党的纪律作风建设，把治党、治军、治国纳入法制化、制度化、规范化轨道。

依法立国是现代国家的基本要求，法律是以刚性规范规定权力和权利的边界，约束权力、保证权力在法定范围内充分行使，达到政治统治、社会管理和大众权利实现的目的。中华人民共和国成立前夕，中共中央、毛泽东把依法立国迅速提上议事日程，要求集中党和人民意志，以民主科学的程序形成治国纲纪，制定一部各个民主党派都能接受、全国人民共同遵从的中国共产党领导的民主联合政府的施政纲领，形成全社会的共识，这就是"临时宪法"——《共同纲领》。毛泽东、周恩来等为此可谓呕心沥血，仅对第三次起草的"共同纲领"①，毛泽东就修改了200多处，周恩来修改了100余处，至少十易其稿。

《共同纲领》确定了中华人民共和国的国家性质和政权制度，规定了国内各种经济成分的性质及关系，新中国的外交、民族、文化教育政策和人民民主权利，是中国有史以来人民的第一部大宪章，体现了新民主主义革命的全部最低纲领。② 胡乔木评价说，"历史证明，共同纲领是中国共产党和中华人民共和国历史上非常成功的文件之一。由于它切合实际而又坚定明确，清楚地指出了哪些事是应该做而且必须做的，哪些事是不应该做

---

① 1948年在哈尔滨的各党派代表曾委托中共方面拟定一个草案，中共中央曾两度起草，后因形势变化，均废止未用。1949年6月，新政协筹备会决定第三小组再行起草，此为第三稿。
② 童小鹏，于刚，尹华. 关于筹备和召开中国人民政治协商会议的回忆 [M] //石光树. 迎来曙光的盛会——新政治协商会议亲历记. 北京：中国文史出版社，1987：20.

而且不允许做的,所以对刚刚诞生的人民共和国的各项工作,都起了模范和指导作用。"①

同时,新政协会议还颁布了《中国人民政治协商会议组织法》《中华人民共和国政府组织法》等文件,构成了中华人民共和国第一批国家宪法、行政法体系,是中华人民共和国法制建设的重要成就,为国家现代化建设提供了重要依托。

纪律严明是中国共产党、人民解放军的优良传统,是政府行政、队伍战斗力的重要保证。在1949年进入北平、中华人民共和国建立在即的转折关头,中共中央、毛泽东未雨绸缪、高瞻远瞩,一再将解放军部队和入城党员干部的纪律挺在前面,以上率下,严格要求。如在迁往北平前夕的七届二中全会上出台"六项规定",实际就是对高级干部的严格要求;在接管北平过程中,华北中央局提出"约法八章""纪律守则十四条"等入城纪律;在四野南下前,朱德专门到部队中进行政治动员,特别强调要加强部队的群众纪律、经济纪律、指挥纪律。后来各部队在整训期间,相继出台"入城三大公约十项守则""城市纪律十二条""新区农村工作守则"等规定规范,加强战士的入城纪律教育。

这些纪律不仅是针对部队战士、入城干部,实际上是所有工作人员的行为规范,这对于确保党员、干部的先进性、纯洁性、战斗性有重要的保障作用。党员、干部、战士的优良作风也得到了社会的广泛赞誉,得到了毛泽东和中共中央的高度肯定。七年后,毛泽东在八届二中全会上还深情地讲起解放战争期间战士不吃苹果的故事,并以"酸菜政治"教育全党:"我们的纪律就建筑在这个自觉性上边。这是我们党的领导和教育的结果。人是要有一点精神的,无产阶级的革命精神就是由这里头出来的。"②

中华人民共和国的成立,是中国共产党带领全国各族人民同心同德、奋勇向前、不断从胜利走向胜利的结果,是中华民族自强不息、顽强抗

---

① 胡乔木. 胡乔木回忆毛泽东 [M]. 北京:人民出版社,2014:568.
② 毛泽东. 艰苦奋斗是我们的政治本色(1956年11月15日)[M]//毛泽东文集. 第7卷. 北京:人民出版社,1999:162.

争、走向独立民主、和平统一、富强文明的结果，是举国人民自力更生、艰苦奋斗、团结奋进的结果，也是前述革命精神践履的结果。这些胜利向世界宣告：一个充满生机和活力的社会主义新中国已经巍然屹立于世界东方。

作者简介：曹英，男，1966年生，湖北蕲春人，中国人民公安大学公安管理学院，教授，硕士，研究方向：中共党史、中国传统文化与公共政策、公安政策。

北京关口城堡文化与抗战

摘　要：北京关口城堡众多，历史文化悠久。其中长城红色文化自有特点：京城的北部山区较多。长城建在太行山脉与燕山山脉，正是游击战的好地方，为红色文化准备了地理条件。再有日伪时期较为集中，京城长城沿线形成诸多红色教育基地。而全民参与的抗战，促进了国共合作正式形成并开启，展现了中华民族不屈外辱的精神。

关键词：长城　城堡　红色　抗战

一、北京长城沿线的红色文化教育基地

（一）京城东北：石塘岭抗日英雄

石塘岭处于密云北部，这里崇山峻岭，白河自这里涌入，是历史上的古战场。石塘岭古时为石塘路。蓟镇是京城东北的重镇，下分三协，每协分为四路。密云境内称西协，兵分四路：墙子路、曹家路、石塘路和古北口。蓟镇西协石塘路，在四路中距京城最近，管辖东自陈家峪，西至现怀柔境内，担负着"二十三个关寨，一百五十五里边城"的防御，指挥中心设在石塘岭。

长城在石塘岭呈南北走势，自白马关至北化岭拐而向南。石塘岭有白河自西北流向东南，有山口建有关口，称石塘岭关。秋冬季少水，成为通向山外的通道，可以通过大队人马，永乐年间建起石塘岭关。《四镇三关志》做了描述："石塘岭关，永乐年建，正关，河口宽浸，通众骑，极冲，

迤东石门墩，大河口。"

石塘岭关口两侧是悬崖峭壁，危岩峻险，山崖岩石断面处颇似鹿皮斑纹，形态逼真，栩栩如生，因此又形象地称为鹿皮关，现有鹿皮关长城碑立于关口崖上。

鹿皮关古时就是交通要道关口，内建有石塘路城堡。城堡已于1958年修密云水库时拆除。这个城堡曾经辉煌过，其建造于明初洪武年间（1368—1398），万历年间（1573—1620）再度增修，开有四门，在路城中较为特殊。北门石匾额"石塘岭"，南门石匾额"石塘路"。作为屯兵的营城，石塘路城堡有参将率军驻扎。清《畿辅通志》记："石塘岭关在密云县北五十里，有城，周二里有奇，旧设参将驻守。本朝改设都司佥书。其西北为黄崖口，有堡。"当年城墙下面是条石，中间是毛石，上面外包二三米高的砖。日军侵略时，西城门被炸坏了。

石塘岭城堡当年的选址定然是精心挑选，西面接应马营城堡（骠骑堡）把守鹿皮关，东北面支援石佛城堡看护白马古道，形成防御纵深。如此重要的城堡，至清代作用渐失，级别逐年降低，光绪《密云县志》记："国初都司驻之。乾隆五年改置守备。道光二十三年置把总戍之。"民国《密云县志》补记："把总裁，城废。"

这里是抗日英雄白乙化战斗过的地方。白乙化是辽宁人，1930年加入中国共产党，1931年"九一八事变"爆发，经校方同意，他保留学籍回家乡抗日。1932年5月，白乙化在家乡组建抗日义勇军。由于他好穿白衣，指挥作战灵活机动，人称"小白龙"。1939年，白乙化任华北人民抗日联军司令员，当年底任八路军晋察冀军区第10团团长。1941年，白乙化在密云马营（骠骑堡）战斗中不幸牺牲，年仅30岁。

白乙化牺牲后，八路军冀热察挺进军发表了《告全军同志书》，对白乙化给予了高度评价："他的牺牲不但是八路军挺进军的损失，而且是中国共产党和中华民族的一个很大损失！损失了一个有丰富军事经验的优秀指挥员，损失了一个有着长期斗争历史的坚强的党的干部，损失了一个曾为民族独立而不屈不挠、艰苦奋斗的民族英雄。"1984年，密云县政府重建白乙化烈士纪念碑，萧克将军手书"血沃幽燕，名垂千古"。

白乙化是文武全才。1933年，他组建的抗日义勇军被国民党32军骗入冷口缴械，他含愤回到北平中国大学读书。1935年，他获得中国大学学士学位。中国人民抗日战争纪念馆收藏有白乙化的《备忘录》手稿。手稿记录了白乙化在工作和学习中的点滴感悟与收获，不仅是晋察冀军区步兵第10团（冀热察挺进军第10团）发展历程的见证，而且是执行冀热察挺进军"发展平北"战略的重要物证。1990年，该手稿由原晋察冀军区第10团政委吴涛的夫人耿真捐赠给中国人民抗日战争纪念馆。2012年，手稿被认定为国家一级文物。

笔者在十几年前曾编发过纪念白乙化的文章，还曾带着那期杂志去拜访漫画家李滨声先生。李先生翻看到那篇文章时说，他与白乙化是北平中国大学的校友，并翻找出一张老照片。李先生记得白乙化蓄着络腮胡须，身材高大魁梧，真是一员猛将。以前受条件限制，留下的照片极少，老照片尤为珍贵。

抗日英雄曾在西湾子城堡外的山坡上种有板栗。这里地处燕山山脉，气候、水质、土壤适合板栗生长，栗子也久负盛名，古时即有栗树。明代戍边将士虽有朝廷发放的口粮，但地处深山老林，遇到洪水暴涨，或有运送不便，就可以用栗子充饥。漫山的树木中，唯有栗子可以饱腹。

（二）两座人圈：大角峪村与蔡家甸村

密云东北部的曹家路，因在雾灵山脚下，长城在此形成尖角。山下有安达木河，从东北流向西南，把村子围成了半岛形。

大角峪村有古城。城堡不大，呈方形，各边长一百二三十米。石门额上书"大角谷堡"。城门洞宽约3米，洞内设有烛台及顶门杠窝。城门为榆木，门板很厚，约15厘米，铁皮包角，镶有铁质铆钉，门上有铜质乳环，推动城门，嘎吱作响。

城堡只一南门，上有门楼。北城墙无门，建一平台，上有一阁，称城门皋，披水上多为猛兽。

下辖的自然村中有大水峪村，村民也称大树峪村，那里还有城堡。向东五六里，看到了山崖，崖下便是村子。村口立有长城保护碑——水峪城堡。远处山上可看到长城和敌楼。因泥石流等原因，村民全部搬迁到了大角峪村。

向东走，有一条极窄的山间小路。这条小路向东通往黑谷关。这是古时的关口。《四镇三关志》志书："水谷寨，洪武年建，平漫，通众骑，隘口通单骑，冲。"水谷寨就指此地，隘口应是这条小路，极为重要，明朝初年，在此建起城堡，把守住山口。

光绪《顺天府志》有记："一百六十里大角谷堡，旧有方城废县，在治东北。《方舆纪要》：在县东北。魏主涛以方城并入密云，方城盖慕燕所置。"魏主涛即北魏时期的太武帝拓跋焘。他是一位杰出的军事统帅，先后攻灭胡夏、北燕、北凉，统一了中国北方，并把大角峪并入密云域内。慕燕即慕容云建立的政权，时间在公元407年至436年间，称为北燕。方城为县名，至北齐时废。县治所在，也有城堡，遗迹已无存。

一个山村，竟有四座城堡，时间跨度之大，自南北朝时期，直至现代，相距1600多年，时代不同，作用不一。追溯历史，与北魏相隔仅几十年，政权更迭，北齐在这一带筑起长城，自山西大同一带，经密云，直至山海关附近，规模之大，仅次秦汉。之后的明朝又在这一带续建长城。

村里还有土城，是日伪时期所建。日本军实施"集家并村"政策，制造"无人区"，割断百姓与周围的联系。这一带百姓散居附近山里，要全部集中到大角峪村，把老百姓圈起来。于是强征劳工，用了近半年的时间，在村子东南建造起土城，东西长约150米，南北宽约100米，高约4.5米。之后，还在土城的东侧修建了岗楼，每天有日军和伪警察站岗。圈起的人被强迫服役干活，因为人多，吃饭分成两拨儿。土城内架起两口大锅，称东锅、西锅，人们也按地界叫成"东锅伙儿""西锅伙儿"。

土城大部分于20世纪五六十年代损坏，仅存东北一段，约20米长，两米多高。下面是散乱的毛石做基础，上面用黄土夯筑。土城与古城并不重叠，西北一段与古城堡相接。从外表看，两座城墙主体，一是毛石，一是黄土，而内里却有着本质差别，古城为了防御，土城为了圈人。当地老百姓称土城为"人圈"，这是血泪凝成的，也是日军野蛮侵略的罪证。

周边蔡家甸村也有城堡会遭到日军的侵略。他们制造"无人区"，把附近的东沟、西沟、崔家峪等几个村的村民集中起来，当时叫"聚家"，谁不搬走就烧谁家房子，反抗就杀。日军还以"防八路"为借口，命令各家日夜不得关门，鬼子汉奸经常随意闯入民宅。村里李素珍老人的妯娌姐妹没能躲过魔爪，惨遭蹂躏。忆起往事，已经80多岁的老人咬牙切齿，心里对日本侵略者满是痛恨。

人圈恰如一口苦井，村民灾难深重。邹韬奋先生在《人圈》中写道："最凄惨的是我们的民族敌人近来在东北各村里设有所谓'人圈'，把贫病交加的我们的苦同胞，拉到这个人圈里去喂猎狗！"正如歌唱家郭兰英所唱：旧社会好比是，黑格洞洞的苦井万丈深。井底下压着咱们老百姓。

20世纪40年代，密云是日军出入的重点地区。多个村落留有日寇的罪证。如上峪村石碑在与日本鬼子打仗时砸坏。石碑放在城门上，就是城门匾额。日军占领过城堡。城堡结实，八路军白天攻不进城，便乘着黑夜打，终于把鬼子打跑了。一家的房子也在打仗时被鬼子烧了，梁柱也残了。房屋山墙还是旧物，上面现在还留着弹孔。三花山墙上留有三个黑洞，很大的子弹，可能是"三八大盖"的。

（三）京城东部：冀东革命根据地的兵工厂

墙子路明代驻有重兵，管辖着关寨11处，敌台79座，长城延绵119.5千米，包括密云和现今平谷的部分地区：南自鱼子山，经南北水峪口、熊儿寨口、镇罗营上关口，再经黄门子口、南峪寨口、墙子路上关、磨刀峪口，直到大小黄崖口。

有记载，这里确实发生过诸多战事，规模巨大，有如战役，以至多位高级将领战死沙场。《日下旧闻考》援引《方舆纪要》："墙子岭在密云县东北古北口之东南，嘉靖二十四年，诺音二十万骑溃此而入，大掠通州，及顺义、三河诸县。"北方20万大军从这里攻破防守，南下三河、顺义、通州，抢劫一空而去。通州是京东的门户，京城的粮仓，"大掠"已经说明了程度。

战事并没完结，嘉靖四十二年（1563）谙达军又从墙子岭杀入。"四十二年，谙达复由此入，其东北为磨刀谷，嘉靖中尝失守。"而且磨刀谷关口也曾在嘉靖时失守。磨刀谷即今磨刀峪口，临近墙子岭，在今泉水河村附近。《明史》中也做了同样记载，且更为详细：嘉靖"四十二年……冬十月丁卯，辛爱、把都儿破墙子岭入寇，京师戒严，诏诸镇兵入援。戊辰，掠顺义、三河，总兵官孙膑败死。乙亥，大同总兵官姜应熊御寇密云，败之。"这一年的入侵，震动京城。总兵官是蓟镇的最高指挥，竟然战死，足以说明战斗的激烈。皇帝下诏，大同总兵官赶到密云增援，才把谙达大军赶走。

100多年过去，明末，清人崛起，依旧选择此地为攻入京城的门户，皆因这里是东北方向进京最近的大道。《昌平山水记》载："崇祯十一年总督侍郎吴阿衡死焉。"《明史》也载：崇祯十一年（1638），"大清兵入墙子岭，总督蓟辽兵部侍郎吴阿衡死之。癸未，京师戒严。"又一最高指挥官总督侍郎战死，再次震动京城。《清史稿》载：崇德七年（1642）十一月"阿巴泰奏，自墙子岭入，克长城，败明兵于蓟州"。

墙子路辖的鱼子山建有城堡。此地处京城东北部边关，地理位置极为重要。查阅《四镇三关志》："鱼子山寨，洪武年建，通步，缓。"寨即营寨，古语有"屯军曰营，列守曰寨"，建筑形式与堡相似。

明末清初的顾炎武著有《昌平山水记》，其中写得更为详细："其南有熊儿峪堡、渔子山堡……洪武十五年九月丁卯，北平都司言，边卫之设，所以限隔内外，宜谨烽火，远斥候，控守要害，然后可以詟服寇敌，抚辑边氓。"

鱼子山寨存有城门楼。门楼单层，一楹，面阔，硬山顶，上覆筒瓦，调大脊。门楼下设门洞，供行人出入。当年这是进城的通道，而今已废而不用，城门洞紧闭。古堡面积不小，东西、南北各长200米，用山石垒砌，开南北二门。

古城多次重修楼，现有正楷门额"崇光门"放在券拱门内，为抗日战争时期题写。仅存的这座南门楼，新用砖石修葺，很完整，已列为市级保护文物。

城堡地势较高，古人选址定然经过考量，既利于战争，也可防山里洪水。城门楼用砖石维修。城堡相传为一方圆的石头城，现今已看不出形状。没有资料说明城墙毁于何时。此堡建成于洪武十五年（1382），距今已有600多年历史。城堡既可以镇守一方，护住这条进入平原的道路，又可以抚慰边民，维护这一带稳定。

京东大峡谷通往北方，纵深3千米，在京郊不能说短。山谷有泉，下游截流，形成水库。龙门湖4万平方米，群峰倒映，鸥鸭栖身，游人嬉水踏浪，泛舟垂钓，又是一番景致。山花烂漫，百鸟鸣啭；清风和煦，爽利畅怀；万山红遍，层林尽染；冰凌高悬，银装素裹，乃四季之变。

进了景区，上了水库大坝，顺着景区的反方向，另有去处。那是平房，为抗日战争纪念馆。展馆陈列面积400平方米，有文物近百件，珍贵历史照片200多幅，记录了山区军民保家卫国、英勇杀敌的事迹。

过去这里是鱼子山军械修理所遗址，主要制造装配地雷、手榴弹，并负责修理军械枪支。当时这里没有水库，兵工厂建在深山峡谷之中，极为隐蔽。能建起灵活机动的小型兵工厂，皆因这里有着革命传统，曾经是冀东革命根据地，有些抗日党政军机构设在这里。

于是鱼子山成为敌人进攻的重点，1941年11月22日这里发生了"鱼子山惨案"。日伪军进村，当场残杀了60多人。之后还发生过类似事件，180多人被杀，10户灭绝。但鱼子山人民坚忍不拔，继续抗争，被誉为"打不败的鱼子山"。

当年这里创建了平谷县第一支抗日游击队，诞生了第一个农村党支部，成为这一带抗日斗争的中心，至今还是京东红色教育基地。

此村过去曾叫引狼台，抗战时期，曾化名复兴村。之后住在旧址的居民陆续南迁至城堡下的新址，为了不忘本，后来更名为鱼子山村，为山东庄镇所辖，在鱼子山下。

当地人认为，城堡西南侧的一块石头上，缀满黑褐色的小斑点，如同鱼子一般，于是得名鱼子山。村落古老，曾有更古城池，光绪《顺天府志》上说："鱼子山堡，接平谷界。旧有博陆故城，在治东南。"那时此地属密云管辖，位置在县城的东南。博陆故城是西汉时的古城，足见这一带的古老。

鱼子山北依群峰，南望盘岳，有着更为悠久的历史。当地有黄帝陵的传说，听过传闻，便去顺访。去前查过一些地情书，《天府广记》有"旧传黄帝尝问道于崆峒"。又记："鱼子山上有大冢，旧传有黄帝陵，上有轩辕台，下有轩辕庙。"《长安客话》也载："世传黄帝陵在渔子山，其下旧有轩辕庙。"当地有人不以为然，认为自汉至宋的历代典籍中，没有关于黄帝陵的记载，明代才出现，不过是群众出于敬仰黄帝的传说而已。后来有老专家来到所在地山东庄村，特为轩辕陵遗址断代，从遗址最下层出土的陶片看，遗址的年代，不限于汉，可早在战国，认为是我国最早的黄帝祭祀地之一。

唐代诗人吟咏过轩辕台。陈子昂《蓟丘览古赠卢居士藏用七首》云："北登蓟丘望，求古轩辕台。"李白《北风行》云："燕山雪花大如席，片片吹落轩辕台。"对于蓟丘多有争议，不论在京城还是在京畿，这片地域上有着轩辕台。轩辕庙建于山顶上，1995年进行了修建，红色阙门高大，两侧朱雀展翅，雄狮傲立，颇具汉代风格。进入阙门，有石碑，刻着初唐诗人陈子昂那首随军北征作的《轩辕台》诗，还有《重修轩辕庙记》。正殿为汉代檐庑殿式建筑，廊前红柱矗立，斗拱昂然。殿内正中彩塑黄帝坐像，上悬汉篆金字"人文始祖"，两侧为伏羲、神农，迎面四幅帛书体楹联，并立抱柱之上。

黄帝是中华民族的始祖，轩辕黄帝的陵墓在桥山之巅。《史记》有："皇帝崩，葬桥山。"不过全国有多处桥山，后来笔者为此写过文章。黄帝都城就建在京西的河北涿鹿，相传黄帝迁居北方后，他的一个部落来到这一带定居。之后，这里的先民开始取土垒城。秦汉以前，平谷、密云等地，都曾隶属渔阳郡。有观点认为，渔阳古城的历史，可追溯到黄帝时代。古人往来于此，距离并不遥远，属黄帝正常活动范围。黄帝陵在全国有多处，各地人民出于怀念，建起衣冠冢，也并不为过。

（四）京城西部：冀热察挺进军司令部与王家山惨案

斋堂古镇文化底蕴深厚。北山上有灵岳寺，背靠白铁山，是当地影响最大的寺庙，创建于唐贞观年间，辽代时重建，那时称白贴山院，到了金代改称灵岳寺，沿用至今。寺在元代，以及清代的康熙、雍正年间都有过重修。古寺现存两块石碑，刻有元代至元三十年（1293）的《重修灵岳寺记》碑，清康熙二十二年（1683）的《重修灵岳禅林碑记》，为珍贵文物。当年寺庙的香火鼎盛，很多人慕名而来，渐渐在山下形成了香客住宿、休息、斋戒的聚集地，渐成村落，沿用此名，始称斋堂。当地人常说，先有灵岳寺，后又斋堂城。

其实，建城却不因灵岳寺，而是与沿河城有关。斋堂川崇山峻岭，作为护卫京城的天然屏障，西上塞外的交通要道，军事地位极为重要，是兵家必争，秦灭燕、金灭辽、元灭金，均假道于此。元代当然知道了这里的重要，于是在这里修建了天津关。

斋堂西北还有众多村落，距离最远，多有边塞关口，如向阳口村、沿河城村、王龙口村、沿河口村、龙门口村、林字台村。出于军事防御，明万历初年，为防蒙古铁骑入犯，先建沿河城，再建斋堂城，12座敌台，以及随山起伏的内长城，是守卫京师的重要防线。

沿河城是驻军屯兵重地，拥护着明代长城内三关之一的紫荆关，是塞外通往北京的要冲之一。据《四镇三关志》载："东自紫荆关沿河口，连昌镇镇边城界，西抵故关鹿路口，接山西平定州界，延袤七百八十里。"这么大的防区，都属明代军事机构真保镇管辖。

沿河城古称三岔村，扼守着几道山口水口，为"三汊沿河水口"，简称沿河口。据大明天启四年（1624）守备沿河口地方都指挥张经纬所立《沿河城守备府》碑载："沿河口守备设于嘉靖三十二年，城建于万历六年""沿河以山为城，以河为池，乃京师咽喉之地"。村随城名，沿用至今。古城选址设计颇费心计，建在永定河畔，凭借天然地势，具有极强的防御能力。

沿河城西门券门上有汉白玉门额，阴刻"永胜门"。城原有门楼，毁于战火。城墙上也有条石，利用当地河中材料，上面砌有大块鹅卵石，建成这样的石城。城前护城河水已经干涸。北侧城墙，西端筑有角台，中间有马面三处，居中辟有一处水门。水门很小，石券，仅容1人通过，且南高北低，平时城内排水，正好外流，若战时，敌人进门洞要上坡低头，很难钻入。城堡有些毁损，而基址、城墙、垛口、敌台得以保存。城墙上有1米多宽的马道，供骑马巡城之用，上有雉堞女墙，可瞭望射击。

沿河城长约500米，宽约250米，一面呈直线，其他三面因山势而建，不很规则，有东西二门。东门名万安门，均为砖石结构，20世纪50年代，因修丰沙线铁路而拆除。

遥想当年，元人数十万铁骑绕过外长城的雄关险隘，从沿河城西黄草梁、天津关，经十里坪一线南下，一举灭金。

嘉靖年间，鞑靼部骑兵依旧经紫荆关，突破沿河口，大举进犯京畿，顺着山间峡谷，迂回到北京城下，明廷大为震惊。鉴于历代史实和血的教训，嘉靖三十二年（1553），沿河口修建守备公署。此时，从居庸关过黄草梁至紫荆关一线的内长城业已完成。隆庆五年至万历三年（1571—1575）又增建从居庸关过沿河口以西众多空心敌台。

沿河城属真保镇管辖，却与昌镇所属的镇边城、横岭城、白羊城、长峪城相近，都在自居庸关向西修建起的长城线上，战略位置极为重要。沿河城、斋堂城，京城最西部的城堡；大寒岭关城、黄草梁，明代内长城关墙。险要之地，正是天津关口，通往沿河城，及柏峪、爨底下、斋堂的进京古道。明人充分借鉴了元人的经验，再兴土木，把牢关口。

东斋堂有古城门，城门洞保存完好，门上有额，题为"廓清"二字，抬头为"万历四十三年孟夏吉旦"，落款为"易州兵备道山西按察使谢经帮立"。城门外侧有一古戏台。戏台前有4米宽，进深2米，后面是木隔扇，上有窗，两侧是"出将""入相"。木隔扇后是一间10平方米的后台化妆间。

古城为方形，长宽各1里，建于明万历后期，辟有东西两座城门，西门额题"辑宁"二字。城内东西走向的大街，连接着东西二城门。古城扼守古道，有官衙驿馆，人口密集，是一座重镇。清代，斋堂城是宛平县齐家分司驻地，巡检司迁至斋堂城。光绪《顺天府志》记："一百七十里东斋堂，齐家庄，巡检移此，管西护驾林等屯六十有四，平罗把总驻焉。"军事重地，机构齐聚于此。古城旁有仓库，又记："一百七十一里西斋堂，有仓，旧有守御城。长安可游记：龙王庙相近有守御城。旧闻考：守御城旧地，在斋堂屯旁。"两村相邻。城外的西斋堂还建有仓库，内存何物，并没写明，猜想定然是粮食等重要物资，这里的军事和战略意义可以想见。一城一仓，两村功能有别。古城在嘉庆六年（1801）因清水河山洪泛滥，冲毁南部城墙。城门有楼，在1937年东门楼失火烧毁，西城门在1937年被侵华日军拆除。

现在的斋堂镇是由斋堂、军响、沿河口三个乡合并而成，为门头沟区面积最大的镇，村子多，分布广，或临川，或在两侧山上，多为古村民居。马栏村在镇的南侧山上。四面环山，只有一条路上山。马栏比较偏僻，八路军冀热察挺进军司令部旧址设在此村。1939年10月，萧克、邓华、宋时轮等八路军抗日将领带领部队进驻马栏村，司令部设在村中的一个四合院内，成为冀热察挺进军的指挥中心，现在村中尚存各团团部、医院、枪械所等，为冀热察挺进军司令部旧址陈列馆，为北京市重点文物保护单位和北京市青少年爱国主义教育基地，是红色旅游的好去处。

王家山在镇北面的山上，有40余户人家。日伪军1942年制造了"王家山惨案"。日伪军进入斋堂川后，在四周架起机枪，赖野下令放火烧村，使42名无辜群众葬身火海，其中还有部分妇女怀有身孕。王家山惨案震惊了平西根据地，《晋察冀日报》曾先后三次报道惨案发生的经过及平西人民为死难者复仇的决心。

二、中华民族的长城抗战

（一）古北口：英雄血染，潮关惨案

古北口名称几度变化，古时长城之外为奚族聚居区，曾称"奚关"，唐代称"北口""虎北口"，于山西也有同名，后来称过"留斡岭"，再后渐称"古北口"。

卧虎山，蟠龙山，潮河破山而过，形成山口。古北口经历了太多的战争，自古不断。唐朝在此设有古北守捉，屯兵驻守。《日下旧闻考》："唐书：檀州燕乐县有东军、古北二守捉。北口，长城口也。"古北即指古北口，守捉是设兵戍守的军事名称。唐时的北京称幽州。唐庄宗夺取幽州，派遣刘光浚攻克古北口。

辽太祖夺取山南，也是先攻下古北口。金朝灭辽，大破辽兵于古北口，大败宋兵也在古北口。元文宗时皇位争夺，几次屯兵战斗于古北口。明朝大将徐达攻入京城，元顺帝深夜打开健德门，向北逃去，太子也率领侍卫兵出光熙门，向东"走古北口，趋兴松"而去。

北齐开始在这里修筑长城，明代在此再次修筑长城。修建了古北口长城瓮城。《四镇三关志》记："古北口关，洪武年建，通大川，平漫，通众骑，冲。"关口门外，再建瓮城，长宽各有几十米，依山据山势，形状不很规则。这里的长城有两座空心敌楼，上下错落，紧密相连，建筑独特，被形象地称为"姐妹楼"。

古北口关内驻有重兵，营房在城内。城墙"下有小城，曰北关营，二门"。古人云：屯军曰营。北关营城在瓮城向南1里，紧守关口。此城堡长约170米，宽约150米，形成矩形。

古北口城，规模宏大，周长2000米310步。步是明代长度单位，一步约等于1.67米。城墙高5米，设东、南、北三门。城开三门，有北门，南门面向西南，东门面向东南。三个城门形成了三角形。光绪《密云县志》中记为"三角棱形"，可能贴近实际。城墙筑于山顶之上，跨山建成，随

山势起伏，蜿蜒曲折，呈不规则的多角形。古时地图画成六边形，明朝诗人唐顺之用诗比喻为鸟巢形，极为形象。城墙也特殊，陡峭处以山石垒成，平缓处以条石为基，青砖包砌，因山就势，砖石共用，便有了"内看无城，外看有城"的效果。

古代战事繁多，时间久远，现在已经看不到遗迹，却可以勘查现代战争的残存。自蟠龙山沿着长城向东，将军楼并不遥远，有小道可以登上。长城已经残破。1933年，古北口响起了华北抗日战争的枪声。日军由东北侵入热河，进一步向南侵犯古北口等长城关口。中国军队先后有4个师参加抗战，前后历时两个多月，经过激烈的战斗，被迫撤出古北口，史称古北口抗战，被日方称之为"激战中的激战"。有统计，毙伤日军5000多人，中国守军伤亡8000多人。古北口抗战虽然以失败告终，但作为长城抗战的主战场之一，有力地打击了日本侵略者，阻挡了日军直下北平的道路，保卫了平津，意义重大。

眼前的城墙，成片坏损，这是被炮火轰毁；在砖上细寻，可以看到一个个小圆洞，这是机枪留下的弹孔，如此密集，便知战斗的激烈。中国守军高级将领身先士卒，血洒疆场。17军第25师师长关麟征冲锋在前，被手雷炸伤。145团团长王润波牺牲，血染沙场。

将军楼呈正方形，分上下两层，楼南北各开有4个箭窗，东西各开3个箭窗，在西门口墙上，有文字砖，上写"万历五年墙子路营造"，这是当年建楼时间和制作的标记。楼内北面墙上，有一块砖上写："步兵十七连队占领"，这是日军刻的。汉字写得生硬，在横竖的笔画中，读出了狰狞的狂笑。

二层房顶有个很大的圆洞，为炮弹炸毁。有砖梯可以登上敌楼，箭窗多有损坏。从上面再看这个大洞，正在敌楼顶部中间，还有资料说，这属于飞机投弹。那时没有精确制导，只有飞得很低，才能炸得这样准确，可见当时日军有多么猖狂。

中国军队武器之差，装备对比之悬殊，是在用血肉之躯筑起另一道长城，殊死抗战。中国的长城，记录了侵略者的得意，也记下了侵略的历史，涂抹不去。

向东有二十四眼楼，是蟠龙山长城最东面的一座敌楼，处于制高点，又建得高大，分上下三层，顶层周围是垛口，共有 24 个箭窗，俗称二十四眼楼。据说当年戚继光曾经在那里办公。二十四眼楼残缺不全，只剩一面墙体挺立在城墙上，清代大地震曾有坍塌，这次抗战又被日本侵略者炸毁。

古北口城南门外有碑亭，上书"长城抗战古北口战役纪念碑"，文字是 1997 年 7 月何鲁丽题写，以纪念 1933 年那场艰苦卓绝的抗击日寇的战役。

北关营城南门城外，有一处房子地基，石块垒起几十厘米高，面积有几十平方米，内里种着植物，既不拆除，也不盖房。原来这里曾是日本侵略者的营房。古北口抗战后，这里一直被日军占领，直至 1945 年日本投降。多年来一直未作他用，现在石块砌得整齐，应是有意保护，让实物记住那段日军侵略的历史。

（二）潮关惨案

潮关村有长城文保碑牌：潮河关城堡，也称潮河川营城，建于明洪武年间。城墙由大块毛石垒成，白灰勾缝，墙面平整，有 4 米多高，155 米长，保存完好，这是城堡的西墙。北墙残缺，西北角外墙拆成坡状，可以登上城墙。城堡大体为方形，南北略长一点儿。城堡只开一南门。北城墙是北齐时期长城的一部分，也是古北口较早的关塞。明初对城堡重新修缮，加高加厚，成为防御核心。

城内瘟神庙建于明代。壁画作于明代，清朝做过修复。壁画竟然都是原作，现代没做修补，经年日久，色彩不褪，鲜艳亮丽，令人称奇。可与北京的法海寺比美。壁画众多人物中，有一幅画像，长着上下两副眼睛，仔细观看，会产生晕眩感，令人不能久视。绘画水平高，并利用了视觉误差原理，才能产生如此效果。此神称为四目神，是光明的化身，能驱除疾病，寓意吉祥，保护人间安全。所以民间关于四目神的传说有很多。

潮关村遭受过灾难。那是1933年,日军攻占了古北口。4月14日,日军号称有两个日本人被打,要查捕人,便闯进了潮关村,接连两次进行了报复性屠杀,有83人被害,上百间房屋被烧毁,制造了惨无人道的"潮关惨案"。

村里毛希武家,院门对着东厢房的山墙,上有砖做的影壁,门楼虽在"文革"中拆掉,还能透出老房子的韵味。院内正房三间,是20世纪80年代盖的,主人居住。西厢房处无房,已成空地。院子当年很气派,三进的大宅院。而今院内只有东厢房这两间房是老房,其余的都被日军烧毁了。

潮关村北头,可见到一座纪念碑,上面镌刻着八个大字"潮河关惨案纪念碑",让人们永远记住这段历史。

(三)南口:正面阻击,战线漫长

古时有人把居庸关称为蓟门关,北京古称蓟,就是进入京城的大门,不说普通战事,引出朝代更替的战争就发生过几次。辽代把北京称为南京。当年金人进攻京城,辽人据守居庸关,当金兵攻到居庸关前,没等开战,山石崩塌,砸死守关辽兵,金人不战而胜。

到了元人进攻时,金人吸取了经验,铸出铁的城门,还在路上布满了鹿砦、铁蒺藜,绵延百十里,并派精兵驻守。元太祖犯了难,问手下札八儿有无破关办法,回答说:黑树林中有条小道,曾经走过,仅容人马穿过,若采用偷袭的办法,让士兵不做声响,"衔枚以出",趁着夜色,便可穿过。元太祖令札八儿做前导,大军紧随其后,日暮进入山谷,黎明到达平地,放开脚步疾驰,到了南口城,金鼓之声齐鸣。守城的金兵从梦中惊醒,以为神兵自天而降,大败而逃。元人破关而入。

元人当然知道居庸关的重要,又常出入关沟,往来于上都之间,开始在南北口派兵戍守,设立千户所。北口千户所属上都路龙庆州,南口千户所属大都路昌平县。之后又觉不稳妥,至大四年(1311),枢密院上奏:居庸关一带通往京城的要塞有43处,有官兵把守的仅有13处,以前设置了千户所，位轻责重。此后升为万户府，各要塞增加了驻守兵力。皇庆元年（1312），始改为隆镇卫亲军都指挥使司。延祐二年（1315），又把哈儿鲁军千户所归入管辖。

元人统治不过百年，便被明人取代。朱元璋刚一建立王朝，"洪武元年，大将军徐达建"起居庸关城。城垣横跨两山，东达翠屏山脊，西至金柜山巅，有南北二门，"周一十三里，高四丈二尺"。朱棣刚刚做了皇帝，永乐二年（1404），分别在居庸关南北两边建起南口城和上关城。加强关口的把守。《四镇三关志》载："南口门堡城一座，永乐二年建。"

40里关沟建起五道关城：岔道城，八达岭关城，上关城，居庸关城，南口城。南口城的北墙横跨东西两山，峰巅两座残墩台应为当年北墙的东北、西北两座角墩，顺着残墩南下，汇为南墙，这片巨大的区域便是南口城。《西关志》载："南口门在关城南十五里。其城上跨东西两山，下当两山之冲，为堡城。周围二百丈五尺。南北城门城楼二座，敌楼一座，偏左为东西水门，各一空。护城东山墩一座，西山墩三座，烽堠九座。隆庆卫地方，里口紧要。"从明代地图上看，居庸关居中，南北两口各建关城，南口城称南门口，如同南大门，封堵住沟口。南口城在北方威胁严重的时候，几经维修，明崇祯十二年（1639）重修，到了清朝的雍正十二年（1734）再次修葺。

南口城经历过历史的沧桑。清末修建的京张铁路，后来修通了京张公路，皆穿城而过，大部分城墙已被拆毁。时至今日，只剩一段南城墙。南城门还在。

南口城经历了大大小小多次战争，却延续了上千年。到了现代，战斗也没停止，这里又发生了南口阻击战，或称南口战役，抗击日寇。1937年，"七七事变"后，平津沦陷。日寇紧接着沿津浦、平汉、平绥三线扩大侵略，准备"三个月内灭亡中国"。一部分沿平绥路西进，占领山西，妄想迅速打垮抗日力量，一举歼灭中国军队精锐，进而控制整个华北。其间，日军先后集结7万兵力进犯南口。

南口及沿线长城要隘是阻击日军的天然屏障。中国军队第13军、17

军等6万名将士迅速抢防南口，布置重兵，由汤恩伯指挥，担任南口方面的防御重任。战斗自1937年8月8日打响，各个阵地均与日军展开激战，反复冲杀。日军在飞机、坦克、大炮的配合攻击下，疯狂进攻。因为装备相差悬殊，中国军队只能以步枪、手榴弹、大刀与敌军拼杀。战士们以血肉之躯，一次次打退了日军的进攻，甚至冒着枪林弹雨，面对横冲直撞的坦克，用手榴弹、手枪还击敌人。战斗之残酷，可谓惊天地泣鬼神。据当地老人回忆，日军还用了毒气弹，被毒死的士兵依然保持着战斗的姿态，双手持枪，怒目圆睁，场面惨烈。就是这样，中国军队与日军浴血奋战近20个昼夜，死亡过万人，而日军伤亡也近万人。

南城门外尚存一座照壁，经过修复，四周用着旧砖，中间墙体用的还是大块鹅卵石。路面升高，城与照壁看起来都比当年矮了些。有了照壁，人们便在后面盖起房舍，城门前自然形成了两条岔路。东侧的那条岔路，当年日军的坦克就是从这条路开进的。

在古老城墙的新砖后面，藏着刀枪剑戟的伤痕，还有枪炮子弹的痕迹。古老的城墙起着防御的作用，直到现代还在阻挡抵抗，成为正义与不屈的象征。

中国军队凭借巩华城牵制了北犯日军一天，为南口战役防御赢得了时间。日军向扶京门瓮城内发射炮弹，把城墙炸出一个大洞，冲进了巩华城。日军在巩华城墙设有岗楼，炮轰朝宗桥，朝宗桥壮硕的身躯上留下了两块大的伤疤，记录了日本帝国主义侵略中国的罪行。因有京张铁路穿过，巩华城成了日军的物资转运站。

河北省横岭村关帝庙，曾为抗日战争南口战役前沿指挥部旧址。门一侧立有"横岭抗战纪念碑"。上款：陆军第四师、第七十二师。下款：壬辰（2012）夏，南口长城抗战研究会横岭分会，对日抗战南口战役纪念研究会，肃立。大致内容节录如下：1937年7月底，陆军第四师师长王万龄等由绥东赴南口任总预备队，后又来到横岭城构筑工事，8月中旬日军连犯我营，18日我军向黄老（楼）院发动反攻，日军施放毒气弹，十旅十九团一营官兵牺牲三分之二。第七集团军司令傅作义遣七十二师陈长捷增援，以横岭城为集结地，日军大举来攻，我军固守不退，该师416团团长张树桢率部冲杀，壮烈成仁。23日日寇陷镇边城，我军态势不利，汤恩伯乃令4师开顺德，72师赴广灵、原阳。南口战役结束。是役，第4师官兵阵亡2646人，伤3907人，几至全师一半。第72师官兵阵亡464人，伤454人。2012年8月立。

南口战役虽然失败了，却严重地挫伤了日寇，打乱了日寇的作战计划，打击了日军的嚣张气焰，阻挡了日军的侵华步伐，打破了迅速灭亡中国的梦想，鼓舞了全国人民的抗战热情和斗志，影响深远。

正如战后中共中央机关报《解放》周刊所言："不管南口阵地事实上的失却，然而这一光荣的战史，将永远与长城各口抗战，淞沪两战役鼎足而三，长久活在每一个中华儿女的心中。"

在南口战役进行的1937年8月19日，蒋介石同意红军改编为第八路军，并设立总指挥部。22日，国民政府军事委员会正式公布红军改编为第八路军的命令，红军完成改编后，迅速东渡黄河，进入山西抗日前线。

作者简介：高文瑞，男，1954年生，北京人，中国作家协会会员，中国乡土艺术协会文学专业委员会副会长。

烽火白羊城

——国民抗日军发展史迹探略

摘　要："七七事变"后，原东北抗日义勇军成员赵同、高鹏、纪亭榭与昌平爱国人士汤万宁、王士俊等人，在北平西山白羊城，拉起抗日武装，打响了平郊民众抗日第一枪。这支抗日武装后定名为国民抗日军，因其成员佩戴上红下蓝色的袖标，民间称之为"红蓝箍"。自成立后，抗日军转战平西各地，将抗日烽火燃及白羊、南口、高崖、长峪、镇边、横岭等内长城沿线要隘，被誉为"北平近郊抗日的中心力量"。1937年12月，国民抗日军正式改编为八路军晋察冀军区第五支队。1938年8月，五支队与一支队合编为晋察冀军区第三团，后奔赴新的战场。

关键词：抗日战争史　国民抗日军　红蓝箍　白羊城

1937年卢沟桥事变后不久，在北平[①]西北郊今昌平区流村镇白羊城村，一支民众武装高举抗日义旗，打响了平郊民众抗日第一枪。因举义地点在白羊城，史称白羊城起义；因这支部队以青年学生为主体，故称"学生军"；因其转战于北平郊区特别是平西一带，故又称平西游击队；因其成员佩戴上红下蓝色的袖标，民间又称之为"红蓝箍"。这支抗日武装的正式军号为国民抗日军，自成立以后，先后奇袭德胜门外第二监狱，打响了黑山扈之战、二道河之战、南口之战、昌平之战……迅速发展壮大，给北平日伪军以极大威慑，一度"义声所播，民气大振"，被誉为"北平近

[①] 1928年北伐战争后，中国的首都迁到南京，北京改名为北平特别市。

郊抗日的中心力量"。1937年12月，国民抗日军改编为八路军晋察冀军区第五支队。1938年8月，五支队与一支队合编为晋察冀军区第三团，组成主力部队，后调离平西，奔赴新的战场。

由于历史原因，国民抗日军的抗战史迹有的尘封待考，有的莫衷一是。特别是在国民抗日军改编为五支队后，抗日热潮于是在长城内外蓬勃兴起，此时发生的"赵同叛逃事件"成为一个明显的不和谐之音，其背景、真相及历史影响有必要进一步澄清。笔者愿以搜集到的相关史料加以考证梳理，以期就教于方家。

一、关西要害白羊城

白羊城，又名白杨城、白洋城、白羊口堡，位于北京市昌平区流村镇境内、居庸关西南四十里处。元代在此设白羊口千户所，与北口千户所、南口千户所、古北口千户所、黄花镇千户所、紫荆关千户所等，俱属隆镇卫亲军都指挥使司（《元史·卷八十六》）。白羊城始建于明正统年间，景泰元年（1450）进而"修砌关口，筑立城堡墩台"（《明英宗实录》），城"上跨南北两山，下当两山之冲，城高二丈五尺，厚一丈二尺，周围七百六十一丈五尺，东西城门楼二座，东月城门一空，敌楼四座"（王士翘《西关志·居庸卷之一》），"后又建新城于其西南，嘉靖后设守备驻此"（《大清一统志·卷七》）。

明朝为守卫边防，在长城沿线设九边防御体系，自四海治所向西长城分为内外两道，有"外边"与"内边"、"极边"与"次边"之说。白羊城即属于内长城防线上的重要关隘。《西关志》载：白羊口堡属居庸关西路所辖隘口之一，"东北至关四十里，隆庆卫地方，昌平州界，里口紧要"（王士翘《西关志·居庸卷之一》）。明代巡关御史王士翘称"关西白羊口号称要害"，历史上的白羊城与居庸、紫荆、倒马、雁门等各关，俱为"京西之内险"（蒋一葵《长安客话·卷七》）。此即《明史》载："历高崖、白羊，抵居庸关，约一百八十余里。皆峻岭层冈，险在内者，所谓次边也"（《明史·卷九十一》）。

91

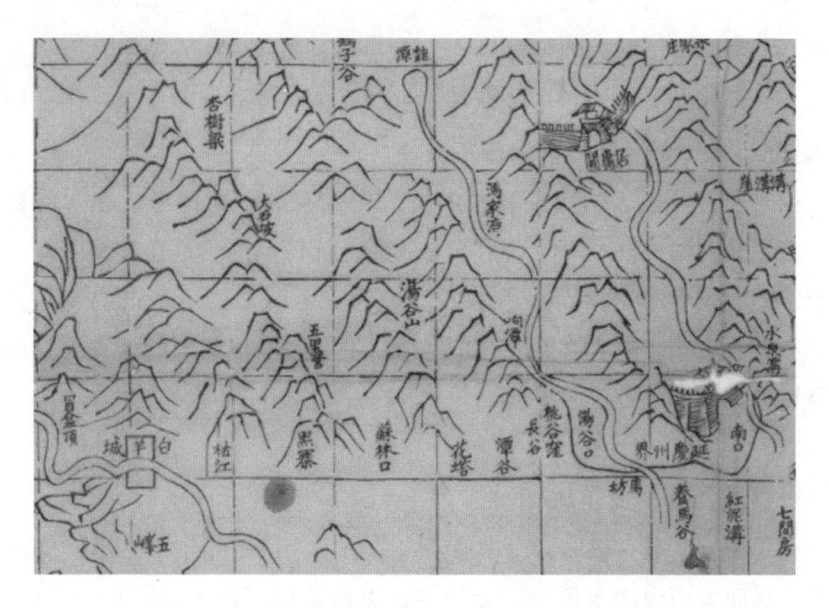

图 1　白羊城与居庸关、南口城方位图
来源：《（光绪）昌平州舆地图》（局部）

白羊倚山而城，因势设险，以其重要的战略地位，每每为兵家所必争（图1）。正统九年（1444），瓦剌部也先兵迫京师，由白羊口入犯（顾祖禹《读史方舆纪要·卷十》）。正德九年（1514）、十一年（1516），瓦剌部小王子先后两次从白羊沟攻入，直达都城。明廷为防御京师北路，加固城池，增派驻军。隆庆三年（1569）、万历元年（1573），先后两次修筑白羊城，内有附墙台三座、空心台十九座（《光绪昌平州志·卷三》）。明廷派守备1人、千总1人、把总2人，领兵814名镇守（王士翘《西关志居庸·卷之二》）。

白羊城一带山险谷深，林密路狭，且因久经战事，民风刚健。《隆庆昌平州志》载，当地百姓"士钝如椎""俗重气侠""相赴死生"，有三代遗风（《隆庆昌平州志·卷一》）。1937年抗战军兴，北平危殆，长城内外战云密布，南口战役一触即发。当此之时西山民众揭竿而起，白羊城外燃起抗日烽烟，平郊第一支民众抗日武装——国民抗日军在此诞生，亦有其历史及地缘因素。

二、白羊城起义——打响平郊民众抗日第一枪

1937年春，辗转至北平谋开抗日局面的赵同（又作赵侗，曾任辽南少年铁血军总司令）、高鹏（原名高子行，中华人民共和国成立后曾任沈阳军区空军副司令）、纪亭榭（中华人民共和国成立后曾任海军航空兵参谋长，1955年授予少将军衔）等将领，与昌平爱国人士汤万宁、王士俊等人，秘密筹划组建队伍，深入平郊开展抗日武装斗争，由此拉开了白羊城起义的序幕。

图2 国民抗日军起义旧址白羊城村

"七七事变"前夕，战争的阴霾已笼罩在北平城上空。此时隐蔽在城内的赵同、高鹏等人，加紧搜集枪支，组建队伍。他们与昌平白羊城村人汤万宁（白羊城村保卫团团总，曾任昌宛联合县佐公署县佐）、柏峪口村人王士俊（柏峪口村保卫团团总，全面抗战时期昌平第一位革命烈士）取得联系，于1937年5月第一次出北平城，前往白羊城村联络。据刘凤梧（原国民抗日军第三总队总队长）回忆："5月初，我肩负着党交给的新任务，带着陈品才、王升两个同志，身带短枪，离开北平直奔白羊城"，继而于"5月末，戴福纯、高鹏、那恕等同志，从北平带出三十多人，每人

都佩带短枪来到白羊城"①。他们在汤万宁、王士俊的协助下，搜集了20多条枪，并动员20多个贫苦农民加入这支队伍。

　　1937年7月7日，日寇炮轰卢沟桥，二十九军英勇还击，全面抗战由此打响。北平沦陷前夕，7月20日，赵同等人分三路，越过数道军警线，再次出北平城，相约于白羊城会合。三路到齐后，于7月21日缴了瓦窑（今属昌平区流村镇）的伪警察分所②。7月22日，赵同、高鹏、纪亭榭、郑子风、吴静宇、宋鸣皋、任福祥、包旭堂、刘凤梧、曹国士、吴新民、汤万宁等共计24名，集结于白羊城关帝庙前，正式拉起武装，举起抗日义旗，史称白羊城起义。不久后（奇袭德胜门外第二监狱后），这支队伍正式定名为国民抗日军，并转战平西各地，将抗日烽火燃及白羊、南口、高崖、长峪、镇边、横岭等内长城沿线要隘，给日伪军以有力打击。

　　1937年8月上旬，南口战役打响，日军沿平绥路向北平北部的龙虎台、南口、居庸关、德胜口一线大举进攻，并侧翼迂回马刨泉、鳌鱼、老峪沟、禾子涧、长峪城一线，向怀来、张家口进犯，企图夺取居庸天险，突破长城防线，打通西进南下的通道。自8月8日至26日，中国军队以7万余兵力据险而守，以关山为屏，对日顽强作战。这间隙，国民抗日军趁日军专注南口正面战场，活跃于北平近郊及西山地区，积极开展机动作战。时任美国合众社驻华记者的爱泼斯坦在《人民之战》中这样写道："这支游击队退到南口，那里的长城离北京最近。8月底，在这里打了一场大战。一批土匪同日本人狼狈为奸，肆虐乡里。游击队把他们打散了，缴获了两挺机枪和许多步枪。人民对游击队感激不尽，他们给游击队送饭吃，照顾伤员。"③

　　此次战果使抗日军得到了充实和巩固，而最振奋人心且具影响力的战绩当属奇袭德胜门外第二监狱（河北省第二监狱）。

---

① 刘凤梧．回忆平西游击队第三总队［M］．昌平县委党史办抄本．1984．
② 赵同．抗战七年的经验和教训（上）［J］．反攻，1939，4（4）：4．
③ 爱泼斯坦．人民之战［M］．北京：新华出版社，1991：66．

图3　1937年9月6日，北平《晨报》关于河北省第二监狱遭到袭击的消息

1937年8月22日晚8时许，抗日军成员乘夜色潜行至德胜门外第二监狱，由吴靖宇化装成日军，用日语喊话，守监人员误以为日军到此，不敢不开门迎纳，随即数十名抗日军成员持枪拥入，不费一枪一弹，智取此高墙之内的"牢笼"。据《北郊区署给警察局的报告》称，抗日军共缴获马枪29支、套筒枪10支、轻机关枪2架、捷克式枪2支、勃朗宁手枪1支，子弹3000余粒，解救各类人员500人①。奇袭第二监狱震动北平城，这一壮举被正在华北前线采访的英国记者詹姆斯·贝特兰誉为"这是中国人自日军占领北平以来所做的最有胆识的事情"②。除老弱外，重获自由的大批"犯人"踊跃加入抗日军，其中有数十名政治犯（包括共产党员和共产党员"嫌疑犯"），他们中的一些人后来成为这支部队的领导成员和骨干。多年后，汪之力（曾任国民抗日军秘书长、晋察冀军区第五支队政治部主任）撰写的《北平西山抗日游击队》③、阎铁（原国民抗日军成员，

---

① 奇袭第二监狱解救人员数量说法不一，有说587人，有说六七百人，有说七八百人，有说近千人。据1937年8月23日《北郊区署给警察局的报告》载："现经查点，原有囚犯共计五百五十五名，均系男性，并无女犯。放逃各项囚犯计五百名整，内有无期徒刑者五十余名，余则系有期徒刑十五年、十年、三年、二年不等之罪犯；现在监内尚有囚犯五十五名。"据此为500人。
② 贝特兰. 华北前线［M］. 北京：新华出版社，1986：67.
③ 中共北京市委党史研究室. 北京革命史回忆录：第三辑［M］. 北京：北京出版社，1991.

曾任晋察冀军区第五支队二总队六大队政治指导员）撰写的《燕郊枪声》①、金振中（曾任国民抗日军二总队四大队大队长）撰写的《平西风云》② 等回忆文章，对当年智取第二监狱都有较为详细的记载，笔者在此不做赘述。

从白羊城起义到奇袭第二监狱，短短一个月间，抗日军队伍迅速壮大。除被解救的在押人员外，流亡关内的东北义勇军和难民、原二十九军和冀东保安队的散兵、各行各业的市民与近郊农民，也慕名接踵而来。"东特"（东北工作特别委员会，属中共中央北方局）还派出一批共产党员、民先队员和进步青年到这支队伍工作，使这支队伍处在党的直接领导之下。很快，抗日军从最初的二三十人发展到两三千人。

奇袭第二监狱后，面对发展的形势，抗日军于9月5日在三星庄（今属海淀区苏家坨镇）进行整军，通过了"全军约法"，选举了军政委员会，正式打出了"国民抗日军"的旗子，还向全体战士颁发了红、蓝两色的袖标③。从此"红蓝箍"之名不胫而走，蜚声中外。9月8日，国民抗日军在西郊黑山扈与敌激战，首创民众抗日武装用轻武器击落日军飞机一架的战绩。在法国巴黎出版的抗日报纸——《救国时报》于1938年1月31日以大篇幅报道了国民抗日军的成立、攻打第二监狱及黑山扈大捷等消息，称国民抗日军"义声所播，民气大振"，是"北平近郊抗日的中心力量"④。

然而国民抗日军在建立之初，由于队伍成分复杂、思想各异、组织不纯，败坏纪律之事时有发生，主要领导成员的个人政治野心日益膨胀，已萌生着危险和分裂的信号。

---

① 星火燎原：选编之五[M]. 北京：中国人民解放军战士出版社，1981.
② 星火燎原：丛书之十·晋察冀抗日根据地专辑[M]. 北京：解放军出版社，1989.
③ 中共北京市委党史研究室. 中国共产党北京历史：第一卷[M]. 北京：北京出版社，2011：300.
④ 北平一位抗日游击队员来信——报告平郊义勇军活动情形[N]. 救国时报，1938-01-31.

三、改编：从"红蓝箍"到"五支队"

"七七事变"后，北平沦陷，南口战役失败，居庸关、八达岭等要隘相继失守。在此混乱无政府的形势下，在日军统治的薄弱区，平郊西山等地风起云涌，敌后武装纷纷成立，他们利用溃军丢弃的枪支子弹和散落在民间的枪械，成群结队，以各种名义活动在敌人侧后。但其中也存在一些假借抗日名义组织起来的"杂色武装"。据《聂荣臻回忆录》记载："杂色武装，则是指由抱着这样或那样不良企图的人，假借抗日名义组织起来的武装。……随着敌后抗战日益艰苦，杂色武装有了明显的分化，谁是真正抗日的，谁是专门祸害老百姓的，谁同日军勾勾搭搭，越来越分明。……在平西一带活动的'国民抗日军'，其组成和性质同那些杂色武装不同，绝大多数成员是好的。"①

"杂色武装"是在当时特殊背景下出现的。由于在中共中央北方局的领导下，一批地下党员、民先队员和进步青年被分批输送到国民抗日军这支队伍中来，如"东特"的中学生党员阎铁、徐明、杜伯华、汪之力，北平市委镜湖中学学生党员张如三、史进前，东北学兵队受过军事训练的王建中、王远因、王文、丁丁、包乾、金中、霍炎，以及陈大凡、焦土等人，在部队发展到五六十人时，党动员出来的青年已占半数②。他们与赵同等一部分旧军人结合在一起，在政治上、军事上发挥着重要影响，使这支队伍从一开始就在党的直接领导下沿着正确的道路发展，从而使"其组成和性质同那些杂色武装不同"。

但是在国民抗日军成立初期，队伍人员构成复杂（有的当过"胡子"），浓厚的游击习气和旧军队的散漫作风不能一时摆脱；奇袭第二监狱后，除解救了一批共产党员和进步人员外，一批因盗窃、杀人、强奸、吸毒而蹲了监狱的不法之徒也混入到这支队伍中来，他们本没有强烈的抗

---

① 聂荣臻.聂荣臻回忆录[M].北京：解放军出版社，1984：420-427.
② 汪之力.新中国的追求[M].沈阳：东北大学出版社，2008：38-40.

日要求，而且违犯纪律的也多是这类分子；特别是随着队伍的发展壮大，赵同等少数人的名利欲、权力欲增长，军阀思想、政治野心膨胀，这为日后的分裂叛变事件埋下了伏笔。

较早暴露这一问题的是"起枪"和"挖坟"事件。"起枪"即向老百姓征集索取藏匿的枪支弹药，这是当时的一项迫切任务。据胡可（原国民抗日军成员，中华人民共和国成立后曾任北京军区政治部宣传部副部长）回忆："从监狱里出来的这些共产党员和从北平出来的同学们，在'起枪'过程中大都主张对老百姓讲清抗日的道理，多作宣传。"而赵同的部分亲信和一些后来加入部队的犯人、当地游民，则用威逼捆绑老百姓的方式来达到目的。"常常你这边向老百姓做宣传，讲我们是抗日的队伍，是保护老百姓的，他那边就捉走了老百姓的小鸡，因此打骂、捆绑时有发生。尽管有党员和民先队员在做工作，却一时难以改变整个游击队的纪律状况。"[①] 金振中也回忆道："从第二监狱解救出来的一些人，没有军装、枪支，就去向老百姓要，趁机敲诈勒索。来自北平的进步学生、东北军学兵队员和真正爱国抗日的积极分子，对这种状况十分不满，纷纷议论：'这哪是抗日，再干下去，就成土匪了！'"[②] "挖坟"事件的负面影响更大。白羊城一带南倚五峰山，北临白羊口沟，依山傍水，风水尤胜，故清代庆亲王家族的墓地就建在这里。《光绪昌平州志》载："五峰山下，旧有小城，曰白羊新城。今庆禧亲王园寝即其地。"（《光绪昌平州志·卷三》）赵同等人进驻白羊城后，一方面因抗日形势发展，经费不敷，另一方面则是队伍中的一些人有严重的"发洋财"思想，遂行"盗墓"之举。汪之力回忆："挖坟是赵同酝酿已久的计划……据纪亭榭谈，挖出的财宝不下百万，变卖的钱大部分用于解决部队伙食被服。……这都是正用，但有相当

[①] 胡可. 红蓝箍——游击队生活纪事［M］//隗合甫. 平西烽火. 北京：国防大学出版社，2000：224.
[②] 金振中. 平西风雨［M］//星火燎原丛书之十·晋察冀抗日根据地专辑. 北京：解放军出版社，1989：71.

一部分被经手人私分盗卖。如郑子风、包旭堂得财宝后就极少在部队中露面。"① "挖坟"起先是秘密的,后来全军都知道了,引起了风波,破坏了团结抗日的联合战线。学生干部反响强烈,认为这是盗墓匪。一部分人集会讨论,也包括部分党员,说必须与此种现象决裂,必要时把部队分开,分出去另干。据胡可回忆,"联系到对挖坟掘墓事件的不满,游击队内部出现了明显的裂痕"②,当时国民抗日军内党组织尚未公开,大多数党员身份是秘密的,后经请示北平党组织,要求尽最大努力团结赵同,争取与他合作共同抗日,才防止了分裂的风波出现。

  1937年10月3日,日军对北平近郊的抗日部队开始合围"扫荡",且随着冬季的临近,国民抗日军的困难日益加重。北平地下党分析形势,要国民抗日军做好反"扫荡"准备,并进入山区建立抗日根据地。国民抗日军接受了这些意见,很快向昌平西部山区进发③。在与八路军取得联系后,于11月中旬开赴河北蔚县西合营,继而至阜平整训;12月25日,经八路军总部批准,国民抗日军正式改编为晋察冀军区第五支队④。第五支队自改编以后,党的领导大大加强,各总队、大队领导干部基本上都是共产党员;广大战士经过整训,政治觉悟和战斗力也有较大提高。1938年7月,五支队攻克昌平城,袭击南口城、阳坊镇,并攻入石景山发电厂,炸毁锅炉两台,使北平连日无电,入夜一片黑暗。晋察冀军区司令员聂荣臻向中共中央、八路军总部详报了他们的战绩,赞其袭击石景山发电厂等地的战斗,"政治影响极好,枪炮声震动北平城内,电灯全熄,群众抗日情绪为

---

① 汪之力. 北平西山抗日游击队 [M] // 中共北京市委党史研究室. 北京革命史回忆录:第三辑. 北京:北京出版社,1991:150-151.
② 胡可. 红蓝箍——游击队生活纪事 [M] // 隗合甫. 平西烽火. 北京:国防大学出版社,2000:227.
③ 金振中. 平西风云 [M] // 星火燎原丛书之十·晋察冀抗日根据地专辑. 北京:解放军出版社,1989:67.
④ 中共昌平县委党史办公室. 昌平革命史 [M]. 北京:北京出版社,1997:48.

之更有提高，感觉中国抗战不会失败的"①。

然而就在五支队高歌猛进之际，发生了赵同叛逃事件。

四、浅析赵同事件

赵同，满族，辽宁岫岩人，"九一八事变"后即与邓铁梅、苗可秀等一起投身抗日斗争，曾任少年铁血军总司令、辽南临时政府总裁。后流亡北平，筹建抗日武装——国民抗日军，任总司令。国民抗日军改编为五支队后，任五支队司令员。他一度声名远播，曾被海内外报刊誉以"满族第一抗日将领""青年领袖""民族英雄"② 等称号。

然而赵同具有强烈的权力欲望和政治野心，为达目的不择手段。这在国民抗日军建立之初就已表现出来。如前文所述的"挖坟""起枪"事件，此外他诱杀了前来联合的高宪章，兼并其余众；在天门沟俘房法、德、奥、西等国籍神父十多人，要教堂及各国驻北平领事馆捐款、捐枪，这些做法均有违统一战线战策，使抗日军声誉大落。

据史进前（原国民抗日军队委委员，中华人民共和国成立后曾任中国人民解放军原总政治部副主任）回忆：赵同是"国社党党员，又是青年党党员……是一个具有个人野心、法西斯思想并有搞武装活动经验的人物。为人非常精灵、阴险。"③ 国民抗日军副司令高鹏与赵同相处多年，后加入中国共产党，在赵同事件后，即与之分道扬镳。高鹏分析认为，赵同之所以决心叛离即因他"视兵权如性命"，"总想依靠国民党当局撑腰，在华北搞独立王国"④。其实，早在1937年11月开赴阜平之前，面对部队何去何从，赵同即对是否找八路军，与广大基层干部、战士发生分歧，只有赵同

---

① 中共北京市委党史研究室. 中国共产党北京历史：第一卷 [M]. 北京：北京出版社，2011：301.
② 王世钟. 铁血少年——赵同 [M] //丹东满族——岫岩专辑. 沈阳：辽宁民族出版社，1991：128.
③ 史进前. 赚开囚门破狱牢 [M] //星火燎原丛书之十·晋察冀抗日根据地专辑. 北京：解放军出版社，1989：35.
④ 杨成武. 敌后抗战 [M]. 北京：解放军文艺出版社，1985：88.

和他的追随者主张开到太原（当时太原尚未失陷）去找国民党，正在两种意见争论不休时，八路军总部吴伟等十余名同志，带着朱德总司令、彭德怀副总司令签署的信件来到赵部所在的斋堂川，希望团结一致、共同抗日，在这样的形势下，"参加八路军的呼声越来越高，赵同等人迫不得已，只好表示同意"①。

改编为五支队后，为团结赵同继续抗日，贯彻党的抗日民族统一战线政策，赵同仍任司令员。但随着党的领导的加强，赵同深感权力日削，同时其旧军阀思想与独断专行作风日涨，遂造成部队内的严重紧张。由此在赵同以辞职为试探、要挟时，遂弄巧成拙，引发了"罢官"事件。虽经聂荣臻司令员诚意挽留，在党内和群众中做说服工作，使赵同收回辞职之意，但权壑难填，芥蒂益固，终致反目。

1938年7月，赵同仅带亲信和卫士十余人叛逃了。他是这支部队的"司令员"，却连一个建制班也没带动。不久在其母赵洪文国的疏通下，他化装后经北平、香港赴重庆。1939年国民党在全国反共。1940年1月，已升任国民党晋察冀游击第一总队少将司令的赵同，带领"北上抗日挺进队"340余人（一说五六百人）重返华北搞摩擦，被八路军一二〇师某部全歼于河北灵寿县境。至此，赵同事件尘埃落定。

五、国民抗日军的历史评价

国民抗日军是"七七事变"后，在北平郊区成立的第一支民众抗日武装。它的成立和发展，极大鼓舞了北平同胞的抗日热忱，对敌人进行勇猛地打击，使人民群众的必胜信念更加坚定。它以一个个战果，"向日本人、向北平人民、向外国使馆、向全世界表明：'华北仍然是我们的。'"②

国民抗日军（五支队）的发展大致经历了三个阶段。第一阶段：从

---

① 金振中. 平西风云 [M] // 星火燎原丛书之十·晋察冀抗日根据地专辑. 北京：解放军出版社，1989：73-74.
② 爱泼斯坦. 人民之战 [M]. 北京：新华出版社，1991：72.

1937年7月白羊城起义至同年11月开赴阜平整训,为期4个月。这4个月的历史,是国民抗日军克服重重困难,谋取抗战局面,从立到强、从弱到大的创建期;是高举抗日大旗,开展游击作战,打出战果、打出声威的壮大期;是加强党的领导,团结各方力量,反对分裂、改造武装的发展期。第二阶段:从1937年12月改编为晋察冀军区第五支队到1938年"七七事变"一周年,为期7个月。在这7个月间,五支队在中国共产党的领导下,坚定执行抗日民族统一战线政策,加强思想政治、干部队伍和组织建设,进一步在敌人后方巩固和壮大人民抗日武装,取得了一系列战斗的胜利,奠定了平西抗日根据地发展的基础,其战斗足迹伸展至今北京之昌平、海淀、石景山、门头沟等区及邻近河北诸县。第三阶段:1938年7月以后,历经赵同叛逃等波折后,五支队进一步加强整编、强化组织、建设队伍。是年8月8日,晋察冀军区应五支队请求,发出命令:五支队的战斗部队与一分区的新三团的第三营合编为晋察冀军区第三团,隶属一分区①。至此结束了五支队的历史。晋察冀军区第一军分区第三团,以后作为八路军主力团之一,在抗日战争、解放战争和抗美援朝战争中,南征北战,立下了辉煌的战功。

从国民抗日军到五支队战斗历史虽然只是短短的一年,但它的光辉斗争业绩却反映出党领导的北平抗日救亡运动的胜利发展,反映出"一二·九"学生运动后革命知识分子的锻炼成长,反映出党领导下的武装斗争与抗日民族统一战线的强大威力,它为首都北京光荣的革命历史谱写了新的篇章②。

作者简介:李晔,男,1978年生,硕士,北京市昌平区委党史办公室副主任、北京中国抗日战争史研究会理事。

---

① 杨成武. 敌后抗战 [M]. 北京:解放军文艺出版社,1985:97.
② 焦若愚,纪亭榭,陈大凡,等. 抗战初期的北平西山抗日游击队 [N]. 北京日报,1987-07-08.

党的统一战线与平北抗日根据地的建立及发展

摘　要：平北抗日根据地建立于抗日战争最艰难的战略相持阶段。根据地创建之初，平北地区敌我力量悬殊，群众基础薄弱。在这种条件下，中国共产党以统一战线为指导，在平北抗日根据地进行民主建设、解决农民问题、组建地方武装，将平北人民团结在党的领导下，共同投身抗日，最终赢得了抗日战争的胜利。

关键词：统一战线　平北抗日根据地　红色政权　抗日战争

一、党的统一战线与平北抗日根据地的建立

纵观抗日战争的发展过程，可分为三个阶段。"第一个阶段，是敌之战略进攻、我之战略防御的时期。第二个阶段，是敌之战略保守、我之准备反攻的时期。第三个阶段，是我之战略反攻、敌之战略退却的时期。"[①] 1938年，抗日战争由第一阶段的战略防御进入到第二个阶段，即战略相持阶段。在这一阶段中，中国中东部大部分主要城市被日军占领，八路军为扩大抗日武装力量，开辟敌后战场，巩固根据地，在华北地区展开了游击战。平北抗日根据地正是在这种背景下建起的红色政权。

平北即北平以北。平北抗日根据地位于北平、张家口、承德相交的三角地带，与平西、冀东根据地毗邻相连，互为依靠，是"伪华北""伪蒙疆""伪满洲国"三个伪政权盘踞的交接处，其战略位置十分重要。当时，

---

① 毛泽东. 毛泽东选集：第二卷[M]. 北京：人民出版社，2007：463.

平北地区敌强我弱，建立并巩固革命根据地确实较为艰难。然而，八路军克服重重险阻，建立的平北抗日根据地犹如一把钢刀，直接插在了日军的心脏上。

平北抗日根据地建立前夕，八路军曾两次进入平北。1938年，八路军第四纵队在平北地区开展游击战，攻克赤城、龙门所、后城等县镇，设立昌滦密联合县政府。9月8日，伪满纠集六个团的兵力围剿八路军，八路军在敌强我弱的情况下被迫向冀东转移，县政府也随之撤离。1939年2月，晋察冀军区在北平西成立冀热察挺进军。同年9月，挺进军进入平北再次展开斗争，又因敌人疯狂围剿，难以立足于平北地区，于11月再次返回平西。至此，八路军两次开辟平北抗日根据地均以失败告终。面对这种十分复杂的局势，中共冀热察区委员会和挺进军军政委员会根据晋察冀中央分局的指示，进行"巩固地向前发展"和"巩固平西，坚持冀东，开辟平北三位一体"的战略部署。1939年11月，挺进军第三次进入平北，采取波浪式小股增兵，逐步挺进。一边在不引起日伪军注意的情况下，在其防御相对薄弱的地区进行小规模游击战；一边熟悉平北民情，在各群体中发展党员，壮大抗日力量。依靠正确的战略部署和大量民众支持，平北地区逐渐被开辟，至1940年6月，共建立6个县政权，发展党员数百人。1940年底，成立平北军分区，平北抗日根据地成功建立。

《平北抗日战争烈士纪念碑》碑文记载："1940年春，根据我党巩固平西、坚持冀东、开辟平北之战略部署，我平北游击大队挺进军第十团开进平北，抗日政权党群工作亦随之建立。"

平北地区日伪军武装力量强大，在敌我力量如此悬殊的情况下，中国共产党能够在敌军盘踞地区的点线之间开辟平北根据地，建立武装政权，其主要原因就是挺进军坚持党的领导，以统一战线为指导，广泛发动群众，密切党群关系，从而取得了最后胜利。

二、党的统一战线与平北抗日根据地的发展相辅相成

1942年1月31日，《中共中央北方分局关于平北两年来工作的指示》

明确指出："广泛的统一战线方针对于今后平北的巩固与发展，具有决定的意义。"①

当时，日伪军不断在平北地区进行大规模"扫荡""蚕食"和"清乡"，实行了惨无人道的"三光政策"，制造了一起起"无人区"等惨案。①如制造西羊坊惨案、大水裕惨案、"岔道"活人坑等，对平北军民进行残酷的大屠杀。日寇泯灭人性的种种暴行令人发指、不胜枚举，丧心病狂的残暴手段无以复加，其在平北地区犯下的滔天罪行罄竹难书。在这种十分艰难的条件下，平北抗日根据地能够得以建立、巩固、发展，直至取得抗战胜利，这些都充分体现出党领导的统一战线所起到的重大作用。

（一）建立民主政权，扩大民主范围，凝聚群众力量

1940年，中共中央发出指示"敌后政权是民族统一战线的，这种政权，是一切赞成抗日又赞成民主的人们的政权，是几个革命阶级联合起来对于汉奸和反动派的民主专政"②。在全民族抗日的背景下，人民对民主的要求空前强烈。因此，平北抗日根据地统一战线的方法之一，就是进行革命根据地的民主建设。民主建设的内容包含普遍的选举制、议行合一的参议会制和权力机关的"三三制"③。

抗日战争是一场伟大的人民战争，需要全民族统一行动。特别是在战略相持阶段，更加需要全中国人民团结一致，聚集一切可以团结的力量，全力抗击外来侵略者。因此，中国共产党在敌后根据地广泛发动人民群众，建立和巩固民主政权，扩大势力范围，聚集一切力量实行了普遍的选举制，从而使"一切赞成抗日又赞成民主的人们"都拥有民主权利。

在党中央的领导下，平北抗日根据地建立后，随即开展了民主选举活

---

① 中共北京市委党史研究室. 北京地区抗日运动史料汇编：第四辑［M］. 北京：中国文史出版社，2000：38.

② 中国社会科学院近代史研究所. 中国近代通史［M］. 南京：江苏人民出版社，2013：433.

③ 中国社会科学院近代史研究所. 中国近代通史［M］. 南京：江苏人民出版社，2013：431.

动，采取直接选举方式，由民众选出基层政府领导人。不分性别、职业、党派、民族，所有支持抗日、支持民主的爱国者都可进行普遍、平等的无记名投票。这一举动大大激发了平北广大群众积极参与的热情。同时解放了女性，不再歧视且把女性视作男性的附属，真正赋予她们平等民主的权利，为她们投身抗日做贡献创造了条件。如送丈夫爱子上战场的"当代佘太君"邓玉芬，为保护党的重要文件身受重伤的妇救会主任杨金花，精心照料伤员的邓先母亲肖氏，都是平北抗日根据地涌现出的伟大女性。正如《妇女翻身歌》中写道："1940年，八路军开进海坨山。烧炮楼，攻据点，敌人一溜烟。妇女得解放，站到人面前。做军鞋、照顾伤员，男女都平权。再不挨打受气，再不受可怜！"此时的广大妇女已经成为平北抗日根据地取得最终胜利的坚强后盾。

　　平北抗日根据地民主建设的另一种方法就是设立参议会。参议会是拥有立法、议政、监督权的民意机关。各级参议会是各该级最高的权力机关，参议员由选民直接选举产生，任期三年。平西根据地是晋察冀边区下属的重要根据地之一，组织群众参加民主选举县参议会议员，让群众真正拥有参与权力机关选举的权利。民主选举下产生的权力机关，更容易被广大民众接受，党的政策能够更好地在平北执行，这也是组织群众发展平北红色政权的一种方式，更是执行党的统一战线政策的有效形式。

　　平北抗日根据地民主建设的最后一部分是推行"三三制"。中国共产党首创的"三三制"原则是抗日民族统一战线政策的具体体现，目的在于争取小资产阶级群众、中等资产阶级和开明士绅的支持，在他们之中更好地推行党的政策。平北抗日根据地初创之时，平北村政权大多掌握在上层地主富豪手中。为巩固根据地的红色政权，中国共产党按照"三三制"原则进行改选，着力改造村政权。各联合县15人中选一名代表进行村政权选举，这一举措真正使贫苦农民参与到平北根据地基层民主政权建设中，扩大了抗日民主政权人员组成的范围，彻底将旧政权改造为更适合抗日形势的民主政权。"三三制"的推行调动了平北一切进步势力的积极性，这不仅是统一战线工作的直接体现形式，也是将旧政权改造为抗日民族统一战线性质的新政权，为平北抗日根据地统一战线工作提供更为坚实的基础和制度保障。

平北抗日根据地以普遍的选举制、议行合一的参议会制和权力机关的"三三制"建设民主政权产生三点积极影响。第一，通过扩大民主范围，满足人民对民主的要求，赢得平北农民、妇女、开明士绅等各阶层的拥戴，建立起平北军民抗日统一战线；第二，充分发挥统一战线的积极作用，依靠人民群众建立和发展根据地，将平北根据地红色政权与民众紧紧联系在一起，开展抗日斗争；第三，建立人民民主政权，有利于开展游击战争，为消灭敌人取得抗战胜利提供了坚实保证。由此可见，党的统一战线，团结了平北一切可团结的抗日力量，使红色政权得以巩固与发展，红色政权的发展也为党开展统一战线提供了政治基础。

（二）开展减租增资，解决农民问题，获得农民支持

古语云："得民心者得天下。"中国自古以来就是农业大国，农民阶级是中国人数最多的阶级，包括地主、富农、中农、贫农。土地是中国农民赖以生存的基础。地主、富农虽然占据着大部分土地资源，存在不同程度的剥削现象，但他们依然是农民的一部分，同样受着日本侵略者的奴役。为最大限度地团结农民进行抗日，中共暂时停止实施没收地主土地分给无地或少地的"耕者有其田"政策，将减租减息作为抗战时期解决农民问题的基本政策。[1]

1939年11月，中共中央发出指示，要求各根据地立即实行减租减息。1943年，平北专署办事处按照中央指示和晋察冀边区制定的《减租减息条例》，依托平北抗日根据地民主政权，开展"减租增资"运动。颁布《租佃债息条例》，明确规定"二五减息"和"一五减息"，要求地主富农给长工或雇农增加工资，以成年人每年的工资能维持一般农民生活水平为原则，能养活一个或一个半人为标准。

---

[1] 中国社会科学院近代史研究所. 中国近代通史 [M]. 南京：江苏人民出版社，2013：440.

平北抗日根据地实施"减息增资"政策，减轻了农民的负担，提高了农民从事农业生产积极性，促进了平北地区经济发展，为取得抗战胜利提供了相对稳定的物质保障。此外，随着"减息增资"运动的推进，中国共产党让平北地区广大农民摆脱了食不果腹的生活，脱离了无依无靠的现状。如此这些，使得广大人民群众拥护中国共产党，并与中国共产党同心同德。平北抗日根据地"减息增资"的爱民政策，将占中国人口最大比例的农民阶层团结起来共同抗日，大大加速了抗日民族统一战线的发展。

（三）加强军事建设，组织人民武装，夺取抗战胜利

平北抗日根据地建立初期，群众基础极其薄弱，抗战思想的影响非常有限。面对这种局面，只有把人民组织和武装起来，建立一支由主力部队、县区游击队和民兵（自卫队）构成的三位一体的人民武装力量，才能夺取抗战的胜利。

1. 组建民兵（自卫队）

在统一战线政策的指导下，1940年，平北抗日根据地建立起三个地方武装游击队，50多个抗日村落，各村陆续成立救国会、自卫军、妇救会、儿童团等抗日组织。民兵（自卫队）在平北抗战中发挥了重要作用。如1940年的冯家峪战斗、1941年的东白莲峪伏击战，党依靠民兵（自卫队）提供的情报取得战斗胜利。

2. 吸收地方武装力量

除组织村民进行武装建设，中共发动平北地区的各地联庄会共同参加抗日。联庄会建立的初衷就是保卫平北、保卫家乡，是一支可以被团结的抗日力量。时任平北军分区政治部主任段苏权认为这些武装力量的争取，对于平北军分区武装能否站住脚，能否发动群众、联合一切可以争取的力量共同抗日，有着重大意义。段苏权对平北地区的联庄会进行耐心细致的政治说服和动员工作，晓之以党和八路军的抗日政策。在统一战线政策的感召下，窄岭西沟小营子的"水字杆"武装头目袁水，接受了共产党和八路军共同抗日的主张，与八路军共同抗日，保家救国。这件事情在平北产

生了巨大影响，平北地区掀起了抗战的高潮，人民群众纷纷参军参战。①平北地区地方武装接受党的领导后，平北游击支队由几百人增加到一千多人，壮大了人民武装力量。

3. 争取伪军伪组织

随着抗日民族统一战线正式建立，中国共产党人不断向投靠日本鬼子的汉奸、伪军宣传"中国人不打中国人"。中共对平北地区的伪军也进行争取。1943年，皇协军小队长谷万刚率本小队37人起义，投奔八路军，投身抗日，英勇杀敌。这种统一政策，不仅扩大了中国共产党的抗日力量，还能够在保存抗日实力的前提下，从敌军内部对其进行瓦解，直至将其消灭。

综上所述，平北抗日根据地通过实行统一战线政策，在民主问题上，赋予民众民主权利，扩大民主范围，建立根据地民主政权，凝聚群众力量；在经济问题上，减租增资，减轻农民负担，促进根据地经济发展；在军事建设上，全面武装，全民皆兵，军事实力大大加强。统一战线让平北抗日根据地取得非凡的成就，平北抗日根据地统一战线工作的经验也丰富了中国共产党统一战线的理论内容，两者相互促进、相辅相成，共同为巩固党的红色政权发挥作用。

三、党的统一战线使平北抗日根据地赢得抗战胜利

抗战期间，在极其残酷的条件下，平北军民经受了艰苦考验，仅1942年一年，日伪就进犯平北多达1554次，对根据地扫荡150余次，平北军民付出了重大牺牲。斗争虽艰苦，但党的统一战线发挥了巨大作用，平北抗日根据地民主政权坚固、经济发展稳定、军事实力雄厚，平北军民齐心协力，浴血战强敌，保卫平北红色政权不被日军侵害。在平北军民的共同努力下，根据地逐渐稳固并不断扩大。发展到1945年，仅延庆县246个行政村就建起138个党支部，党员发展到2156人。同年，抗日战争进入战略反

---

① 尹烈承：段苏权平北搞统战［EB/OL］. 人民政协网，2017-07-20.

攻阶段，平北军民吹响了抗日反攻的号角。在晋察冀军区的命令下，平北军民兵锋直指察哈尔省会——张家口。8月23日，张家口全市解放，这是中国第一个解放的省会城市，轰动了全中国。平北部队继续出击，先后收复宣化、怀安、兴和、延庆、怀柔等地区。平北军民多年浴血奋战，收复失土5万平方千米，为中国抗日战争的胜利做出了巨大贡献。

平北抗日根据地建设、巩固、发展的经验充分证明党的统一战线是一大法宝。回顾这段历史，党的统一战线思想贯穿了平北抗日根据地的各个发展阶段。在抗战最艰难的时期，中国共产党在平北进行最大程度的统战工作，组织群众，宣传群众，发动群众，一切从群众最渴望的民主权利和经济需求出发。一方面凝聚群众力量，建立民主政权，为巩固根据地红色政权提供群众基础；另一方面减租增资，团结农民，发展经济，为抗日提供充分的物质保障。同时，建立人民武装，为抗战蓄积军事力量。通过广泛的爱国统一战线工作，党在平北抗日根据地的阶级基础得以增强、群众基础得以扩大、领导地位得以巩固，最后取得抗日战争的胜利。

作者简介：王妍（1997年—），女，满族，籍贯：北京市，北京建筑大学马克思主义学院2019级思想政治教育专业硕士研究生。

参考文献

[1] 李吉敏.平北抗日根据地的政权建设［J］.党史博采（理论版），2007（02X）：4-5.

[2] 王颖超.平北抗战"街头诗"的流传及其启示［J］.北京史，2020（2）：62-64.

第二部分　北京中轴线

北京中轴线之美

摘 要：北京中轴线是指元、明、清以来北京老城正中起着轴线作用的城市中心线，由不同时期的城门、道路、桥梁、宫殿、园林、楼台等高低错落、组合有序的建筑组成，南端点在永定门，北端点在钟楼，全长7.8千米。北京中轴线不仅是北京城市的灵魂和脊梁，对北京城市规划布局起着统领作用，还富有韵律感，从南向北的北京中轴线就像一曲激昂的交响乐在北京的历史长河中奏响。北京中轴线不仅有韵律之美，还有建筑之美，展现了中华民族建筑的体量、色彩和礼制。北京中轴线还突出展现了中正和谐之美，这种和谐是通过左右对称来烘托中心；对立统一达到和而不同；以及太和、中和、保和的不同境界达到天人合一的和谐。由此概括来讲，本文通过北京中轴线的韵律之美、建筑之美、中正和谐之美来揭示中轴线的文化特点，目的是让人们深入了解北京中轴线，助力北京中轴线申请列入世界文化遗产名录。

关键词：中轴线 建筑 韵律 和谐

什么是中轴线？什么是北京中轴线？北京中轴线有什么特点？这是北京市民关注的话题。简要回答："建筑中起着中心轴线作用的平分线为中轴线"，在北京四合院、王府、寺院中都有这种轴线。而北京中轴线是指明清北京老城正中起着轴线作用的城市中心线，由城门、道路、桥梁、宫殿、园林等一系列高低错落、组合有序的建筑物组成；南端点在永定门，北端点在钟楼，中心点为故宫，全长7.8千米。北京中轴线的特点，简要回答：是北京城市的灵魂和脊梁，对北京老城有统领作用。北京中轴线通过申请列入世界文化遗产名录，人们越来越感觉到它是中华文明源远流长的伟大见证，是中国都市规划、营建思想与文化集大成，是北京城市的文脉，而且还是一条在历史长河中文脉传承不断线、发展有活力，呈现活态的富有生命力的文化遗产。

北京中轴线之美非常突出。最先发现北京中轴线之美的是建筑学大师梁思成，他这样赞美北京中轴线的："一根长达八公里，全世界最长，也最伟大的南北中轴线穿过全城。北京独有的壮美秩序就由这条中轴的建立而产生；前后起伏，左右对称的体形或空间的分配都是以这中轴为依据的；气魄之雄伟就在这个南北引伸、一贯到底的规模。"① 为此，本文根据对北京中轴线的研究，提出其有韵律、建筑、中正和谐之美。

一、北京中轴线韵律之美

北京中轴线从永定门到钟楼有韵律之美。这种韵律表现为有序幕，有尾声；有起伏，有高潮；有低回，有激昂；有收敛，有豪放；抑扬顿挫，富有韵律。

从永定门开始，城楼建在高处，城外在古代社会是一片绿色田野，护城河上有一座石桥，桥下潺潺流水；站在桥上能看到远处群山，乡间小路和农舍。当人们看到永定门城楼，就知道要进城了。但这只是北京外城的城门，城楼虽高大，但并不巍峨，因为这仅是进入北京城的第一道城门，这座城门与全国各地明清时期修建的城门有很大的相似之处。进了城门，北京中轴线的乐章就算是拉开了序幕，一条长长的御路由南向北将你的视线引向繁华的大都市。在沿着御道向北行进中，两侧是皇家祭坛的坛墙，虽为青砖绿瓦，但肃穆清闲；行进中，一座石桥出现了，这就是天桥，一座高拱的石桥，是中轴乐章上出现的第一个起伏，桥下流水被称为"龙须沟"，天桥被寓意为龙的鼻梁，拱洞被称为龙的鼻孔。过了这座天子祭天

---

① 梁思成. 北京——都市计划的无比杰作 [J]. 艺术设计，2015 (9)：173-181.

要通过的桥梁，仍旧是长长的御道，犹如平和的乐曲继续伴你前行；当经过珠市这个十字路口，街市渐入佳境，在御道两侧繁华的街市出现了，流动的人群增多了，一家接一家的店铺和来来往往的人流、车流充斥在街道中，让你目不暇接；猛然间，高大的正阳桥牌楼、正阳门箭楼出现了，这是中轴乐章的第一个高潮，也是人世间城市生活、商贾聚集的真实写照。

过了正阳桥牌楼，正阳门箭楼、城楼相继出现了，这就是中轴韵律的第一个高潮，激动人心的高潮，京味儿文化的高潮。过了正阳门，建筑高度有些收敛，建筑与环境出现了变化，在古代社会是由开放的城市空间变成封闭的皇家禁地，灰墙灰瓦的建筑也变成了红墙黄琉璃瓦建筑，这些现象预示着中轴乐章的又一高潮。在古代社会，首先映入眼帘的是皇城大门（明称"大明门"，清称"大清门"，民国后称"中华门"），进入大门后是长长的御路，把你的视线一直引向天安门。过了天安门，又是一座一模一样的建筑——端门，把你的视线一直带到故宫午门。今天，经过20世纪50年代天安门广场改造，这里已经发生了变化，但是中轴的乐章、旋律并没有中断，而是得到传承与升华。穿过正阳门城楼，在中轴线上相继出现了毛主席纪念堂、人民英雄纪念碑、国旗杆，然后将你的视线一直引向修缮一新的天安门城楼，一种新的气象即人民至上、人民当家做主的新时代风貌出现了，中轴旋律在中轴线上继续奏响新时代的旋律；站在天安门城楼上向南眺望，东、西两侧有国家博物馆和人民大会堂，正中间是人民英雄纪念碑，它们组成庄严雄伟的乐章。这一变化，使中轴乐章好似在穿越时间隧道，回荡着时代最强音——人民，只有人民，才是创造世界历史的动力。从天安门到故宫虽有时光交错，但建筑样式仍然统一协调，充分保留了原有建筑样式和色彩，依然能够感受到中轴乐章的华丽，流光溢彩。进入故宫，中轴乐章高潮不退，抑扬顿挫更加明显，午门到太和门之间是一个宽阔的广场，中间的御道平和而庄重，随后出现的是三大殿（太和殿、中和殿、保和殿），中轴乐章再次进入高潮，这个高潮点就是皇帝的金銮宝殿——太和殿，建筑高大、雄伟、庄重；三大殿建筑在一个"土"字形高台上，韵律起伏为"马鞍形"。过了三大殿，华丽的乐章持续，相继出现的是两宫加一殿（乾清宫、交泰殿、坤宁宫），又是一个"马鞍形"起伏，然后是御花园，一片苍松翠柏覆盖着钦安殿屋脊，中轴乐章进入低回、幽深的旋律中，经过神武门、景山南门（万岁门），乐章高潮再次迭起，从绮望楼一直提升到景山万春亭，中轴乐章冲向巅峰，这是激昂的旋律，是北京城的制高点，同时又是内城的中心点，如果需要高音伴奏，那一定用打击乐器来奏响。

从景山到寿皇殿，中轴乐章明显下滑，经过地安门、万宁桥，又是一段平和的乐曲，建筑环境和颜色又回归到青砖灰瓦，到万宁桥甚至还能听到桥下潺潺的流水声。从地安门到鼓楼是600米的街市，这条街市与前门大街相比，少了嘈杂，多了祥和与平静，什刹海的风光与玉河的流淌，宝书局的坚守与火神庙的屡屡香火，中轴乐章由此接近尾声。中轴乐章的尾声处理得十分巧妙，由地安门外的街市直接把人们的视线引向高大的鼓楼、钟楼，这是中轴乐章的最后一个高潮。这里不仅有暮鼓晨钟，还有周围绿树掩映的平房和院落；两座高大的、给京城报时的"岁时建筑"一前一后出现了，鼓楼在前，为阳，钟楼在后，为阴，中间是100米的长方形广场，再次把中轴乐章提升到高潮；钟楼作为中轴乐章最后一个音符，它的整座建筑是中轴线上最高的建筑，高47.9米，清乾隆年间全部改为石制建筑，造型如一方中国印，稳稳矗立在中轴线北端；钟楼建筑内为穹顶、拱墙、环廊，这使得它具有很好的拢音、回音作用，虽然中轴乐章到了钟楼就结束了，但余音渺渺，继续回荡在京城上空，飘落进千家万户。

二、北京中轴线建筑之美

北京中轴线建筑之美表现在长达7.8千米的中轴线不是虚轴，而是由众多建筑物组成。这些建筑物不仅大气、庄重，而且借助北京城市北高南低的地势，有序地展示出中国古代都市建筑之美。例如，从南向北，一系列建筑有序排列，有高有矮、有大有小、颜色不同，展现出古代社会等级和礼制文化特点。其中，永定门与正阳门两组建筑就明显表现出封建社会等级与秩序，两组建筑之间长长的御道表现出深邃的意境；永定门城楼通高26米，正阳门城楼通高43米，两座建筑同为楼阁式，一座是外城正中的城门，一座是内城正中的城门，建筑样式虽然均为"重檐歇山三滴水"结构，但装饰和规制完全不同，展现的是封建社会等级，物化到内城与外城的区别。永定门样式为一般城楼样式，是"城"的象征，而正阳门是都城的正门，是"都"的象征，被誉为"国门"，城楼建筑高大雄伟，为北京城楼建筑首屈一指。北京老城有"正阳门城楼高九丈九""有钱难买正阳楼"之说。永定门箭楼与正阳门箭楼也有区别，永定门箭楼是低矮的城堡式建筑，通高为16米，而正阳门箭楼是高大雄伟的城堡式建筑，通高为35米，高出永定门箭楼的一倍还多。这两者之差别再次印证了北京古代社会是封建等级社会，等级不仅物化到人，还融入建筑。经过几百年的时光，正阳门箭楼已经成为北京城的标志性建筑，被北京老百姓称之为"前门""大前门"。

从天安门、端门、午门、太和门，一直到太和殿，北京中轴线建筑不仅庄严、厚重，还突出表现出深邃与秩序。在传统戏剧中有"侯门深似海"，是指王侯将相府邸前有一道道门禁，作为皇帝宫城更有"天子五门"之说。北京中轴线上天子五门原是指：大清门、天安门、端门、午门、太和门。这些在太和殿（皇帝金銮宝殿）之前的一道道大门，不仅表现出一种庄重、神秘，而且体现出建筑与空间的深邃，同时代表封建皇权的礼仪与秩序。其中，现存天安门、端门、午门、太和门在建筑上均有特色。天安门红色墙身，黄色琉璃瓦，城楼建筑再城台上，前有金水河流过，桥上有五座金水桥对着城台五个门洞；在城楼前后还有汉白玉石狮子、石华表装饰，在蓝天白云的映衬下显得十分庄重；端门不仅端庄，更是礼仪之门，在天安门后更像大家闺秀一样紧随天安门。明清时期端门与天安门在建筑样式上是一模一样的，均为重檐歇山顶，满铺黄色琉璃瓦，下面筑有高大城台，但这不是简单的重复，是皇家建筑威严、深邃的需要；端门位于天子五门之正中，是存放皇帝出巡仪仗的地方，皇帝出巡仪仗由此开始排列，城楼正中有一口大钟，皇帝出行时鸣响，表示一个良好的开端。午门样式更为独特。在高高的城台上由五座楼阁式建筑组成，俗称"五凤楼"，正中为重檐庑殿顶，满铺黄琉璃瓦，其余四座均为重檐攒尖顶，满铺黄色琉璃瓦。在中轴线上共有七个攒尖宝顶建筑，即午门城台上四座，再加上中和殿、交泰殿、景山万春亭，就构成北斗七星的象征。午门建筑造型为"凹"字形，与天安门前"丁"字形御路正好形成阴阳平衡。午门"凹"字形建筑犹如大雁展翅，两侧的城台与廊坊（各十三间，号称"十三太保"）被称为"雁翅楼"。站在午门城楼正中向下看，正是昔日皇帝与胜利归来的将军会见的地方，这种空间的规划与布局，使皇帝永远高高在上，将军永远是仰视与臣服，即使是幼小的皇帝会见八尺高的将军，也因建筑的高度与环境而形成皇帝俯视与将军仰视的画面。进了午门迎面是太和门。太和门前有宽阔的太和门广场，内金水河从广场前流过，五座金水桥在中轴线上。内金水河与外金水河河道不同，外金水河从西向东，直线流过，是故宫"前有照、后有靠"风水格局中的"照"；而内金水河从故宫西北流入，经过太和门前广场，又向东南流淌，呈现弯曲扭动的河道，犹如蛇形，有"玄武怀中抱"的风水寓意①。太和门是皇宫前朝的大宫门，建筑特点是大气、庄重，建筑样式为重檐歇山顶，满铺黄琉璃瓦，面阔九间，体现皇家九五之尊。作为宫廷最重要的大门，在门前有铜狮子一对，是明代铸造的陈设，十分威武。太和门在明代是御门听政的地方，也是群臣上朝、皇帝接受群臣朝拜、颁发诏令、处理政务的地方。进了太和门，就能看见皇帝的金銮宝殿——太和殿。太和殿样式最为独特，是故宫中最大的皇家殿宇。太和殿为重檐庑殿顶，重檐庑殿顶有一条正脊、八条垂脊，再次用数字"九"体现皇家的九五之尊。太和殿在九开间之外东西两边还各有半开间，又突破"九"的规制，成为独一无二的皇家宫殿建

---

① "前有照，后有靠，左右环山绕"是中国传统风水理念，而在中轴线上"前有照，后有靠，玄武怀中抱"是故宫（紫禁城）独具匠心的风水设计。其中外金水河有水，为照；景山山体为紫禁城之靠；明朝永乐皇帝夺取皇位后认为是得到北方之神玄武神灵庇佑，故此在定都北京后，南修武当紫霄宫，北建北京紫禁城；在紫禁城北端修建钦安殿，专门供奉玄武。在民间传说中，玄武为龟和蛇、山和水组合，由此景山为龟，内金水河为蛇，之间是皇宫前朝后寝的六座宫殿，形成"玄武怀中抱"的风水格局。

筑。太和殿不仅建筑规格高、体量大，还有多处独特现象。例如，太和殿正脊两端各有一只琉璃大吻，重4.3吨，充分体现了太和殿建筑之雄伟、之大。在太和殿殿顶飞檐上的脊兽也十分独特，一般古建屋顶脊兽为一、三、五、七、九，九就是最高数字了，而太和殿屋脊上偏偏为十个。为了便于记忆，人们将其归纳为"一龙、二凤、三狮子，天马、海马带狻猊，押鱼、獬豸跟斗牛，后面还有一只猴"。其中，猴的造型独特，有一对翅膀，是可以飞翔的神猴，因排列第十位，称"行什"。十脊兽寓意十全十美，远远望去，如天兵天将列队，建筑样式十分美妙。太和殿后是中和殿，中和殿为四角攒尖宝顶，大殿方正，四面有环廊；中和殿后是保和殿，保和殿又为重檐歇山顶，大殿面阔九间。三大殿建筑在三层丹陛下，丹陛坐北朝南，组成"土"字形，寓意金木水火土，土居正中央。这里不仅是五行之中，还是"三才"（天、地、人）之中，表明"溥（普）天之下，莫非王土；率土之滨，莫非王臣"（见《小雅·北山》）。

富于变化也是北京中轴线上建筑的一个特色。俗话说北京城是"内九外七皇城四"，这里的"皇城四"是指皇宫（故宫）有四个城门（午门、神武门、东华门、西华门），门洞都是"外方内圆"，也就是从外面看是方形门洞，两侧垂直墙体上方有横梁，突出"栋梁之才"，有安邦固本之寓意，是汉唐以来典型的宫城门洞；进入门洞内则变为拱形，从建筑背面看，门洞又为圆形。午门更有特点，不仅门洞外方内圆，还呈现"明三暗五"，也就是从午门正面看是三个方形门洞，从午门背后看却是五个圆形门洞（拱券门），这是因为午门除了门洞外方内圆，还利用午门东、西两侧的雁翅楼各开了一个门洞，即左掖门、右掖门。左掖门朝西、方形，进门向东再折向北；右掖门朝东、方形，进门向西再折向北，两门出口均为拱券门。由此，在午门背后就能看到五个圆形门洞。

方与圆是北京城以及中轴线上最讲究并富于变化的建筑造型。生活在北京的人，印象最深刻的建筑有两个，一个是方形，一个是圆形；圆形是天坛祈年殿，三重檐蓝色琉璃瓦，这是敬天的殿堂，为太虚；方形是太和殿，重檐庑殿顶，四面满铺黄琉璃瓦，为地实，是人世间主宰。这两个建筑都是中轴线上建筑景观遗产。选择这样两个建筑，让人们从建筑体量和色彩上就能感觉到天与地之不同。方与圆的变化还表现在一些具体建筑上，体现为天地相通。最典型的建筑是乾清宫前面一左一右的江山社稷金殿（左为"江山"，右为"社稷"），被誉为"紫禁城中最小的宫殿"，建筑在汉白玉透雕的石台座上，通体鎏金，殿顶上圆下方，庄重大方。建筑造型上圆象征天，为乾；下方象征地，为坤，寓意天地相连、相通。表示天地相通的建筑还有乾清宫、交泰殿、坤宁宫，其中乾清宫为皇帝寝宫，为天；坤宁宫为皇后寝宫，为地，交泰殿在两宫中间，象征天地相连，帝后和谐。查阅"交泰"一词源于《周易·泰卦》，是乾卦与坤卦、天与地、阴与阳互通之含义。

方与圆富于变化的建筑造型一直被人们推崇，它是北京中轴线上建筑造型与审美的重要内容。天安门广场进行了改造，方与圆的建筑造型仍被传承。在天安门广场东侧的国家博物馆、西侧的人民大会堂均为罗马式建筑，但建筑样式汇集了北京建筑文化元素。其中黄琉璃瓦装饰屋顶，中国传统对称的图案加以运用，最突出的是国家博物馆外立柱为方形，人民大会堂外立柱为圆形，一方一圆，又是北京中轴线上的传统建筑文化。一直到北京迈入 21 世纪，在北京中轴线北延长线上修建的国家奥林匹克公园内，两个主要国家级体育场馆，还是一方一圆的建筑造型，圆的是国家体育场，俗称"鸟巢"；方的是国家游泳中心，俗称"水立方"。

北京中轴线上围合空间也是一种建筑之美。2001 年 6 月 23 日是国际奥林匹克日，世界三大男高音（帕瓦罗蒂、多明戈、卡雷拉斯）来北京演出，上万人参与，剧场最终确定在故宫午门至端门之间，背景是午门城楼，两侧是高低错落的廊房，南面是端门，中间是太和门前广场，从高处往下看，就是一个露天的天然大剧场。在北京中轴线上，类似的围合空间有多处，例如：昔日永定门与正阳门的瓮城，均是北方南圆形的两个露天剧场，只是永定门瓮城小一点，可称为小剧场；正阳门瓮城大一点，可称为大剧场。在天安门和端门之间，是一个方形的围合空间，它是一个露天的方剧场。在鼓楼和钟楼之间，是一个百米长的小广场，东西两侧有民居，也是一个天然围合空间、露天的长方形剧场。中轴线最讲究的围合空间是太和殿前的广场，太和殿建在高高的丹陛下，南面的太和门与东西两侧的廊房也修建在高台上，整个广场犹如"假海"，寓意皇宫建筑是海上的仙山琼阁。另一处讲究的是天安门广场，这是新中国天安门广场改造后的结晶。天安门广场是世界上最大的城市广场。城市广场建设始于罗马城邦，广场定义是人民集会、议政、休闲、娱乐的地方。天安门广场是典型的人民广场，正中是人民英雄纪念碑，东侧是国家博物馆，西侧是人民大会堂，东北方位是劳动人民文化宫（太庙），西北方位是北京最早向人民开放的公园——中山公园（社稷坛），正北是坐北朝南的天安门城楼，城台上有两条标语：中华人民共和国万岁；世界人民大团结万岁。城台下有左右对称修建的人民观礼台。整座广场的空间是"人海"，即人民欢呼雀跃的海洋。由此，在天安门广场改造后，郭沫若赋诗："天安门外大广场，坦坦荡荡像汪洋，巨厦煌煌周八面，丰碑岳岳建中央"。诗中"巨厦"指人民大会堂，"丰碑"指人民英雄纪念碑，描述广场用"汪洋"一词，表明与太和殿广场既有文化传承，又突出了时代特征和人民性。

北京中轴线建筑种类极为丰富，建筑之美随处可见，就像一座建筑美学的富矿，可以深入挖掘。概括说，中轴线上的建筑之美美在序列上，前后起伏、左右对称，较好地展现了建筑空间布局与时空感觉；美在高大上，北京中轴线上建筑体量高大、雄伟、庄重；美在颜色上，北京中轴线皇家宫殿大面积使用红黄蓝三原色，色彩鲜艳突出，与周围青砖灰瓦的民居、城墙城门建筑色彩形成对比，显得极为协调。

三、北京中轴线中正和谐之美

北京城最大的特点是中正和谐。"中正"是中轴线的最大特点，"尚中"是中华文化的灵魂。中轴线上的"尚中"更突出中正和谐。例如，在当代北京政治、文化中心的天安门广场，人民英雄纪念碑位于正中，南面是毛主席纪念堂，北面是天安门，东面是国家博物馆，西面是人民大会堂，整体布局展现前后起伏、左右对称，体现了中正和谐之美。

中轴线的中正和谐突出左右对称，而左右对称是人类的重要审美意识。人类社会从新石器时代学会磨制工具、制造陶器开始，就注重左右对称。在中国国家博物馆内展陈的陶器、青铜器大多为左右对称的造型。从人类制作陶器到青铜器，再到营建城市时注重东、南、西、北四个方位城门对称或呼应，以及都市规划中"中轴明显、左右对称"的设计，使中正和谐在北京中轴线的运用上达到出神入化的地步。例如《周礼·考工记》提出"匠人营国，方九里，旁三门。国中九经九纬，经涂九轨，左祖右社，面朝后市，市朝一夫"①其中左祖（太庙）右社（社稷坛）就是最经典的对称，而且这种布局又推演出左文右武、左仁（孔庙）右义（关帝庙）、左春（万春亭）右秋（千秋亭）、左凸（绛雪轩）右凹（养性斋）等。这一系列的对称现象可以从故宫的太和殿说起。太和殿居中，左右的环廊是对称的，突出的建筑是"文楼"和"武楼"。文楼在左（东侧），名"体仁阁"；武楼在右（西侧），名"弘义阁"。顺着这两侧对称的建筑再向南延伸，分别是文华殿、武英殿；再向南延伸分别是崇文门、宣武门。作为封建皇权，太平年间大朝的时候，讲究的是左侧文官站列，右侧武将站列，皇帝居中，朝廷充满祥和。再放眼整座北京老城，中轴线两侧左右对称的街市、建筑也比比皆是，例如：东单（"东单牌楼"简称）与西单（"西单牌楼"简称）、东四（"东四牌楼"简称）与西四（"西四牌楼"简称）、东庙（隆福寺）与西庙（护国寺）等。由此，北京中轴线左右对称的建筑或空间布局本身就是中正和谐之美。

北京老城本身就是中正和谐的象征。北京老城坐北朝南，外城南城墙有三座城门，永定门居中，左安门、右安门在左右两边，文化寓意是左右相安、永远安定。内城南城墙有三座城门，正阳门居中，崇文门、宣武门在左右两边，文化寓意是圣主当阳，左文右武，体现国之都城与皇权的政治文化。北京老城之东四座城门（广渠门、东便门、朝阳门、东直门）与城之西四座城门（广安门、西便门、阜成门、西直门）既对称，又遥相呼

---

① 臧尔忠.古建文萃［M］.北京：中国建筑工业出版社，2006：89.

应，分别联系着京东大运河与西山永定河。例如，广渠门外通惠河连接通州，江南稻米进朝阳门，木料进东直门；广安门原称广宁门，一条官道连接卢沟桥和西南通道，从西山开采的煤炭进阜成门，从西部山区汇成河流的清澈泉水进西直门，这六座城门是和谐宜居之都的象征。北京老城北面的城墙不但高，而且厚，城墙最高处达13米，却只开两个城门（德胜门与安定门），既能阻挡西北风，又能成为北京城中轴线的屏障。同时，出德胜门可直达居庸关，出安定门可奔赴古北口，与北京长城文化带有着密切联系。一座北京城西北到东北有群山环绕，西南、东南有陆路、水路通达，城池居中，城墙城门虽高大、厚重，但色彩与城市的院落、胡同色调一致，在灰墙灰瓦的基本色调中又凸显一条带状宫殿群，呈现红墙黄琉璃瓦，在阳光照射下，闪耀金光。从空中看，整个北京老城规划独具匠心，设计独具特色，展现中正和谐。

中轴线和谐之美的文化内涵集中表现在故宫的三大殿，三座大殿集中展示了中华"和"文化的风采。三大殿为太和殿、中和殿、保和殿。三大殿的殿名出自《八卦·乾卦·彖辞》中"保和大和，乃利贞"，古字中"大"与"太"通，"大和"即"太和"，指天地、阴阳之和谐，世间万物都能按照其自身规律和谐运转。"中和"文化含义是致中和，这是出自2500年前孔子的思想，即处理世间事物要做到不偏不倚，恰到好处。"中和"一词的出处是《礼记·中庸》"致中和，天地位焉，万物育焉"，也就是保持中和，天地万物就能按照客观规律兴旺发展。"保和"是圆满之和，自身文化含义是安心休养，保持自身和谐之状态；在太和殿与中和殿之后，引申是保持太和、中和之景象，达到中正、和谐、圆满、吉祥。在故宫三大殿左右还有文华殿和武英殿，在太和殿前广场东西两侧有文楼（体仁阁）、武楼（弘义阁），前者与三大殿形成稳定的等腰三角形；后者与太和殿形成等腰三角形，都是国家、江山、社稷稳定、和谐的象征。在三大殿之后是后三宫，前面是乾清宫，中间是交泰殿，后面是坤宁宫。这里乾为天，是皇帝寝宫，坤为地，是皇后寝宫，进一步强调天地之和，帝后之和谐，而且这种和谐是息息相通的，通则万事兴旺发达。最有特点的是后三宫院落布局，前为乾清门，后为坤宁门，左为日精门，右为月华门，帝后之和谐是孕育在天地日月之中。这种中正和谐之景象在中轴线上一直延伸，在故宫御花园内得到淋漓尽致的表述。其中，钦安殿是中心，左右对称的建筑比比皆是。例如，万春亭与千秋亭对称，凝香亭与玉翠亭对称，浮碧亭与澄瑞亭对称，还有摛藻堂与位育斋是对应的建筑，延晖阁与堆秀山上的御景亭是遥相呼应的建筑，最奇特的是东侧的绛雪轩与西侧的养性斋不仅相互呼应，而且绛雪轩的建筑平面呈现"凸"形，养性斋建筑平面呈现"凹"形，一阳一阴，阴阳互补，把中轴线对称与对称中的不对称推向极致。对称中的不对称不仅具有审美意识，更是中华和谐文化中"和而不同"的生动展现。

　　走出故宫神武门，登上景山，站在万春亭前向南眺望，可以进一步深刻感受到中轴线上和谐之美景。南端永定门，永远安定；正阳门，圣主当阳、日至中天、万国瞻仰；天安门原为承天门，奉天承运，天下安详；端门为礼仪之门，象征人世间礼制、秩序井然；午门为"五凤楼"，是朱雀展翅；然后是太和、中和、保和，中华"和"文化理念在这里升华。紧跟着的是天（乾清宫）地（坤宁宫）之和与人之和。天地之和为交泰，人之和在御花园有"人"字形树为象征，来到景山顶上，五座亭式建筑的佛堂更加凸显中心和谐之美，左右对称，寓意中正和谐。站在景山万春亭回首中轴线北段，可以看到远处的钟鼓楼矗立，在暮色苍茫之中，似乎可以听到激动人心的鼓点、悠扬平和的钟声，那里正是北京城和谐宜居之地。

作者简介：李建平，男，1954年生，山东昌乐人，研究员，历史学学士，研究方向：北京历史文化。

北京中轴线保护与利用调查研究

摘　要：北京中轴线是北京老城的脊梁，现政府方面已启动北京中轴线申遗准备工作，社会方面积极参与。本文在梳理史料、调查现状、借鉴经验的基础上，对北京中轴线的保护与利用工作提出了思路、对策和建议，旨在为成功申报北京中轴线世界文化遗产项目助力。

关键词：北京中轴线　保护　利用

一、研究背景

（一）历史背景

北京中轴线是北京老城的脊梁，它源于元代，经明、清、民国，至今七百余载。现中轴线拥有故宫、天坛、什刹海（大运河北段）三处世界文化遗产，数十处国家保护单位以及多片历史街区，它们是中国文化的载体，世界文明的华章。

按照中国人的传统观念，帝王建都必须"择中"。据《吕氏春秋》记载："古之王者，择天下之中而立国，择国中之中而立宫。"另一方面，在中国古代风水术中，建城应"负阴抱阳"，背山面水，南北有轴。

元大都严格仿效《周礼》的"营国之制"，这与元代"汉化"的国策相关。明北京是在元大都的基础上改建、扩建而成，并考虑到政治地理与军事地理等因素，将北京列入国家的大风水中。帝都北枕燕山至昆仑山脉，南面有南至湖广交界的三重案山，东临渤海，西拥太行，北京轴与中国轴（京广线）同轴，后历代延续此轴。

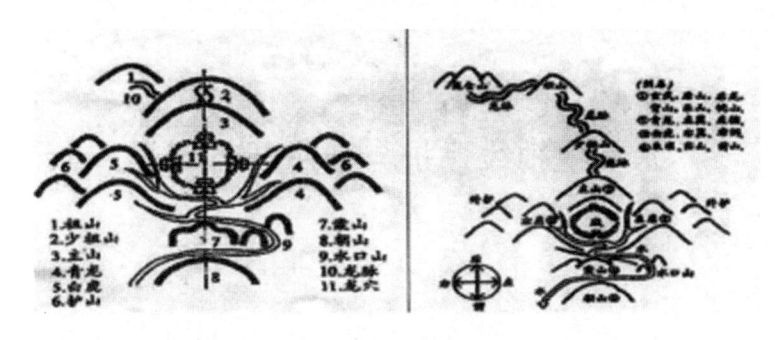

图1 建城选址的风水学

（二）现实意义

北京中轴线被誉为"世界上独一无二，无与伦比"的城市轴线，也代表着东方文明古都规划的最高成就。

2017年，中央批准的北京市"新总规"和"首控规"把中轴线放在突出位置，保护、传承、利用好这份珍贵的文化遗产，对于建设一个伟大首都，实现中华民族伟大复兴的中国梦意义重大。

同期，中共北京市委书记蔡奇同志做出重要指示，启动中轴线申遗准备工作，第一阶段时序至2020年。笔者认为，做好此项工作对未来中轴线申遗、老城整体保护与复兴、提高国家文化软实力具有重要的现实意义。

（三）调研背景

为了配合市、区政府的相关工作，民盟北京市委联合民盟东、西城区委及北京建筑大学相关部门，自2017年起连续三年对中轴线开展深入调研，完成了中轴线南段、中段、北段三个调研报告，相关成果荣获多项市、区嘉奖，并产生了良好的社会影响。此次调研范围为北京中轴线保护区，内容涉及历史沿革、轴线景观、街区风貌、文物建筑、相关政策、社情民意等。笔者作为课题组成员，有幸参加了调研，现将相关成果综述如下。

二、现状调查

(一) 建筑调查

南段：元代，建有大都雨、雷师坛和天桥；明代，建正阳门、天坛、永定门等建筑；清代，形成了具有皇家祀拜和老北京商业、手工业、居住特色的地区。21世纪以来，在中共北京市委、市政府的领导下，南中轴古都风貌保护工作取得了显著的成绩，代表性成果有前门大街迎奥、北京坊及前门东区修复、永定门复建等工程。目前，该地区存在的主要难点：一是天坛、先农坛文物的腾退，二是大栅栏、留学路街区的整治，三是天桥演艺中心的提升。

中段：源于元代，在时代时，按《周礼·考工记》"左祖右社，面朝后市"布局；清代，对该地区格局未做大的改动；民国时期，对天安门地区进行旧城改造，并开放故宫等皇家建筑；中华人民共和国成立初期，建人民英雄纪念碑、人民大会堂等建筑。目前，在该地区应重点考虑：一是营造一流的政务环境，二是完成太庙、社稷坛文物的腾退和修缮工作，三是降低旅游强度，制订皇城保护规划，提升城市公共安全水平。

北段：源于元代，现保留的建筑有万宁桥；明代，以地安门为界，其南为皇城，其北为后市，并建钟鼓楼；清代，什刹海为正黄旗，南锣鼓巷为镶黄旗，是达官显贵居住区；民国年间，该地区变化不大，地安门外大街仍为传统商业街。21世纪以来，代表性工程为南锣鼓巷街区更新、什刹海环湖整理、钟鼓楼广场整治等。目前，该地区存在的主要难点：一是会贤堂等文物腾退迟缓，二是景山寿皇殿利用率有待提升，三是钟鼓楼周边四合院加建、加层情况严重。

(二) 社会调查

根据对市、区政府文件的解读，了解了相关安排，包括营造一流的政务环境、编制中轴线保护规划、加强文物腾退速度工作、疏解老城人口、改善老城人居环境等。课题组参加了民盟北京市委、北京市东、西城区委和钟锣湾社区开展的研讨会。课题组对规划设计单位、居民和游客进行采访,并在什刹海、天桥、钟鼓楼地区进行了问卷调查。

三、经验借鉴

(一)国外经验

国际上对历史建筑保护的发展趋势是从个体建筑扩大到历史街区,保护工作与街区复兴、改善居民生活、城市社会发展相结合,且动态、全面、系统。法国巴黎香榭丽舍大街的保护经验有建立机制、注重景观、公众参与等;意大利世界文化遗产保护经验有全民认同、法规完整、管理严格、多元筹资、文旅结合等。

(二)国内经验

鼓浪屿是世界文化遗产,相关部门在申遗前对其文物保护、修复、文旅等方面做了大量的工作,申遗后又出台了相关政策法规。苏州古城是"世界遗产典范城市",政府相关部门在古城保护、规划管理、预防工程、环境整治、体制机制、文化宣传等方面做出显著的成绩。

(三)北京经验

北京建立了城市、街区、建筑三个层面的完整保护体系;在老城修缮、整治方面的代表性案例有:交道口"微循环"模式、南锣"共生院"、大栅栏"北京坊"、玉河及三里河修复、史家胡同提升等。

四、思路与对策

(一)指导思想

依据国家、市区相关法规政策和《保护世界文化和自然遗产公约》,坚持"疏解、整治、提升、保护、传承、利用"的方针,按照"保护为主,有机更新,科学利用,统筹兼顾"的原则,推动北京中轴线及老城的保护与复兴工作,为成功申报世界文化遗产打下坚实的基础。

(二) 基本原则

包括全方位保护原则、文物腾退与利用原则、改善人居环境原则、社会共管共享原则、政策配套原则。应重点处理好"历史与现代""保护与利用""疏解与提质""需求与配套""中轴与老城"的关系,使各项工作持久、有序、完整地完成。

(三) 具体对策

涉及中轴线南、中、北三段需要提升的建筑、街区等方面,现将存在的问题、保护对策、利用建议简述如下。

1. 中轴线南段(永定门至正阳门段)

(1) 永定门地区

永定门城楼:永定门城楼已复建,被列入中轴线遗产点。瓮城、箭楼部分无存。部分专家呼吁复建箭楼和瓮城。建议依据申遗标准,经充分沟通论证后,再与可能复建的右安门及拆除的左安门、安定门予以统筹考虑。充分利用永定门的文物资源,其他方面待统筹考虑。

燕墩:燕墩的价值有待进一步的发掘。现有保护状况良好。进一步发掘其历史价值、科学价值、艺术价值,为未来中轴线申遗工作服务。

天坛:占用天坛内坛的单位与住户已基本外迁,外坛区域内仍有数十家单位、百余栋住宅楼和多片平房区,居民约三万余人,腾退速度迟缓、难度较大。建议制订天坛文物腾退规划,细化"时间表""路线图",全面推进天坛世界文化遗产相关保护工作。近期开展天坛公园五八二电台等相关单位的腾退工作。倡导青少年参观、游览天坛,学习和传承中国传统文化。

先农坛:先农坛内坛仍有单位,外坛多为城市建成区,庆成宫正在腾退,居民陆续外迁。建议制订先农坛腾退计划,先把非首都功能需要的单位（如药研所等）妥善外迁，后续根据申遗的要求渐进腾退，保护内坛及外坛重要地段。重塑先农坛展览流线，充分利用现有古建博物馆的资源，统筹谋划未来先农坛文旅与活化利用事宜。

永定门公园：目前永定门公园利用率较低，步行距离长，配套设施少，广场利用不够充分；沿街两侧轴线景观尚待完善。保护好永定门广场的林木、草地，如条件许可，增加绿化面积；并提升广场两侧沿街轴线景观质量。建议建下沉式博物馆，完善服务设施，展示永定门及南城文化，开展文旅活动；路东天坛医院等多层建筑宜拆除，恢复天坛原貌，路西南段部分多层建筑可考虑降层，进一步做好绿化工作。

（2）天桥地区

正阳桥疏渠记碑：正阳桥疏渠记碑的文物腾退工作。该碑已被列入文物腾退计划，后续宜妥善疏解人口，修复周边环境，做好保护与利用工作。对研究北京地理和历史变迁有重要作用，建议发挥其教育作用。

泰安里、华康里、宜兴会馆：泰安里、华康里、宜兴会馆现已腾退，准备修缮，当地配套服务设施不足。文物修缮时应保持历史原貌。利用时宜兼顾居民、社会的需要；用于文化类、社区活动类用房，并可对外开放，使区级文保单位融入当地生活。

天桥文化演艺区：应进一步提升以天桥剧场、自然博物馆及天桥艺术中心为主的天桥文化演艺区的综合利用水平。进一步加强对近现代优秀建筑自然博物馆的保护，同时对天桥等历史性建筑予以保护。天桥文化演艺区可借鉴国内外相关经验，如纽约百老汇、深圳华侨城等，将传承与创新结合，演艺与文旅互融，在打造品牌方面下功夫，以发挥更大的效益。

珠市口南胡同四合院平房区：珠市口南胡同四合院平房区（留学路社区）存有危房。建议用渐进式、微循环的方法，对此地开展街区更新工作，包括妥善疏解人口，修缮四、五类危房，改善人居环境，保护胡同四合院肌理，调整街区功能，助力老城复兴。按天桥街区规划及文物部门相关要求考虑合理利用的工作。

西草市街胡同四合院平房区：该地段南部城市景观良好，北部沿街胡同四合院平房区（西草市街）风貌较差，现存路边部分地段有围挡，另有8号线地铁施工临建。改善北部沿街风貌，去除围挡，美化周边环境。据悉，2019年东城区政府有启动珠市口至天桥步行街工程的安排，建议在后续实施时与西城区联手，统筹改善前门大街南段的沿街风貌。

（3）正阳门地区

正阳门：正阳门素有"四门三桥五牌楼"之说，现瓮城与正阳桥无存，缺少相应的标识。现正阳门保存完好。可考虑在合适的地点设置标识，展示正阳门完整的历史风貌。

前门步行街：前门步行街两侧商铺曾引入了部分国外名品店，店铺业态过于高端，有些店家更换多次。宜尊重历史情况，考虑游客的需求及消费能力，突出"老字号"的优势，把此街提升为具有"京味"国韵的老北京特色商业街。充分开发和利用地下空间，并结合公交地铁站点的设置，开辟前门大街地下商业设施。

大栅栏地区：大栅栏地区"人口多、房屋危、交通堵、设施差"，存在着消防、治安、扰民等诸多问题，已成为城市的"衰败区"。可重点考虑妥善疏解人口、改善人居环境、增加社区设施、保护胡同肌理、拆除院落临建、修缮文物建筑、突出特色商业、加强治安管控，保护好这片珍贵的"中国历史文化街区"。以杨梅竹斜街的更新和"北京坊"的探索为借鉴，继续对大栅栏地区进行街区的有机更新，利用好大栅栏地区丰富的文化资源。

鲜鱼口地区：鲜鱼口地区进行了大规模城市改造，西部采用了"大拆大建"的方式，东部草厂胡同三至九条采用了"保持原貌，渐进更新"的方式，后又恢复了古三里河，经验与教训值得总结。继续做好鲜鱼口商业业态提升工作，同时进一步加强对草厂和古三里河传统风貌的保护，改善四合院人居环境。增强其传统文化旅游街区特色，强化其与前门步行街的功能和活动的联系，把前门东区打造成以居住为主，兼有文化产业性质的传统街区，展现"老胡同，现代生活"的风貌。

前门大街南段：由于前门大街南段在改造过程中拆除老建筑较多，现沿街建筑立面有"千篇一律"之嫌。保护"老字号"及传统手工艺等非物资文化遗产。建议后续根据历史照片和商家特色，对部分建筑立面进行门脸装修，以增加街道的历史感，突出老北京传统商业街的风韵。

2. 中轴线中段（正阳门至景山段）

（1）正阳门至天安门地区

正阳门：正阳门素有"四门三桥五牌楼"之说，现瓮城与正阳桥无存，缺少相应的标识。现正阳门保存完好。可考虑在合适的地点设置标识，展示正阳门完整的历史风貌。

天安门广场：2007年，政府曾在北京天安门广场及周边实施环境整治工程，取得了良好的效果。天安门广场位于北京的"两轴"（中轴线及其延长线、长安街及其延长线）交汇处，根据新总规的要求，下一步要营造一流的政务环境，做好空间、景观、绿化工作，加强交通管控，控制旅游规模，进一步提升公共安全水平等方面，以彰显天安门广场的庄严、雄伟和美丽，凸显中央政务、国际交往、国事活动核心承载地的地位。

正阳门至天安门地区：存在着停车不规范和局部绿化问题。加强停车管理，做好局部绿化。继续做好博物馆的展示、宣传、教育工作。

（2）天安门至午门地区

太庙：太庙大殿西侧存在文物占用现象。研究对西侧文物占用予以腾退的方案。修缮文物供太庙使用。

社稷坛：社稷坛腾退整治方案尚待落实。完成文物修复，研究部分文物的腾退方案。修缮文物供社稷坛使用。

南池子社区：南池子试点的做法受到有关方面的质疑。此后，市政府相关部门调整了保护区的更新方式，即从大规模"推平头"式的改造方式转向"小规模、渐进式"的修缮方式，使老城传统街区保护与更新的工作得到了提升。

（3）午门至景山地区

故宫：近年来，故宫年均游客数目呈增长态势。现故宫地区建筑文物保存完好。建议做好控制游客流量的工作，降低故宫周边旅游强度。

132

景山：加强景山山体的维护，考虑寿皇殿利用工作的落实。景山寿皇殿主体部分的修复工作已完成，并对外开放，其西侧部分场地仍在修复。按政府及文物部门相关要求予以合理利用，加强对景山山体进行整体保护。

南池子皇史宬：南池子皇史宬的东门及墙体较为陈旧。远期可考虑恢复皇城历史景观，保持皇城传统特色，整体保护皇城格局。同时，对南池子皇史宬沿街立面进行修缮。南、北长街地区，继续做好营建一流政务环境工作；南、北池子地区，在条件成熟时，开放已腾退的部分文物。

3. 中轴线北段（景山至钟鼓楼段）

（1）景山地区

京师大学堂：京师大学堂较为陈旧，学堂内的部分建筑被居民使用，存在着文保、消防、安全等问题。研究文物腾退工作，妥善疏解人口，保护与修复文物主体。做好党性教育基地和爱国主义教育基地工作，可考虑建立中国高校博物馆。

陟山门街区：陟山门街区品质进一步提升工作，特别是对极个别影响景观的多层建筑，远期应予以降层或拆除。其中，雪池胡同仍存在着文保不利、建筑超高、消防隐患等问题，后续需要进一步整治。治理背街小巷，提升街区品质，配合"三年行动计划"，做好疏解整治促提升工作，保护好景山至北海的城市景观视廊。考虑景山西门与北海东门的衔接关系，优化视廊景观，妥善做好外迁住户安置工作。

（2）地安门大街

地安门机关宿舍大楼：地安门机关宿舍大楼现在仍为宿舍，建议调整房屋使用功能。结合中轴线功能定位与区位优势，可考虑调整为文化办公用房。

黄化门街和南月牙：黄化门街和南月牙等胡同风貌有待进一步改善。妥善整治胡同风貌，提升胡同品质。

地安门大街与平安大道交叉路口：地安门大街与平安大道交叉路口增设地安门标识问题。建议研究可行性方案。建议设置地安门标识。

北海医院：北海医院体量过大，高度、建筑风貌等方面与大街整体风貌不符。改善建筑风貌，使之尽量与地安门大街整体风貌相协调，远期可考虑降层。可保留原功能。

中央戏剧学院宿舍：万宁桥东北侧11层的中央戏剧学院宿舍过高，影响北中轴天际线景观。建议与相关单位沟通，远期可考虑降层或拆除，要妥善安置居民外迁。

地铁8号线什刹海站周边预留空地：地铁8号线什刹海站周边有预留空地。建议按照中轴线相关规划，在未来的建设中考虑建筑风貌与周边环境是否协调。据悉，政府方面已有相关安排，建议该地增设一处什刹海或中轴线博物馆。

大街东侧商业建筑：大街东侧北端部分商业建筑屋顶有临建加层情况，可考虑拆除。

地安门机关宿舍大楼：地安门机关宿舍大楼阳台生活场景影响中轴景观。建议调整房屋使用功能。考虑中轴线功能定位，结合区位优势，可考虑用作文化办公。

油漆作胡同：油漆作胡同内建筑有待修缮。进一步改善街区风貌。

地安门大街与平安大道交叉路口：地安门大街与平安大道交叉路口增设地安门标识问题。建议研究可行性方案。建议设置地安门标识。

地安门外大街105号：地安门外大街105号建筑风貌尚待改善。对建筑外立面进行修缮，使其风貌与街道风貌相协调。初查，该楼有部分住户，可考虑调整。

马凯餐厅：马凯餐厅已迁至地安门百货商场，该餐厅是什刹海地区的老字号，但外部没有明显的标识。建议结合马凯餐厅原有建筑立面的情况做标识。保留原功能。

醇亲王府：醇亲王府为国家级文物保护单位，地处大运河世界文化遗产地区。西侧花园部分为宋庆龄故居，现为单位使用。建议未来可利用市属单位迁至通州后所留下的房屋，用空间置换的方式进行文物腾退，并加以修复，为中轴线申遗工作做准备。远期可考虑与宋庆龄故居合为一体，充分发挥文物的展示与利用价值。

会贤堂：会贤堂腾退工作已持续多年，由于历史、产权等方面原因，文物腾退工作迟缓。建议进行进一步沟通。现公产房屋部分居民已腾退，单位产房屋部分的腾退工作需要统筹协商。远期按相关部门的安排予以合理利用。

广福观：广福观的利用工作可进一步提升，以发挥其更大的效益。据调查，相关主管部门已有所考虑，在保护的基础上，未来可建成大运河什刹海地区博物馆。未来利用时应考虑广福观外烟袋斜街空间狭小问题，建议广福观对面建筑退后，辟为小广场。

大街部分商家：大街部分商家的广告标识等对街区风貌有一定影响。建议对地安门大街广告标识和街道小品进行统一设计与管理。

（3）钟鼓楼地区

铃铛胡同：铃铛胡同等部分地段架线杂乱，影响胡同风貌且伴有安全隐患。建议使用架空电线入地。

钟鼓楼周边四合院：钟鼓楼周边四合院加建、加层严重，且存在多层建筑，多数建筑属于三类及以下的四合院。建议与市规土部门沟通，尽快出台保护区公房四合院腾退的相关办法，用优质的房源、良好的条件、便捷的交通等要素吸引保护区人口外迁。对低保户、残疾人等弱势群体应予以适当照顾，以彰显人文关怀，并适当保留原住户，以传承老北京优秀传统文化。根据中轴线相关规划，后续做统一安排。

鼓楼南侧门房：据当地居民反映，20世纪60年代，鼓楼南侧门房被拆，南墙北移，东西门房格局不对称。建议调查相关情况，如可能，恢复门房原有形制。

铸钟娘娘庙：铸钟娘娘庙的保护与修复工作。据当地居民反映，该庙属于中轴线"龙尾"重要文物建筑，建议进行文物院落腾退，修缮文物主体。建议与市文物局沟通，尽快出台文物征收的相关法规，以加快文物腾退工作。据调查，该地区还有单位占用文物现象，建议利用市属单位迁至通州所留下来的房屋，用空间置换的方式，协商推动文物腾退工作。仍做铸钟娘娘庙，可考虑将该文物融入社区，供社区文化便民服务站使用，鉴于该地区高龄、老龄者多，可提供老人服务设施，同时该文物可向社会开放，为加入老北京民俗等文化功能，充分发挥文物的社会效应。

宅院大门：鼓楼东大街一些传统宅院大门，应得到普查与保护。对传统宅院大门情况进行普查登记和保护。据调查，钟楼湾地区还有杨昌济故居和斯诺故居，建议外观标识及腾退方面得到合理保护及利用。建议利用名人故居开展爱国主义教育活动，并融入"胡同游"文旅活动之中。

社区管理：社区管理方面取得了显著的成绩，但仍有提升的空间。建议做好群众参与工作，推动政府与社会联动保护街区的工作格局。同时应进一步开展"扶老助贫"活动，继续改善人居环境，完善便民配套设施等。建议政府加大资金投入、将该地区做成"样板"。

五、几点建议

为了做好北京中轴线保护与利用工作，现提出以下建议：

（一）全球视野，顶层设计

北京中轴线地区拥有深厚的文化底蕴，通古今，融中西，是中国乃至世界文明的华章。中轴线保护与利用工作应有全球视野，要与提高国家文化软实力、建设北京全国文化中心和中轴线申遗工作相结合。做到明确目标、顶层设计、统筹兼顾、有序落实，为实现中华民族伟大复兴的中国梦和未来人类文明美好发展助力。

（二）因地制宜，分类指导

要因地制宜，分类指导，根据具体情况采取相应策略：南段重点做好天坛、先农坛文物的腾退，天桥演艺中心的提升、大栅栏煤东街区和留学路街区的整治等；中段重点做好一流政务环境的营造、太庙等单位的文物腾退、旅游强度的降低等；北段重点做好会贤堂等单位的文物腾退、景山寿皇殿利用水平的提升、钟楼湾街区的整治等。

（三）中轴立法，文物腾退

应尽快出台与中轴线相关的法规：申遗前可重点在文物腾退、街区整理、轴线景观等方面立法；成功申遗后可重点在遗产利用、运营管理、保护机制等方面立法。文物腾退方面，一是对未腾退的文物，应抓住市属单位搬迁通州的机会，用空间置换的方式加快文物腾退；二是对于正在腾退的文物，尽快出台老城文物征收法规；三是对于已腾退的文物，应发挥文物的效益，让文化遗产真正"活"起来。

（四）提升品质，改善民生

中轴线的保护与修复，应将人文环境与自然环境恰当融合，包括营造一流政务环境、提升胡同文化、保障城市安全、修复生态环境、创造宜居城市，让古都风貌与绿水青山交相辉映。同时，要做到"民有所呼，我有所应"，应在改善人居环境、增加便民设施等方面开展工作，提高人民群众的获得感、幸福感、安全感。

（五）配套政策，落实总规

应根据中轴线及老城的实际情况和发展需要完善相关配套政策。近期应重点在人口疏解、文物腾退、街区修复、皇城保护、中轴立法等方面进行可行性研究，先做试点，待成熟后逐步推广。应以中轴线申遗为抓手，"以线带面"，全面推动老城的整体保护与复兴，为建设国际一流的和谐宜居之都开好头、起好步。

作者简介：陆翔，男，1958年生，江苏苏州人，教授，硕士，研究方向：历史建筑保护，北京建筑史，北京四合院。

朱芷晴，女，1996年生，山西晋城人，硕士，研究方向：历史建筑与理论。

李凯茜，女，1994年生，辽宁沈阳人，硕士，研究方向：城市设计。

北京中轴线古代建筑研究

摘　要：北京中轴线是北京老城的脊梁，现政府方面已启动北京中轴线申遗准备工作，社会方面积极参与。本文在梳理史料、调查现状的基础上，对在北京中轴线上的元、明、清代建筑发展历程和代表性建筑进行了研究，旨在为成功申报北京中轴线世界文化遗产项目助力。

关键词：北京中轴线　古代建筑　研究

一、研究的背景

（一）历史背景

北京中轴线是目前世界上保存最完整的古代都城轴线，它源于元代，经明、清、民国，至今七百余载。现中轴线拥有天坛、故宫、大运河（北段）三处世界文化遗产，数十处国家重点文物保护单位以及多片历史街区，是中国文化的载体，世界文明的华章。

按照中国人的传统观念，帝王建都必须"择中"。据《吕氏春秋》记载："古之王者，择天下之中而立国，择国中之中而立宫，择宫之中而立庙"，这种做法隐含着中轴。另一方面，在中国古代风水术中，建城应"负阴抱阳"，背山面水，并在南北方向上以山为轴。大约在距今3000年前的西周，中国的帝王制定了一套严格的"营国制度"。据《周礼·考工记》载："匠人营国，方九里，旁三门，国中九经九纬，经涂九轨，左祖右社，面朝后市。"文中将宫、朝、市、祖、社等重要建筑，均置于南北中轴线上，后历代帝王建都，多参考这种理想帝都的格局。

明北京城中轴线的形成可追溯到元代，元初世祖忽必烈放弃金中都，将城市北移，改名为大都。元大都城仿西周的"营国制度"，皇城位于城市的南部，其东西有太庙、社稷坛拱卫，北面建商业区，正所谓"左祖右社，面朝后市"，南北中轴线依此形成。明北京城是在元大都的基础上改造、扩建而成。明成祖朱棣迁都北京后，放弃了元大都北面五里宽的荒凉地带，并将元大都向南扩展二里。明嘉靖三十二年（1553年），朝廷又下令加筑了北京的外城。经过多年的修建，明代的北京初步形成了一条南起永定门，北至钟鼓楼的中轴线，历经清代、民国直至今日，北京的老城中轴线基本延续了明代的格局。

2011年，北京正式启动中轴线申遗工程。清末以降，北京经历了数次大规模的旧城改造，中轴线地区在迈向现代化的进程中也拆除了大量的传统建筑，古都风貌渐失。21世纪以来，中轴线保护工作取得了显著的成绩，由于历史的原因，中轴线地区"人口多、房屋危、设施差、修复难"等诸多问题仍未解决，中轴线地区的古代建筑保护状况不容乐观，保护与修复工作任重道远。

(二) 现实意义

2017年9月，中共中央、国务院批复了新一轮的北京市总体规划，将"规划"老城保护部分、中轴线保护与修复任务提到了首位。2017年中共北京市委书记蔡奇同志多次赴东西城考察，并做出重要指示：即启动中轴线申遗准备工作，第一阶段时序至2020年，从宏观、中观、微观三方面入手，力争达到预定目标，为下一阶段工作做准备。同时，社会有呼吁，百姓有期盼。

据此，中轴线保护与修复工作具有重要的现实意义。

其一，从古都风貌保护的角度看，北京的中轴线是中国乃至世界历史文化名城中规模最为宏大、文物最为密集、保护最为完整的城市景观带，是人类文明的宝贵财富。保护与利用好中轴线是我们的历史责任。就景山至钟鼓楼段而言，历史上它曾经是元大都的"后市"、明清时期皇城北门的重要节点，振兴"钟鼓市"、恢复地安门标志、保护北中轴任重道远。

其二，从建设全国文化中心的角度看，该地区是"新总规"保护中轴线、老城皇城、文化精华区等工作中的重点，是北京展示世界文化名城形象的窗口，是构建绿水青山、两轴十片多点城市景观格局的重要地段。做好中轴线工作，对讲好"北京故事"、提高中国文化"软实力"、实现中华民族伟大复兴的中国梦具有重要的现实意义。

其三，从承办 2022 年北京冬奥会的角度看，北京中轴线的保护与利用工作是"人文奥运"的重要组成部分，国威、民风、市容将在此体现。北京中轴线是世界上独一无二、无与伦比的城市中轴线，目前需要统筹点、线、面的规划和轴、城、景的结合，让这张中华文明的金名片熠熠生辉。中轴线地区的整治工作与承办奥运息息相关，并可为后续北京中轴线申报世界文化遗产工作进行铺垫。

（三）研究的缘起、对象和方法

为了配合市、区府相关工作，民盟北京市委联合民盟东、西城区委及北京建筑大学大部分单位，自 2017 年起连续三年对中轴线开展深入调研，完成了中轴线南段、中段、北段三个调研报告，相关成果荣获多项市、区嘉奖，并产生了良好的社会影响。笔者作为报告的主笔人之一，有幸参加了此次调研，现把有关对北京中轴线古代建筑研究方面的内容进行梳理，以此奉献给读者。

此次的研究对象主要是元至清末北京中轴线核心区（依据 2005 年《北京中轴线设计》）及其附近有景观影响的重要建筑及街区，研究的方法为文献查阅和实地调研。研究的目的在于梳理中轴线古代建筑的历史，考察中轴线古代建筑的状况，以便为后续中轴线的保护与修复做基础性的工作，为北京中轴线申遗工作助力。

二、元代中轴线上的建筑

（一）相关背景

至元三年（1266 年），元世祖忽必烈决定放弃金中都旧城，并委托朝廷重臣刘秉忠负责元大都（时称燕京）的选址与规划工作。经过周密的勘察，最后确定以金中都离宫大宁宫为核心，兴建新的都城①。刘秉忠依据《周礼·考工记》，在元大都中轴线上，规划了"面朝后市，市朝一夫"和"三朝五门"制度。

元大都依据中心台规划新都的四面城垣和城门，部分专家认为，中心台位于现鼓楼西侧，旁有中心阁。元大都由此形成南起丽正门，经皇城、宫城，到中心阁的中轴线，轴线上设置门、楼、殿、宫、台等重要建筑，两旁设置太庙、社稷坛、中书省、御使台、枢密院等重要官署建筑。

（二）代表性建筑实例

1. 什刹海

什刹海位于中心城区，毗邻中轴线，包括前海、后海和西海（又称积水潭）三个水域及临近地区，现与"前三海"相呼应，俗称"后三海"。什刹海元代名海子，为一宽而长的水面，明初缩小，后逐渐形成西海、后海、前海，三海水道相通。什刹海是元大都规划设计的依据之一，元代依托这一片水域确定了大都的中轴线和城墙位置，什刹海由此成为元、明、清三代城市规划和水系的核心。

万宁桥位于北京什刹海前海东岸，地安门外大街中央，始建于元代，因其位于地安门之北，又称后门桥。该桥为单孔石拱桥，横跨前海入玉河之处，且位于元大都的中轴线上。万宁桥是元大都城市漕运的重要通道，它上承大都西门水关至积水潭的流水，下通东水关，此水又与通惠河相连，注入京杭大运河。万宁桥宽10余米，高约5米，长30余米，桥下涵洞内设置水闸，是元大都水陆漕运交通的枢纽。万宁桥现存状况良好，桥体及桥上的栏板、望柱均为元代原物，栏板、望柱刻有优美的图案。该桥为北京市重点文物保护单位，是北京中轴线上最为古老的建筑。

---

① 孙洪铭. 新北京城市总体规划方案中的城市空间布局问题研究 [J]. 城市发展研究，2009，16（3）：36.

2. 太液池

太液池位于大都宫城以西，即今北京的北海、中海，此地原为金中都大宁宫，后来部分被损毁。至元初年（1264年），朝廷在此进行了大规模的改建、扩建。

太液池沿袭了中国皇家园林"一池三山"的传统做法，水中设万岁山、圆坻、犀山台三岛。万岁山原为金中都琼华岛，元代重建广寒殿，新殿坐北朝南，面阔七间，总建筑面积达七百多平方米。广寒殿中有玉殿，御榻设于其中，用于召见百官及国外使节。万岁山上东有全露亭，西有玉虹亭，南有仁智殿，山中亭台楼阁广布，玲珑秀石众多，苍松翠柏掩映，碧水清泉涌动，宛若人间仙境。圆坻为圆形小岛（即现北海团城），上建圆形的仪天殿，东西两侧建有木桥，可通向大内和太液池兴圣宫。犀山台体量较小，其上也遍植木芍药。

太液池的规划设计追求"仙山琼阁"的境界，主殿广寒殿意指月宫琼楼，具有明显的道家色彩。

3. 里坊、胡同、四合院

元灭金后，元世祖忽必烈放弃金中都，将都城北移，改称为元大都。大都以宫城、皇城为核心，城市外轮廓近似方形。仿西周"营国之制"，元大都的皇城位于城市南部，其东设太庙，西为社稷坛，北辟商业区。元大都的街道呈棋盘式布局，主要大街与城门相通，全城被划分为50个里坊，坊无坊墙，坊内胡同呈东西走向，胡同宽5—7米，两条胡同之间相隔约70米，胡同内联排式布置四合院住宅。

元初规定，大都新城内每户住宅占地8亩，由于宅基地大，每条胡同只能容纳10户住宅。1972年春，考古工作者在北京西直门内后英房发掘出一处元代住宅遗址，为了解元大都住宅型制提供了实证依据。

三、明代中轴线上的建筑

（一）相关背景

明北京城是在元大都的基础上改建、扩建而成。明成祖迁都时，将元大都北面约五里宽的荒凉地带放弃，并向南扩展二里。嘉靖三十二年（1553年）又加筑外城。明北京外城东西7950米，南北3100米，南面三座城门，东西各一座城门，北面除通往内城的三座门外，东西两角各有一座门。内城东西6650米，南北5350米，城门南面三座（即外城北面三座城门），东、西、北三面各有两座门。皇城位于内城中部偏南，且内套紫禁城。紫禁城东侧建太庙，西侧建社稷坛，再加上内城外的天、地、日、月坛，形成了皇家祀拜的主要场所。明北京街道巷坊基本采用了元大都的规划系统，商业区则集中在鼓楼、东四、西四、正阳门一带，市内还有许多分散的行市。

明北京中轴线沿用元大都中轴线，并在元中心台附近建明钟鼓楼。部分专家认为，明北京对元大都中轴线略做调整。嘉靖年间，形成了南起永定门，北至钟鼓楼，绵延7.8千米的城市中轴线。

（二）代表性建筑实例

1. 故宫

故宫又称紫禁城，是明清两朝的宫城，明永乐十五年（1417年）始建，仿明南京宫殿规制，后有部分建筑重建、增建，总体上仍保持明代布局。

故宫位于北京内城中心，南北长961米，东西宽753米，东、南、西、北分设东华门、午门、西华门、玄武门。故宫建筑大体分为外朝、内廷两大区域：外朝位于南部，是举行典礼、处理朝政的场所；内廷位于北部，是皇家及家族居住的后宫。整个故宫分中、东、西三路布局，中轴线上的重要建筑有太和殿、中和殿、保和殿三大殿（明称太极殿、中极殿、建极殿）与乾清宫、交泰殿、坤宁宫后三宫，此轴线与城市的中轴线重合。故宫的布局遵循周代"三朝五门"与"前朝后寝"的宫殿规制，堪称中国古代大型建筑的典范。

2. 城门

城门是中国古代城市的重要建筑。明代北京城共有16座城门，包括内城9门，外城7门，时为京城的交通枢纽，也是御敌的军事工程。现存北京明代城门建筑有正阳门门楼及箭楼、德胜门箭楼和东便门角楼。现以正阳门为例简述如下。

正阳门位于天安门广场南侧，是北京内城的正门，为北京各城门之首。正阳门分为城台和城楼两大部分：城台面宽95米，进深31米，高约15米，中设门洞，城砖砌筑，有收分；城楼建在城台之上，楼宽36.7米，深16.5米，高27.3米，上下两层，重檐歇山顶，上覆绿琉璃剪边灰筒瓦，屋脊饰龙头吻兽。

明代正阳门规制最高，素有"四门三桥五牌楼"之说，建筑群包括瓮城、正阳门、箭楼、正阳桥、跨街牌楼等，是北京内城的重要门户。

3. 皇家坛庙

"国之大事，在祀与戎。"祈求天顺国安是古代帝王必做的大事。按明制：天地、社稷、宗祖、孔圣、历代帝王均属于大祀，皇帝亲自参加；朝日、夕月、先农、山川、先蚕属于中祀，皇帝亲祀或遣官祀；先医、城隍、玉泉等为群祀，皇帝不必亲祀，可由君臣代理。明北京天坛、山川坛（含先农坛）位于外城南部，朝日、夕月、地坛位于京城外东、西、北三地，社稷坛与太庙位于紫禁城南西侧与东侧，孔庙位于成贤街，历代帝王庙位于阜成门内大街北侧。

天坛位于永定门内大街路东，始建于永乐十八年（1420年），初为天地坛，嘉靖年间改为天坛。天坛东西长1700米，南北宽1600米，平面北圆南方，寓意"天圆地方"，主要建筑有圜丘、祈年殿、皇穹宇、皇乾殿、斋宫等。

社稷坛位于长安街天安门西侧，是祭祀土地和五谷的坛庙，明初所建，现为中山公园。社稷坛坐北朝南，坛北正门三间，进正门有大戟门，戟门前有拜坛，拜坛南就是社稷坛。坛为三层方台，每层用汉白玉栏杆围栏，下层两坛中填三合土，最上面一层铺设五色土。传说古代黄帝是天下的统治者，五色土中为黄土，东为青土，西为白土，南为红土，北为黑土，它代表着国家统治的范围。按规制，每逢夏至、冬至，皇帝亲临主祀。

四、清代中轴线上的建筑

（一）相关背景

清定都北京后，对明北京城的城池、宫殿、街巷等均未做出重大改动，只是在居民分布、城市管理、建筑名称等方面进行了调整。康熙年间，朝廷曾对中轴线的主要建筑进行修缮。同时，营建了皇家御苑——景山的中轴线，于山巅建万春亭，南麓建绮望楼，北部建寿皇殿，御苑轴线与城市轴线重合。

（二）代表性建筑实例

1. 王府

北京的王府起源于元代。明初，明太祖朱元璋封其四子朱棣为燕王，建燕王府，地点位于今中海附近。清入关以后，统治者吸取了历代封藩制度的教训，只封爵而不赐土，把诸王留在京城，赐建府邸，形成了清代王府汇聚于北京的局面。

清初北京的王府主要集中在东城，许多王府利用明代府邸所建，据《天咫偶闻》记载："内城诸宅，多明代勋亲之所。"清中后期北京的王府集中在西城，西城经常有皇室活动，又有许多八旗贵族学校，西四地区、什刹海地区是王府的聚集地。

恭王府位于西城区前海西街，原为清道光帝旻宁的第六子恭亲王奕䜣的府园。恭王府的建筑可分为府邸和花园两部分：府邸部分占地46.5亩，分为中、东、西三路，各路均由多进四合院组成，后部环抱着长达160米的通脊二层后罩楼；楼后为花园部分，名称翠锦园，占地36.6亩，园中分布着叠石假山、曲廊亭榭、池塘花木，东北角还修建了一座戏楼。

2. 会馆

北京的会馆起源于明代，最初为同乡会馆。永乐帝迁都北京之后，科举考试在京举行，供各省举子会试居住的文人试馆应运而生。明中叶以后，由商人创建的商业会馆也可驻京。清初，满、汉分城居住，内城会馆纷纷迁入外城。至清中叶，前门、崇文门、宣武门外形成了同乡会馆、商业会馆、文人试馆的聚集地区。现以北京湖广会馆举例如下：

湖广会馆位于虎坊路3号，原为明万历年间张居正宅邸，后改建为全楚会馆，清嘉庆十二年（1807年），由两湖高官提议并兴建湖广会馆，道光十年（1830年）馆内修建了大戏楼。

湖广会馆平面为三路多进院布局：会馆中路南部为馆门、戏楼，中部为文昌阁，北部有宝善堂及假山花园；会馆东路有两进院，南院为现湖广会馆入口，西路北部有楚畹堂。大戏楼是馆内规模最大的建筑。戏楼面阔五间，进深九间，戏台位于南侧。戏楼为抬梁式木结构，双卷重檐悬山顶，建筑造型壮观。

湖广会馆近代曾为名人荟萃之地，也是京剧名家、票友聚集地，许多重要历史事件发生于此，是北京最著名的民间会馆。

3. 传统商业街

清代北京的商业布局与明代大致相同，但内城商业繁华程度远不如外城。清初，受"满汉分城居住"和内城禁旅馆、戏园等政策的影响，许多商业设施迁至外城，前三门一带形成了京城最大的商业区，它南起珠市口，北抵正阳门，东至崇文门外大街，西至宣武门外大街。据《朝市丛载》记述：该地区有著名的大客店101家，著名的商号97家，大的集市22处，著名戏院10处。著名的老字号如"八大祥""同仁堂""六必居""全聚德""东来顺"等百余家店铺也聚集于此。商业设施涉及金融、百货、饮食、服饰、珠宝、古玩、医卫、文体、住宿等各个方面，大小店铺数以千计。现以大栅栏商业街为例。

大栅栏街位于前门大街西侧，是北京著名的老字号一条街，始建于明代，在清代时成为北京首屈一指的闹市。据相关文献记载，在大栅栏数百米的街道旁，有戏院5家，占京城戏院的1/3；著名食品店8家，占全城1/10；著名服饰店9家，占全城9%。以"天鹿斋"的小八件、"吴德泰"

的茶叶、"同仁堂"的虎骨酒为代表的一批老字号商铺云集于此，清《都门杂咏》用"画楼林立望重重，金碧辉煌瑞气浓"的描述反映了大栅栏的繁荣景象。

五、结语

2020年秋，笔者又对北京中轴线元、明、清世界文化遗产项目、全国重点文物保护单位和北京市文物保护单位进行了调研，共计50多处，内容涉及了建筑的历史情况、保护现状、利用方式等。调查中发现，北京中轴线的古代建筑总体保护状况良好，但仍存在着文物占用、利用不足等问题。据悉，中轴线申遗已经提速，笔者通过本文的研究，梳理中轴线古代建筑发展历程及代表性建筑，同时，呼吁相关部门加快文物腾退，做好文物"活化"利用工作，为中轴线和老城整体保护与复兴开好头、起好步。

党的"十九"大以来，中国已经进入新的时代，让我们在党中央和中共北京市委、市政府的英明领导下，团结一心、扎实工作，为成功申报中轴线世界文化遗产项目做出新的、更大的贡献！

作者简介：陆翔，男，1958年生，江苏苏州人，教授，硕士，研究方向：历史建筑保护，北京建筑史，北京四合院。

朱芷晴，女，1996年生，山西晋城人，硕士，研究方向：历史建筑与理论。

李凯茜，女，1994年生，辽宁沈阳人，硕士，研究方向：城市设计。

北京中轴线文化遗产数字化说明导览系统建设的探索与实践

摘 要：本文从我们现在所处的时代技术和我们国家的发展战略出发，认为有必要以北京中轴线申报世界文化遗产为契机，建设一套旨在全面展示和传承北京中轴线的内涵与价值文化遗产的数字化说明导览系统。并以此为样例，全面推广文化遗产的数字化展示传播系统。笔者通过一些对说明导览系统的建设实践，认为北京中轴线文化遗产数字化说明导览系统首先要为中轴线遗产全面画像和解决目前存在的痛点，也就是做到知己。其次提出了说明导览系统建设"文化遗产+、大众传播、共享、可推广复制"四大理念。再次，提出了系统方式上"大平台、自我产生效益、可落地实施"三大着眼点以及系统建设内容上"自主说明、导览、导航、历史场景复原"四大核心功能。最后，为了切实适应大众的使用能力，提出了使用"面向大众的通用设备和技术、逐步建设实现、趣味性和参与互动性、政府监管与企业运营"的四大技术路线。

关键词：北京中轴线文化遗产　数字化说明导览系统　四大理念　三大着眼点　四大核心功能　技术路线

引 言

北京中轴线作为北京城的"脊梁"，凝结着我国传统文化的精髓，因此也成为我国 2024 年申报世界文化遗产的预备名单。而如何做好北京中轴线文化遗产内涵与价值的展示与传播，发挥其对大众的教育与素质培养功能是摆在面前的一项重要任务。本文阐述通过融入数字技术，建设一套旨在向大众展示传播北京中轴线内涵价值的说明导览系统的搭建思路和笔者所做的一些尝试与实践。笔者设想通过搭建一个连接北京中轴线各遗产点的线上与线下相结合的说明导览系统平台，实现只需要手持一部手机或者iPad等移动端，就可以通过微信小程序、App、网页等多种渠道在线轻松浏览和体验，也可以通过线下扫码或者扫描实现自由快捷的获取语音与文字说明讲解、遗产点内的智慧导览、遗产点之间的数字地图导航、历史场景数字复原与古今对比等功能。同时这套系统一旦成功，还可以此为基点扩展至全城形成更大的系统平台，复制到其他城市和地区产生更大效益。

一、北京中轴线文化遗产数字化说明导览系统的背景与意义

（一）时代的呼唤与国家战略

2018年中央办公厅和国务院办公厅首次发布了《关于加强文物保护利用改革的若干意见》（简称《意见》）。《意见》将文物在社会主义建设中的作用上升到了前所未有的国家战略高度。并提出了建设中华文明标识工程的目标。北京中轴线作为古代都城建设的巅峰之作，在2024年的申遗预备名单可以算是中华文明的重要标志物。如何对其进行保护利用成为摆在文物人面前的重要任务。

而在之前的2016年，国家文物局、工信部等五个部委联合发布了"互联网+中华文明三年行动计划"，也是旨在通过资助一些基于互联网技术的文化保护和传承项目以推动传统文化的线上传播。

我们再将目光落在技术层面，目前我国及世界主要经济体均已经进入了数字化时代，随着5G为代表的新数字技术的升级，数字技术将更加深刻地影响到我们的生活和经济。因此，业内有一句话"4G改变生活，5G改变社会"。我国也提出和制定了国家数字战略蓝图，文化遗产作为国家整体战略的组成部分，必然需要融入国家的战略和时代技术中，谋求文化遗产的发展和壮大之路。

(二) 新的保护和利用形式的需求

文化遗产是一座城的重要组成部分,作为历史文化名城的北京,恐怕可以说是城市文明最为核心的价值和内涵之一。现代城市建设中智慧城市是世界范围内城市发展的一个重要目标,而智慧文物肯定是智慧城市的重要组成部分。

目前文化遗产的社会教育功能大多数还是运动式教育,也就是组织集体参观。如果是个人专程到博物馆看展览,或者去往某一处参观旅游,大多数需要一个专门的讲解、导游,或者租用一个讲解机。离开了这些专业人员和设备,我们可能就是走马观花式地走一遍,不太可能对文化遗产点有过多的了解和认识。即使有讲解,也限于水平和时间,能够讲解多少内容,也是个未知数。我们要增加日常化和自然化的社会教育形式。我们可能某天办事路过某一个地方,只要掏出手机扫描一下周围设置的线下激活码,就能轻松了解这个地方的情况。而如果参观访问者对这个地方感兴趣,还可以随时关注和保存线上的地址,以便进一步了解和参与。

随着技术对人们参观和访问方式的改变,传统方式已经不再能满足参观者,更多渠道和形式的展示传播成为观众求新求变的重要需求。

(三) 为中轴线的文化遗产画像,解决痛点

目前,包括北京中轴线文化遗产在内虽然已经做了一些内涵价值的展示与传播,但是形式上还是以传统展板为主,且零散地分布在各处展示区与研究机构,缺乏整体且高效的传播方式与手段是中轴线存在的最大痛点。因此,开发和搭建一种为中轴线文化遗产全面画像的技术手段和展示平台,高效便捷地向大众传播中轴线的价值与内涵势在必行。这也是推动和促进中轴线申遗的重要举措。

二、北京中轴线文化遗产数字化说明导览系统的四大理念

北京中轴线文化遗产数字化说明导览系统建设的最终目的必然是通过

展示内涵和价值来教育大众,增强民族凝聚力。因此,系统的建设也要紧紧围绕这个主题。本文提出了说明导览系统的四大建设理念,即"文化遗产+"的理念、大众传播理念、共享理念、可推广、可复制理念。

"文化遗产+"的理念是基于技术跨界和产业融合的基础上提出的。要想使文化遗产能够全面而深入的融入大众与其他行业中,文化遗产一方面必须打破固有的技术束缚,广泛而深入地加入新科技助力和加持展示传播方法与途径、内容与形式。从而产生出更多新颖且喜闻乐见的展览展示、文创产品等。另一方面,文化遗产也要融入整个经济社会的产业链条中去,用自己的魅力影响产业链,吸取其他产业的有益做法,成为经济社会产业链条的一环,从而有力促进社会经济的发展。

大众传播理念是基于展示传播的途径与内容提出的。应该更多地打破以往以展馆作为主要展示途径的方式,**创造出更多随时都能观看和浏览的线上展览形式,轻松自在的自主参观模式和更多具有可参与的高效便捷的传播方式与途径**,以吸引更多的观众和参与者,并增强浏览者的黏合度。题材内容上在曲高和寡式的展览基础上,创造出更多贴近百姓生活、大众情感的展示主题和方向,拉近文化遗产与大众的距离。

共享理念是基于系统平台的可扩容性和对接性提出的。北京中轴线文化遗产的说明导览系统绝不能建成一个独立运行的平台。而是从本平台可跳转至其他平台,同时考虑到从北京中轴线扩展至北京老城区以至整个北京地区的一个大平台概念。因此这个说明导览系统从一开始建设就应该做到可以扩容,可以对接和连接到其他文化遗产的线上系统。允许更多的用户在此平台分享自己的内容,使用户既是使用者,同时也是平台内容的产生者。

可推广、可复制理念是基于系统的平台运营模式提出的。北京中轴线说明导览系统作为一个小区域的文化遗产展示传播系统不但要扩容对接,而且这种方式也要适合其他文化遗产区域或者其他历史文化名城。其他文化遗产区域、其他历史名城加以学习,这样才能形成更大的产业链。

三、北京中轴线文化遗产数字化说明导览系统的三大着眼点和四大核心功能

在明确了北京中轴线文化遗产说明导览系统的四大理念基础上，系统平台的实用性是最为重要的待解决问题。

（一）三大着眼点

首先是着眼于开发建设成为大平台。北京中轴线文化遗产数字化说明导览系统平台不适宜将每一个遗产点都独立开发，而应该是一个统一的平台。无论是遗产点上的专业保护机构和博物馆，还是自然开放的遗产点，通过一些改造，如加装带有二维码的说明牌（图1、图2），展览上加装二维码、在藏品上植入AR功能等方式，使得每一处遗产点形成线上与线下的融合共通。甚至是考虑扩展后形成更大系统，直接接入整个北京的文化遗产说明导览系统。因为，时间和实践都证明小平台由于经费、用户关注度不高、缺乏持续更新的内容等问题，基本上都没有办法长期持续运营，百分之九十以上的都是不了了之。这就造成了很大的资源浪费，起到的作

图1 安装有二维码的文物说明牌图样

用也不甚明显。而整合为统一的大平台才具有规模效应，形成规模效应的结果也就是下一个着眼点。

图2　文物语音说明讲解二维码图样（可微信扫描）

其次是着眼于平台自我效益循环运营。理查德·A. 劳博姆（Richard A. Lawbam）在1994年提出了注意力经济学（The economy of attention），目前注意力经济学恐怕是最为适用于当下网络经济的经济学。无数的网红、IP、博主等都以粉丝量和浏览量为最主要的评价手段，也想尽一切办法吸引粉丝和人气。因为一旦有了粉丝量和浏览量就意味着产生巨大的经济价值或者吸引高额的投资。同样，如果一个文化遗产的大平台一旦能够有足够的观众和关注度，那么这套系统平台不但具有了广泛的传播度而且具有了巨大的经济价值。这个平台就可以自我运营形成盈利，平台的盈利可以持续投入到平台的内容开发和技术再开发建设中。这样就形成了良性循环。这种系统平台就避免了仅仅依靠政府投资维持或者运营一段时间就难以为继的现象。

最后是着眼于切实可行的落地实施。这个着眼点要注意三个问题。第一个是技术使用门槛和难度不宜过大，适用于目前绝大多数移动端群体。如AR技术可能是目前笔者认为的展现文化内涵表现力最强的技术手段之一。但是考虑到广大用户的认知度和接受度，这种技术门槛过高的技术形式，恐怕我们一时还不能大量使用。一方面是开发成本高，周期长，一时不能落地实施。另一方面大多数移动端用户根本就不知道什么是AR，更也不会下载和使用AR进行扫描或者浏览。尤其是中年和老年年龄段用户，基本上都不能接受。这就失去了很大一部分传播对象和用户群体。因此，线上线下使用二维码这种大众都能认知和辨识的激活码就是最佳解决方案，也最贴地气。第二是开发周期和技术难度不宜过长、过大。我们目前虽然非常缺少便捷且准确地获取文化遗产信息、内涵和价值的渠道。但是，并不是我们过去没有搭建数据库，往往因为技术难度太高无法满足用户需求中途而废，或者数据内容过多、过杂、建设周期过长而无法维系终告停用。因此，使用成熟技术，谋划好技术路线，快速开发和建设并投入运营是非常必要的。第三是平台内容形式简洁明了，搜索、操作便捷、直观易懂。我们过去也有些系统平台因为烦琐的内容形式和操作门槛，造成用户体验舒适度和友好度很低，也妨碍了用户获取信息的能力和访问欲望。因此，说明导览系统在界面友好度上应该下大力气。

（二）四大核心功能

北京中轴线文化遗产说明导览系统由于是以展示和传播北京中轴线遗产价值和内涵为出发点，因此该平台的核心功能应该包含四个方面，即自主说明讲解功能、智慧导览功能、数字导航功能和场景数字复原与古今对比功能。

自主说明讲解功能是第一要务，这是从观众获取信息的方式提出的。说明讲解是观众获取信息的渠道，而本文要提出和强调的是自主获取。很多观众不可能都获得讲解员的说明讲解，也有的观众不喜欢跟随讲解员获得信息，而是更愿意自主随性地参观游览。因此，自主是重要技术点。使用线上点击和线下扫码来实现语音播放，并配合文字、图片、图纸和视频等说明讲解的形式显得十分重要。

智慧导览功能是基于参观便捷度和舒适度出发的。很多人可能都有过这样的体验，到了一处文化遗产点或者博物馆很容易晕头转向，尤其是比较大的区域更会如此。而具备了语音导览、精准定位的电子地图功能的说明导览系统可以让参观者轻松完成访问和参观。即使是残障人士也可以凭借这个功能轻松实现自由的遗产点内的参观访问。因此，智慧导览的开发是核心功能。

数字导航功能是基于遗产点和遗产点之间往来的考虑而设置的核心功能。现代人已经习惯了高德、百度等数字导航技术前往目的地的方式。北京中轴线作为一条长达8公里的线性遗产带，以及后来扩容至全城市的遗产区域必然需要导航功能。这也是增进用户参观访问便捷度的重要内容。另外，这也是为用户推荐附近遗产点的重要途径之一。系统完全可以通过导航的方式推荐附近的类似或者不同的遗产点，供用户参考。这样我们也可以通过引入导航系统将遗产点形成一个相互连通的遗产网。

场景数字复原与古今对比功能是基于用三维技术展示和还原历史的考量来开展的。文化遗产是展示过往的内容，尤其是一些经过了历史变迁改造而产生重大改变的遗产点或者消失了历史原貌的重大事件发生地，利用数字三维技术还原历史场景是一种直观再现历史的有效途径。利用一部手机扫描设置在遗产点或者重大事件发生地的二维码或者其他激活码就可以看到历史上该地的面貌，实现古今对比。而且可以想象，随着 AR 和 MR 技术的成熟，带上 AR 或者 MR 眼镜之后，眼镜内可以呈现 1∶1 的虚拟场景，实现虚拟古今"穿越"。（如图3、图4）

图3 以数字技术复原西四地区传统四合院

图 4　以数字技术复原的北京后英房元代四合院建筑

四、北京中轴线文化遗产数字化说明导览系统建设的技术路线

（一）以大众通用的设备和技术作为主导开发方向

为了适应大众和共享的理念，北京中轴线文化遗产说明导览系统采用了移动端作为底层技术的开发思路，优先使用微信小程序这种老少皆宜、使用技术门槛低的形式。随后可过渡至手机 App，而且设想是两个程序互联共通。目前由笔者主持的北京文遗微信小程序和北京中轴线研学手册已经初具规模且成功上线。

（二）逐步实现

对于这样一个较为复杂的形式，应该采取逐步实现的技术方针。首先实现四大核心功能和其他迫切需求，保证遗产展示与传播的功能实现。其次为了实现系统平台的丰富性、促进活跃度和黏合度以及操作得更加便捷和人性化，应逐步加入新功能。比如分享功能、个人中心、讨论区等也是必要的。但是，考虑到工作量和技术难度等问题，这些可以作为第二期工作逐步搭建和实现。

（三）增加趣味性和互动性、增加用户黏合度

为了使得系统平台的内容能够更加地吸引人，系统平台的内容必须在

最初的内容设计上就要注重趣味性和互动性。这就需要对文化遗产的说明和导览方式进行技术处理，进行内容的解构和重新结构。适应大众阅读习惯和观览习惯，做短文、短视频等喜闻乐见的形式。同时开创能够吸引用户参与的各种论坛和线上线下的活动，保证用户的黏合度。因此目前运营的小程序，在程序编制的逻辑框架结构中提前预留了接口和标签栏，包括有奖游艺、文创专区等。

（四）政府监管和企业运营相结合的形式

由于此系统平台涉及很多技术上的问题和运营上的问题，而同时它也带有强烈的公益性质。因此，在平台的运营和管理上更适合于政府进行初步启动投资和方向、内容的监管。而具体的运营和内容的制作交给企业运行。

五、结语

北京中轴线文化遗产说明导览系统平台是在新时代文化遗产保护利用的需求背景下，紧密结合了时代新技术、新理念而搭建的一个旨在促进文化遗产展示传播、大众共享和申遗成功的线上线下相结合的平台。希望该系统平台能够如预想的那样逐步扩大，并成为示范典型复制推广至更多的城市和地区。

作者简介：李卫伟，男，1979年生，河北沧州人，研究员，学士，研究方向：建筑历史与理论，文化遗产数字化保护利用。

民国北京中轴线的历史变迁

摘　要：中轴线是构建明清北京城市骨架的重要基准线，在传统城市空间和功能秩序上起着统领与布局作用，是古都的脊梁与灵魂所在。辛亥革命之后，"中华民国"建立，国家政体发生根本性变革。北京虽然保留了国都身份，但以中轴线为基准的传统空间结构随着帝制衰亡而丧失了合法性理论体系支撑。中轴线原有的核心功能被破坏，象征意义被不断淡化，完整性遭到肢解。民国时期中轴线的历史命运与近代北京城市身份的变化相互印证，揭示了同样的时代走势，城市越来越成为"人"的城市。

关键词：中轴线　故宫博物院　正阳门　钟鼓楼

进入民国之后，北京的城市功能发生重要变化，皇城城墙先后被拆除，位于中轴线上的建筑通过功能改造，不同程度地参与到城市的日常生活之中，原有的封闭性城市格局日益瓦解，以皇权为中心的"一极化"政治空间逐渐向"多元化"的社会空间转化。在这一过程中，皇权的影响逐渐远去，中轴线附着的"神圣性"逐渐消退，城市建设开始凸显"人"的需求，世俗性社会机制的调节作用越来越强，北京也展示出更加多样而丰富的城市面孔。

一、皇宫·故宫·故宫博物院

1912年2月12日，清宣统皇帝发布诏书，正式逊位。皇权陨落，帝制消亡，作为皇权重要载体的北京中轴线的命运也发生重大变化，首当其冲的是皇宫紫禁城。根据与南京临时政府达成的《关于大清皇帝辞位后优待之条件》规定："大清皇帝辞位之后，尊号仍存不废，'中华民国'以待各外国君主之礼相待""暂居宫禁，日后移居颐和园"。所谓"暂居宫禁"，并非占有紫禁城全部，而是只能在紫禁城后半部活动，即乾清门以北、神武门以南，通常被称为"内廷"的区域，而乾清门以南、天安门以北部分（也称"外廷""外朝""前朝"等），包括太和殿、中和殿、保和殿以及文华殿、武英殿等收归民国政府所有。

紫禁城前朝收归国有之初，由于管理混乱，文物流失严重。1913年7月至1914年1月间，发生了"盗卖热河避暑山庄前清古物案"，北京、上海、天津等地的古玩市场纷纷出现来自承德离宫的文物，舆论议论纷纷，吁请政府严加制约。此案虽然最终不了了之，但前清古物的命运引发国人关注。时任北洋政府内务总长的朱启钤呈请大总统袁世凯，提出将盛京（沈阳）故宫、热河（承德）离宫两处所藏各种宝器运至紫禁城，筹办古物陈列所，袁世凯批准了这一建议，由美国退还庚款内划出二十万元作为开办费。1914年2月，古物陈列所在紫禁城前朝武英殿宣告成立。同年10月10日，古物陈列所正式向社会开放，接待观众。

按照清室与民国政府达成的协议，逊帝溥仪"暂居"紫禁城内廷，皇宫的北半部分变成了"故宫"。作为一种过渡性安排，也埋藏了一定的隐患。已经失去皇位的皇室仍作为一个"小朝廷"存在着，在这个封闭的空间之内，皇室原有的日常生活运行模式基本保留。同时，皇室存在的象征意义与符号意义不能低估，它是一部分群体的精神寄托，这些人既有逊清遗老遗少，也有以满籍王公宗室为中心的宗社党，以及以康有为为首的保皇会分子，另有一批任职于民国政府的前清旧人。他们一直希望能以此为阵地恢复往日的荣光，而在1917年张勋短暂的复辟中，复辟势力与"小朝廷"之间的积极呼应也提示着国人，只要皇室还在，似乎就预示着某种希望。民国政府虽然制定了相关法令试图规范逊清皇室在故宫内的行为活动，但效果甚微。

自1916年袁世凯去世开始，国会中废除"优待条件"、收回全部紫禁城的提案就不断出现，逊清皇室的生活并不太平。与此同时，宫内收藏的珍贵文物，在溥仪的"赏""赐"、内务府抵押和太监盗卖之下，大量流出宫外。同时，清室还以用度不足为由，将宫内部分文物拍卖，并经常拿出一些金银珍宝抵押和变现。1923年建福宫花园的一场大火，敬胜斋、静怡轩、延春阁一带焚烧殆尽，此处许多殿堂库房都装满珍宝玩物，是当年乾隆皇帝的珍玩，乾隆去世后，嘉庆把所有宝物封存起来。有的库房至少100年未打开过。宫内珍贵文物在明偷暗盗之后，再次遭受厄运。随着居住在紫禁城内逊清朝廷负面作用的日益显现，力主驱逐的声音越来越高，并且上升到保卫共和体制、杜绝帝制死灰复燃的政治高度，所缺少的只是一个契机而已。

1924年，第二次直奉战争爆发。同年10月22日夜，直军第三军总司令冯玉祥在前线倒戈回京，发动北京政变，软禁总统曹锟。冯玉祥控制北京之后，组成了以黄郛为总理的摄政内阁政府。摄政内阁于11月4日晚通过《修正清室优待条件》，其中最重要的有两条："大清宣统帝从即日起永远废除皇帝尊号，与中华民国国民在法律上享有同等一切权利"；"清室应按照原优待条件第三条，即日移出宫禁"。11月5日上午9时，时任京畿警备司令的鹿钟麟受冯玉祥之命，携带摄政内阁总理黄郛代行大总统的指令，带兵进入紫禁城，以武力强迫溥仪接受新的"优待条件"。溥仪抵抗无用，于当日下午与其妻妾婉容、文绣，以及随从大臣、太监、宫女等在冯军的"保护"下，经神武门出故宫，前往其父载沣位于什刹海的醇王府暂住。

溥仪被逐出宫之后，紫禁城内廷被摄政府接管，但如何处理成为焦点。1924年11月7日，摄政内阁发布命令，组织成立"办理清室善后委员会"，负责故宫公产、私产的区分、清理及一切善后事宜，并提出了公产的处置构想："所有接收各公产，暂责成该委员会妥善保管。俟全部结束，即将宫禁一律开放，备充国立图书馆、博物馆等项之用，藉彰文化，而垂永远"。11月24日段祺瑞临时执政府成立之后，按"清室善后委员会组织条例"的规定，决定成立博物馆筹备会，聘请易培基为筹备会主任。

此后，清室善后委员会组织人力对深藏宫禁的珍宝一一登记，化私产为公产。

清室善后委员会议定，博物院以溥仪原居住的清宫内廷为院址，名称为"故宫博物院"。经郑重遴选，清室善后委员会推定21名董事，他们都是地位显赫的军政界要人和声名洋溢的学者教授，如鹿钟麟、张学良、卢永祥、蔡元培、许世英、熊希龄、于右任、吴敬恒等。这种安排主要是为显示社会各界的支持，寻求博物院的保护力量，确保其长远发展。1925年9月29日，李煜瀛手书的"故宫博物院"匾额，已高悬在神武门城楼上方。1925年10月10日，故宫博物院开院典礼在乾清门举行。

故宫博物院的开放是继法国大革命开放卢浮宫、俄国十月革命开放艾尔米塔什之后的一次东方博物馆史上的大事件，古老的帝国之都开始走向新的起点。故宫博物院的建立，与此前已经成立十一年的古物陈列所不同。它是一所现代意义上的公共博物馆，吸收了社会各界名流组建故宫博物院董事会、理事会，创建新型管理体制，确立制度保障，依靠一批专业学者参与具体工作，及时清点文物并向社会公布，不断推出各种专题文物展览，陆续创办数种刊物公开发行，吸纳社会赞助修缮危损建筑。

二、天安门前区域的改造

明清时期，皇城作为拱卫、侍奉、供应皇家的外院，从四面包围紫禁城，并在东、西、北三面的城墙上各辟一门，分别为东安门、西安门、地安门。南面则沿中轴线建为三重门：一是紫禁城午门正南之端门，二是端门正南之承天门（清代改名为天安门），三是承天门正南之大明门（清代改名为大清门）。这种设计将内朝、外朝与皇城贯通一体，由外而内，层层递进，在两边高耸、巍峨的宫墙围合中，衬托出宫禁的森严与等级秩序的不可逾越。

天安门前是一个封闭的"T"字形宫廷广场，又称"天街"，四周宫墙环绕，属皇家禁地，普通百姓难以一窥全貌。广场东西两端建有长安左门与长安右门（清代，长安左门改名为东长安门，长安右门改名为西长安门），自天街向南凸出的部分，止于大清门。乾隆十九年（1754年），长安左、右门外的街道增筑围墙，作为广场两翼的延伸部分，其东西两端，又各建一门，分别称之为"东三座门"和"西三座门"。大清门门内与天安门连接在一起的中心御道称"千步廊"，千步廊外两侧按"文东武西"布局，列六部于左，列五府于右，集中了中央机构的绝大部分衙署，包括行政与军事机关，是各部议事、办公的场所。这样一种设计将中央政权的中枢机构与紫禁城通过宫廷广场连为一体，形成了以紫禁城为中心的国家最高权力机器。

清代后期，千步廊内的一些建筑已经开始遭到不同程度的损毁。1900年八国联军侵入北京，千步廊再遭严重破坏。次年，《辛丑条约》签署，将原先分散杂处于宫廷广场东侧衙署、寺庙、民房之中的各国使馆连成一片，建立起东交民巷使馆区，划定了统一馆界，馆区内原有的中国衙署、民房一概迁出。各国使馆所在地界自行驻兵防守。根据条约规定的使馆区，东起崇文门内大街，西至宗人府、吏部、户部、礼部（今国家博物馆一带）一线，南起内城南墙（今前门东大街），北至东长安街以北80米（与皇城南城墙紧邻），千步廊以东的区域与东交民巷使馆区连成一片，成为"国中之国"。

另一方面，清末新政时期官制改革中设立的巡警部、陆军部、农商部等机构已经不在千步廊左右，并且突破了皇城范围，分设到内城各地。"中华民国"建立之后，北京仍是国都，中央政府在形式上实现了立法、司法、行政的三权分立，国会、总统府、国务院及所属各部（外交部、教育部、内务部、农工商部等）散置在京城各处，邮政局、铁路局、电报局多在长安街沿线。作为地方性行政机构的京都市政公所位于府前街，京师警察厅位于户部街。1928年国都南迁之后，北平市政府及所属社会局、工务局等多在中南海办公。总之，不管是中央机构还是北平地方行政机构，往往是因地制宜，多在原有建筑基础上进行改造，与原有皇权体制下的官署选址形成强烈对比。

"中华民国"建立之后，1912年，长安左门与长安右门两侧围墙被拆

162

除，天安门前不再是皇家禁地。京都市政公所建立之后开始对天安门至大清门之间的封闭区域实施改造，大清门内千步廊两侧衙署建筑以及东西外三座门相继拆掉，天安门前的东西大道贯通。后来，东长安门到西长安门之间的道路一度被命名为中山路。其东为东三座门大街，再向东为长安街；西面为西长安门大街，再向西是府前街，又向西是西长安街，北京东、西城得以连接。1921年西长安街改建成沥青路，1928年，东长安街改建成沥青路。

大清门始建于明朝永乐年间，初名"大明门"，位于天安门与正阳门中间的中轴线上，清代《国朝宫史》称其为"皇城第一门"。大清门是皇帝、宗室参加重要庆典出入之门。明清时，每年冬至，皇帝都要到南郊天坛去祭天，夏至要到北郊地坛祭地，孟春祈谷，皇帝还要到先农坛亲耕田。每逢这些大典，午门、端门、天安门、大清门全部开启，皇帝头戴金冠，身穿龙袍，乘坐御辇，由大清门出皇城。民国建立之后，大清门改名中华门，普通百姓也可以从正阳门进入，穿越中华门，沿着曾经的石板御道一路向北，直接抵达天安门。

正阳门位于紫禁城正南方，内城南垣正中，又称前门，在北京内城的九座城门之中建筑规模最大，形制也最为宏丽。正阳门北面正对着大清门、天安门，可以直通皇城大内，不仅为京师内城的正南门，更有"国门"之称。明清时期，正阳门城楼与箭楼相连，中间形成一个巨大的瓮城，瓮城四面皆有门。正阳门大门常年关闭，南部箭楼门洞仅供皇帝御驾经行时方才开启，一般官员以及行人等只能从瓮城东西两侧的闸门进出。

庚子之变，慈禧、光绪帝仓皇出逃至西安，八国联军侵入北京，在天坛架起大炮，正阳门的城楼和箭楼均被轰塌。1902年初，"巡狩"西安的慈禧太后与光绪皇帝"回銮"，劫后的正阳门还未及修复。或许是顾及大清脸面，或许是为了博取圣心欢悦，时任顺天府尹为了粉饰观瞻，将残破的城楼拆除，在城台上先用杉、木材搭设席棚，再用五色绫绸装点其上，装扮成箭楼的模样，以迎接圣驾。不知西太后看见这样一座城楼，会做何感想。事后，朝廷下旨在全国征集白银30余万两，启动重修工程。1903

年，正阳门城楼和箭楼开工重建，1906年完工。

由于封闭的皇城位于北京城的中央，城市东西之间的通行只能绕道至正阳门，这样一种线路安排凸显了正阳门的交通枢纽地位。在其周围，尤其是箭楼以南至天桥一带形成了繁华的商业区，南来北往的商旅汇集于此。瓮城内东西两侧各有观音、关帝庙一座，加之商贩支棚摆摊，十分拥挤。20世纪初期，正阳门东、西两座车站先后建成，带来大量客流。但正阳门只有一个门洞可供通行，防御要塞式的建筑设计严重加剧了这一地区的拥堵指数。

京都市政公所建立之后开展的第一项重大城市建设工程就是正阳门改造。1914年，内务部总长兼京都市政公所督办朱启钤向大总统袁世凯提交了《修改京师前三门城垣工程呈》。改造计划获得了中央政府的批准，朱启钤聘请德国人罗思凯格尔（Curt Rothkegel）为总建筑师。整个工程进展得非常迅速，当年年底即告全部完工。经过改造，拆除正阳门瓮城，将箭楼孤立。在城楼东西两侧的城墙上各新辟两个门洞，并在箭楼两侧修建了通道，行人与车辆可以径直进入内城，大大提升了正阳门的通行能力，交通拥挤状况得到缓解。由于箭楼本身没有独立的登城阶梯，又在箭楼北侧增建了"之"字形的磴道。改建后的正阳门箭楼，增添了使用钢筋水泥制作的挑梁、阳台、护栏和箭窗的窗檐，外表涂刷白漆，隐约有西洋风格。正阳门东西城垣周边凡有碍交通之商铺、民房全部迁出，增设具有西方风格的装饰性喷泉，并以欧洲方式栽种了树木，区域内的环境得到改善。

另一方面，由于天安门前东西大道已经初步成型。通过改造正阳门，天安门前区域与外城直接贯通。传统中轴线与东西长安街为主的东西轴线交汇于天安门这个中心点，天安门的空间地位被进一步凸显出来。天安门前成为北京传统严谨、方正的城市格局中相对宽敞的开放性空间，这也为后来一系列政治运动在此发生提供了物理基础。从纵向视野观察，南北轴线与东西轴线的相交于天安门，为之后北京城市街道系统的建设确立了一个基本的十字架。

正阳门改造工程是北京城市发展进程中的一个标志性事件，城市不再

164

以"皇权"为中心，公共利益在"帝制"坍塌之后开始占据了更多的话语权。通过在北京巍峨的城墙上凿开了四个门洞，正阳门改造工程也为后来北京城墙的拆改埋下了种子，不久之后修建的京师环城铁路正是因为有了正阳门改造的先例，才能顺利地通过沿线几座瓮城。

三、中轴线南段的变化

从正阳门外到永定门这段是北京中轴线的南段。正阳门外为石道，即正阳门大街，两旁多被商铺占据。自明朝永乐年间开始，为了繁荣市面和扩充税源，曾在北京各处城门之外营建商用铺面店房，称为"廊房"，以正阳门大街西侧的"廊房四条"最为著名，这就是后来的"大栅栏"，与廊房头条、二条、三条构成了共同构成了一片完整的市集。由于该处乃出入内外城的要道，占尽地利，明清以来一直是京师最为繁华的商业地带。

清末，正阳门大街的商家已经蔓延至箭楼瓮城，形成了东边的"帽巷"与西边的"荷包巷"。1901年，京汉铁路延伸至正阳门西侧，并于次年建成正阳门西车站。1902年，京奉铁路修至正阳门东面的使馆区，并于1906年建成正阳门东车站，正阳门作为北京客货运输的集散枢纽地位得到强化。与之邻近的鲜鱼口、煤市街、珠宝市和"八大胡同"……正阳门前终日车水马龙，熙熙攘攘。

天坛与先农坛是北京中轴线南段东西两侧最重要的礼制建筑。天坛是明清帝王祭天祈谷的场所，始建于明朝永乐十八年（1420年），殿宇华美，古木苍翠，是北京最具园林之胜的一座坛庙，在京华名胜中堪称翘楚。明清时期，天坛属皇家禁地，平民不得进入。民国建立之后，天坛停止祭祀，地位骤然跌落。清皇室将原供奉在天坛的祖先神牌全部撤走，移入太庙，祈年殿及斋宫等处殿堂关闭，随后移交给民国政府内务部礼俗司掌管，但此时礼俗司无暇顾及，无法派驻管理人员，更谈不上订立管理办法，天坛一度被沦为林场、跑马场、战场，虽没正式对外开放，但私人进园游览的情况越来越普遍，而各界在坛中集会亦多，尤以每年春季，学界运动会最为热闹。

1913年，为纪念"中华民国"建立一周年，天坛自1月1日至10日起向社会开放。1914年，外务部礼俗司曾允许外国人持外交部专门的"介绍券"进入坛内参观，并做了相应规定。1917年6月，内务部就天坛辟为公园一案提出调查报告，对坛内树木进行调查，给所有树木挂牌编号，并测绘了天坛全图。总统黎元洪还率各部长官，在天坛斋宫河畔植树，倡导绿化。不过，同年张勋复辟之时，其所带军队曾在天坛驻兵。战争结束之后，内务部成立天坛办事处，负责筹办公园事宜。1918年1月1日，在民国政府内务部主持下，下设天坛办事处，天坛被辟为公园，"任人购票游览"，正式对外开放。在此后近30年间，由于地势开阔，在战乱频发的时代，天坛多次成为军队驻扎之地。

先农坛是明清两代帝王祭祀神农、亲耕籍田和观耕的地方，始建于明永乐十八年（1420年），沿用明初旧都南京礼仪规制，将先农、山川、太岁等自然界神灵共同组成一处坛庙建筑群。清代后期，祭祀制度逐渐弛废，先农坛内逐渐荒凉。"中华民国"建立之后，北洋政府内务部成立礼俗司，统一管理清廷移交的皇家坛庙，坛庙管理所即设在先农坛神仓。

1915年6月17日是当年农历的端午节，内务部发布公告，宣布先农坛辟为"市民公园"且售票开放，"数月以来，各处布置得渐臻完美，一般市民表示非常欢迎，可见京都市民之对于公园，并不是漠然置之。惟认真讲起来，京都市内，面积如此之大，人口如此之多，仅仅一处中央公园，实在不足供市民之需要。"[①] 1917年，京都市政公所请拨外坛北半部作城南公园，1918年，又以一坛不便设两公园，请将先农公园归并于城南公园。城南公园是北京继中央公园开放之后的第二座现代公园，地处南城，票价低廉。园内辟有鹿囿、花圃、书画社、球场、茶社、书报社、电影院等游乐设施。

先农坛开放成公园之后对周边环境产生了重大影响，由于坛区内引入了公园、游艺园和市场，又由于坛北示范性"香厂新市区"的兴建，以及

---

① 来源于市政通告：（1915年5月5日第18期）。

东部天桥市场的兴起，先农坛地区保持了几百年的肃穆风貌，在短短的时间内就有了很大的改变，新兴的商业气氛与市井气息成为这一地区的重要标志。由于空间地理位置以及先农坛本身的特点（如票价低廉），城南公园成为一座典型的平民公园。20世纪30年代，先农坛地区开始修建公共体育场。

永定门作为中轴线的南端终点，是从南部进入北京城的第一座城门。进入20世纪之后，永定门区域一个很重要的变化就是京奉铁路与京汉铁路的修建。1907年，京奉铁路全线通车，成为联结北京与东北的交通大动脉，新落成的站舍全称"京奉铁路正阳门东车站"，为京奉铁路之首站。20世纪初期，还存在一座正阳门西车站，但在规模以及地位上明显逊于东车站。

四、中轴线北段的变化

自景山至鼓楼这段是中轴线的北段。它紧承"前朝"皇城，一直延伸到"后市"。虽然分布在这条线上的建筑数均隐藏于紫禁城的背后，但因为独特的地理位置和建筑特色，使其能够俯瞰北京，记录历史。从钟鼓楼远望，由漕运而兴的什刹海，与统摄皇城的景山以及方正规矩、运筹帷幄的紫禁城，像一个个音符，构成了一首完整的乐章。

景山位于紫禁城外正北方，是明清两代的皇家御园。辛亥革命以后，依照《优待清室条件》，景山仍由居住在紫禁城内廷的逊清皇室管理使用。由于清皇室此时无力顾及，景山一度荒芜。1924年11月，溥仪被驱出宫之后，景山由清室善后委员会接管。1925年10月，故宫博物院成立，景山由其收归管理。1928年稍加修葺整理，以公园形式对外开放。但寿皇殿、观德殿等殿宇仍由故宫博物院管理使用。

此后，故宫博物院筹措工程经费，对景山进行了大规模修缮，包括景山门外的马路、四周的围墙，园内的绮望楼、山峰上的五座亭子和寿皇殿、观德殿等，同时还补种了松柏树、栽植花草。1930年，在景山东边山脚下明朝末代皇帝崇祯自缢的地方树立了"思宗殉国碑"，以志追念。日据时期，景山各处的修缮工程大大减少。抗战结束后，北平政府也无暇顾及景山的修缮工作。1948年初，故宫博物院曾在观德殿内筹办职工子弟小学。1949年，北平和平解放，经过重新修整，1950年6月，景山公园恢复开放。

景山之北为地安门，成为皇城最北端的屏障。地安门在明代称"北安门"，又名"厚载门"，俗称"后门"，清顺治时改为"地安门"，与"天安门"遥相对应。如果把地安门内的皇家世界比喻为天上，那么，地安门外的什刹海一带就是人间俗世了。以地安门为界，一边是巍峨的皇城，一边是烟火缭绕的居民区。作为皇城北门，凡是皇帝北上出征巡视时大多要出地安门，亲祭地坛诸神时也出地安门。

庚子事变期间，地安门被毁，之后重建。民国之后，随着皇城北部城墙被拆，地安门成为一处孤立的建筑。出地安门外，就是地安门大街，也称"后门大街"。从地安门以北到钟鼓楼这片区域成为皇家文化与市井文化的融合区。此时，这里发展成为定期的集市，游艺、吃食、旧书、旧货等。作为"皇城根儿"，这里存有大量的王公府第，居住者多为八旗子弟。随着八旗子弟的没落，后门地区渐渐沦为平民区，商业也随之萧条。1936年美学家朱光潜有如此观察："北平的街道象棋盘似的依照对称原则排列，精华可以说全在天安门大街。它的宽广、整洁、辉煌，立刻就会使你觉到它象征着一个古国古城的伟大雍容的气象。后门（地安门）大街恰好给它做一个强烈的反衬。它偏僻、阴暗、湫隘、局促，没有一点可以让一个初来的游人留恋。"[①]

中国自古就有"晨钟暮鼓"之说，位于中轴线最北端的钟、鼓二楼始建于元代至元年间，合称"钟鼓楼"。元、明、清三代，钟鼓楼最主要的职责就是"司时"，方式是击鼓撞钟。清朝接用了明朝的全部宫室坛庙，包括鼓楼。庚子年"八国联军"入侵时，鼓楼亦被劫掠。"中华民国"建

---

① 朱光潜. 后门大街（1936年）[M]//姜德明. 北京乎. 上海：生活·读书·新知三联书店，1997.

立之后，逊帝溥仪依然被允许住在紫禁城中，维持其小朝廷的格局，钟鼓楼的司时功能也延续了下来。直到1924年，溥仪被冯玉祥赶出紫禁城，负责旗鼓手的机关"銮舆卫"随之被取消，鼓楼的报时功能被废止。同年，京兆尹薛笃弼将鼓楼改名为"明耻楼"，刻匾挂于楼门之上，并在鼓楼里面陈列八国联军烧杀抢掠的照片、实物等，以警示民众。次年，继任京兆尹李谦六恢复"齐政楼"之名，并在鼓楼开办"京兆通俗教育馆"，进行公共卫生及改良风俗方面的宣传。

五、结语

民国北京中轴线的历史变迁与北京城市转型具有过程上的同步性。中轴线作为基准，统领了北京的空间结构，确立了以皇权为中心的严整的、等级分明的空间秩序，位于其上的建筑大多为礼制性，为帝王服务、阐释皇权的合法性与正当性是其最核心的功能。清代后期，国势衰微，国家控制能力下降，中轴线代表的神圣性、权威性开始受到局部侵蚀与消解。

辛亥革命爆发，帝制崩塌，支撑原皇权体制的一系列制度体系与思想观念逐渐解体，建立在皇权基础上的中轴线的命运也发生了历史性转折。中轴线的完整性遭到肢解，各类建筑通过功能改造，由象征性走向实用性。皇城城墙被拆除，确立皇城存在的边界概念不断消失，层层包裹的封闭性格局逐渐挣脱中轴线的限制而走向开放，中轴线对城市的规定作用丧失。原有的皇家礼制与等级结构被彻底突破，在现代城市建设理念的引导下，城市建设的重点从帝制时代的宫殿衙署转向基础设施，"个人"的日常需求被凸显，皇权唯我独尊的时代结束了，城市逐渐突破皇权的限制而展示出更多的自由与活力，古老的帝都启动了走向现代城市的最初步伐。

最后需要思考的是，中轴线确立了北京城严谨方正的城市格局，从南到北，在这一轴线之上几乎没再给城市预留出更多纵向的发展空间。从20世纪20年代开始，以天安门为中心的东西轴线开始逐渐成形，逐渐突破原有的南北中轴线对城市空间的规定与制约。日伪时期的城市规划主要是围绕这条东西轴线做文章，确立了西郊新市区计划以及东郊的工业区计划。

1945年北平光复之后,国民党政权的城市规划也基本沿袭了这一思路。中华人民共和国成立之后,也是在继承原有城市空间结构的基础上,在不打破以中轴线为基准的对称性结构的前提下,以天安门广场为中心,延长东、西长安街,拓展城市的东西边界。这一举措在强化北京东西向流动的同时,进一步拉大了南北差距。

作者简介:王建伟,男,1979年生,内蒙古通辽人,研究员,博士,研究方向:近代北京城市史。

北京中轴线文化遗产保护利用研究综述

摘　要：北京中轴线是北京老城的"灵魂与脊梁",擦亮中轴线这张"金名片",对于北京老城保护意义重大,也将为北京推动全国文化中心建设增光添彩。本文基于国内外城市轴线发展的历史进程和研究现状,尤其是北京城市中轴线的研究进展,对国内北京中轴线相关的论著、文献进行系统梳理,并运用 CiteSpace 软件创建北京中轴线关键词共现网络,从北京中轴线的历史发展、当代形态、申遗情况、遗产节点个案以及传承利用五个层面梳理目前关于北京中轴线的研究现状,并提出未来研究方向。

关键词：北京中轴线　文化遗产　保护　利用

梁思成曾说："北京独有的壮美秩序就由这条中轴的建立而产生；前后起伏、左右对称的体形或空间的分配都是以这中轴线为依据的；气魄之雄伟就在这个南北引申、一贯到底的规模。"① 2020 年 4 月《北京市推进全国文化中心建设中长期规划（2019 年—2035 年）》（下文简称《规划》）正式发布,《规划》指出要"通过中轴线申遗推动老城整体保护与复兴"。通过北京中轴线申报世界文化遗产,提升中轴线的核心遗产区域缓冲区文化遗产资源的时代活力,以中轴线的保护与再利用推动北京老城的整体保护与复兴,建设北京历史文脉与城市环境、城市发展、城市人群相互交融的整体空间结构。

---

① 梁思成. 梁思成文集 [M]. 北京：中国建筑工业出版社, 1985：10-11.

现存的北京中轴线浓缩了北京几百年来城市建筑的精神内核，也展现了中华民族博大精深的文化思想，更彰显了我国深厚的文化底蕴与文化自信。做好北京中轴线的整体保护与传承，不仅是中轴线申遗的需要，也是北京市推进全国文化中心建设的应有之义，更是提升中国文化国际影响力、国际竞争力的必然之路，有必要对北京中轴线文化遗产保护利用的研究现状进行梳理与归纳。

一、关于北京中轴线文化遗产保护利用的研究情况

（一）论著层面

北京中轴线是北京城市历史发展变化中保留下来的珍贵的文化遗产，因此关于北京城市中轴线的研究与北京城市历史发展研究密切相关。在中华人民共和国成立初期，林徽因与梁思成对北京旧城格局建设与城市历史文化遗产的保护做出杰出贡献。

其中，对于北京中轴线的研究，学界公认最早的是梁思成先生于1951年提出"北京中轴线"概念，他认为北京中轴线是"一根长达8公里，全世界最长，也是最伟大的南北中轴线穿过全城。北京独有的壮美秩序就由这条中轴的建立而产生。"[1] 埃德蒙·培根（Edmund Bacon）在《城市设计》（*Design of Cities*）一书中指出"北京可能是人类地球上最伟大的单一作品"，认为北京城的伟大之处是拥有城市中央运动路线，并在路线的基础上通过特定色彩的四个区域影响中国古代城市规划，形成对称工整的城市秩序与格局。

从已有的论著数量来看，目前针对"北京中轴线"为题的相关论著仍然较少。以"北京中轴线"为题对国家图书馆馆藏图书进行检索，截至2020年11月30日，共检索到"北京中轴线"相关题作15本，具体著作列表（见表1），著作类别以建筑类、历史类、文学类以及摄影图册类

---

[1] 梁思成. 梁思成文集[M]. 北京：中国建筑工业出版社，1985：10-11.

为主。

表1 "北京中轴线"相关题作列表

	论著名称	著者	出版年份	学科归属
1	《北京中轴线建筑实测图典》	马国馨	2005年	建筑类
2	《北京中轴线城市设计》	北京市规划委员会	2005年	建筑类
3	《北京——中轴线上的都城》	祝勇	2006年	历史类
4	《魅力北京中轴线》	李建平	2008年	历史类
5	《北京中轴线历史文脉》	沈方	2011年	建筑类
6	《我与中轴线》	杨柳荫	2012年	文学类
7	《聚焦中轴线》	《聚焦中轴线》编委会编	2012年	摄影类
8	《北京中轴线变迁研究》	郭超	2012年	历史类
9	《什刹海与北京城的中轴线》	于永昌	2013年	历史类
10	《北京中轴线》	北京市政协文史和学习委员会	2013年	历史类摄影类
11	《北京中轴线》	林山	2016年	建筑类
12	《轴线手法在当代建筑设计中的应用》	王振军	2017年	建筑类
13	《古都北京中轴线（上下册）》	北京市文史研究馆	2017年	建筑类
14	《当代北京中轴线史话》	郭欣	2017年	文学类
15	《一脉相承》	陈溥	2018年	历史类

就建筑层面来看，毛主席纪念堂设计者、中国工程院院士马国馨教授早在20世纪40年代便进行了一次由南至北的北京中轴线建筑规模工程测绘，并于2005年将各个单体建筑的不同平面及大样图汇编成册。沈方、张富强（2005）阐述北京中轴线的历史建筑中蕴含的中国优秀传统文化内

涵。林山（2016）将北京中轴线的不同节点建筑进行逐一分析介绍。王振军（2017）从分析古典建筑轴线手法产生、建构的原因入手，挖掘轴线手法的本质特征并将其放在当代社会的各种相关学科中加以审视，从而进一步建立本文的"当代轴线手法的概念系统"，并对城市轴线手法进行总体的评价、总结和预测。除了不同专家学者聚焦北京中轴线研究，北京市规划委员会也曾多次组织有关北京中轴线城市设计研究及方案咨询工作以及主编出版《北京中轴线城市设计：创造北京未来的城市形象》一书，并对北京城市中轴线进行全新的诠释。此外，北京市政协文史和学习委员会、北京市文史研究馆等机构也纷纷参与北京中轴线的研究工作。

就历史层面来看，著名地理学家侯仁之先生、北京史研究会会长李建平先生等专家学者均对北京中轴线的历史发展进行了深入研究。中国作家协会会员祝勇从营城和改造两个层面，将北京中轴线蕴含的美学、历史学、建筑学、民俗学融为一体，阐述北京中轴线的传统与现代。李建平先生（2008）将北京中轴线比喻成一曲波澜起伏的乐章；郭超（2012）以"六重证据法"为研究方法，通过历史地理篇与规划纪事篇两个层面综合性地将史料文献、考古资料，历史地理变迁、传统制度变迁，实地考察结果等运用于北京古城规划，尤其是北京中轴线的变迁研究中，深刻揭示了北京中轴线在元、明、清朝代中的历史沿革和意义转变。陈溥（2018）除了分析中轴线形成与演进外，还着重分析了北京中轴线的改造以及延伸问题。

此外，也有一些学者将北京中轴线相关的摄影作品结集成册，为北京中轴线的文化传承与保护做出有益贡献。

（二）文献层面

从研究数量来看，借助 CNKI（中国知网数据库）对国内的研究文献分析，截至 2020 年 11 月 20 日，以"北京中轴线"为题名进行检索，共检索到相关文献 138 篇，其中学术期刊 98 篇，学位论文 2 篇，会议 15 篇，报纸 8 篇。而以"北京中轴线"为检索词在百度搜索引擎上进行检索，检索到相关结果23 200 000个,可以看出,目前学界对北京中轴线的关注度和研究热度与社会关注度不成正比。

2012年起,北京中轴线被正式列入中国申报世界遗产的预备清单,2016年以来,北京中轴线申报世界遗产伴随着北京城市功能的调整,再次成为保护和传承北京历史文化、展现首都都市和文化风貌的重要工作,成为社会关注的热点,但是学界的相关研究会随着社会关注度的提升而取得较大的研究进展。

从研究领域来看,对于"北京中轴线"的研究成果仍然以建筑与科学工程文献为主,占比50%以上,其次是文化领域文献占比14.29%,再次是考古领域文献占比12.34%(见图1)。此外,还有从旅游领域、地理领域以及其他历史领域等进行有关"北京中轴线"的探索与研究。其中以吕舟、张宝秀、王建伟、章永俊、侯仁之、赵幸、李建平等学者的研究文献居多。

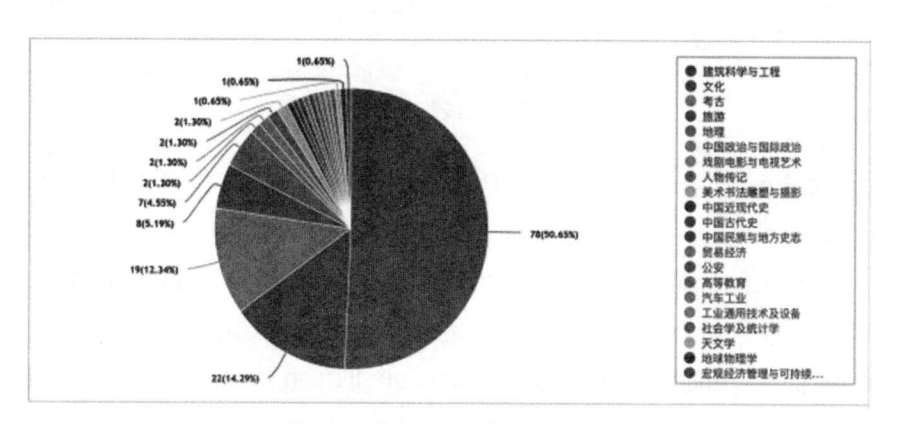

图1 "北京中轴线"研究领域

就已有文献用"Cite Space"软件,构建自1973年至今的相关文献中,关键词显现两次以上的关键词共现网络(见图2),可以看出,尽管我国学界对北京中轴线的研究从1973年便开始进行,但是目前关于北京中轴线的研究仍然较少,且研究内容相对分散,关于北京中轴线的研究体系尚未形成。目前的研究内容多聚焦在北京城、永定门、正阳门、北京旧城、奥林匹克公园、天安门广场等，多是北京中轴线上的遗产节点的独立的、微观的研究，就北京中轴线的整体性保护与利用研究仍然不足，缺少宏观视角的研究。

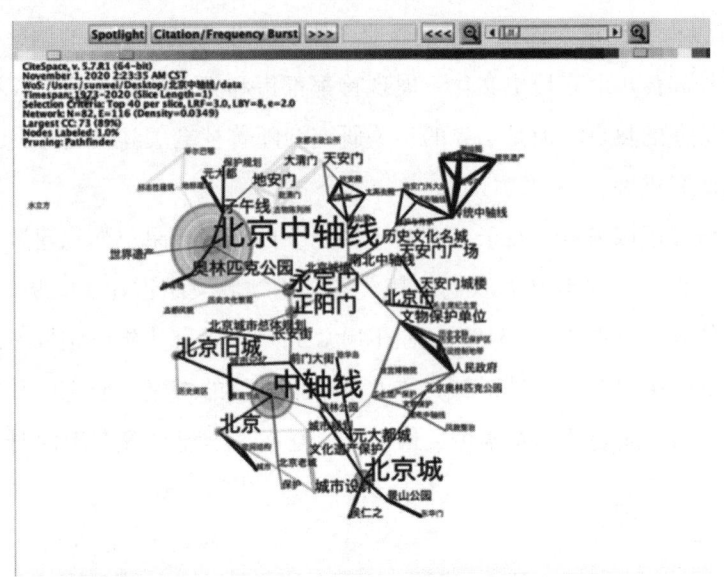

图 2　"北京中轴线"关键词共现网络

从研究内容来看，学者们对于"北京中轴线"的研究主要聚焦在以下几个方面：

一是北京中轴线的历史发展研究。这类研究主要通过文献档案梳理和空间实地考察等方式，对城市中轴线在城市各个发展阶段中的历史形成与演变进行实证性、历时性、现象性分析。早在20世纪70年代，著名历史地理学家、中国科学院院士侯仁之先生便已经对北京城市变迁、城市历史进行研究，包括北京旧城改造[1]、北京城市建设原则[2]以及北京规划南北中轴线的延伸[3]等角度对中轴线的发展渊源、现代改造进行研究分析，并将北京市

---

[1]　侯仁之. 北京旧城平面设计的改造［J］. 文物，1973（5）：2.
[2]　侯仁之. 试论北京城市规划建设的两个基本原则［J］. 新建筑，1986（3）：2-8.
[3]　侯仁之. 从北京城市规划南北中轴线的延长看来自民间的"南顶"和"北顶"［J］. 城市发展研究，1995（1）：10-11.

>>> 第二部分 北京中轴线

与华盛顿的中轴线设计思想进行对比分析①，这也是国内较早的城市中轴线的对比分析研究。朱祖希（2019）② 结合北京独特的自然人文背景和城市历史文化，实证研究了元代及元代以前北京城市空间形态与空间功能的历史变迁。诸葛净（2009）③、赵寰熹（2016）④ 和孙冬虎等（1999）⑤ 分别研究辽金元时期、清代时期、民国时期北京城市文化形态与空间功能。

李路珂（2003）⑥ 从轴线的概念出发，运用文献、实证和比较的方法，指出北京城市中轴线区别于其他城市中轴线的特征为等级秩序、自北向南延伸等。张妙弟（2012）⑦ 提出北京中轴线性质定位，认为北京中轴线是基准之轴、政治之轴以及历史辩证之轴。此外，也有专家学者就北京中轴线历史发展的争议点进行专题分析，如李仕（2010）⑧、夔中羽（2005）⑨、李建平（2009）⑩ 均从不同角度分析北京中轴线偏离子午线的具体原因。

二是北京中轴线的当代形态研究。王岗（2015）⑪ 对北京中轴线的历史文化内涵与当代政治意义展开研究，认为新时期的北京中轴线体现了人民当家做主的政治主题。张宝秀等（2015）⑫ 指出现在北京中轴线的当代

---

① 侯仁之. 从北京到华盛顿——城市设计主题思想试探 [J]. 城市问题，1987（3）：2-17.
② 朱祖希. 认识"北京中轴线"的几个要点 [J]. 北京人大，2019（7）：20-23.
③ 诸葛净. 出世与入世——辽金元时期北京城市空间与寺院宫观研究 [C] //建筑历史与理论第十辑（首届中国建筑史学全国青年学者优秀学术论文评选获奖论文集），2009：16.
④ 赵寰熹. 清代北京城区至西北郊道路景观初探 [J]. 北方民族大学学报（哲学社会科学版），2016（5）：118-121.
⑤ 孙冬虎，王均. 民国时期北平市域的拓展计划初探 [J]. 中国历史地理论丛，1999（3）：218-227.
⑥ 李路珂. 北京城市中轴线的历史研究 [J]. 城市规划，2003（4）：37-44.
⑦ 张妙弟. 北京中轴线性质的四个定位 [J]. 北京规划建设. 2012（2）：20-23
⑧ 李仕. 北京中轴线：为何偏离子午线 [J]. 城市住宅，2010，5（5）：76-77.
⑨ 夔中羽. 北京中轴线偏离子午线的分析 [J]. 地球信息科学，2005，1（7）：25-27.
⑩ 李建平. 北京中轴线寻踪 [J]. 传承，2009（2）：46-48.
⑪ 王岗. 北京中轴线的历史文化内涵与当代政治意义 [J]. 北京联合大学学报（人文社会科学版），2015，13（2）：6-10.
⑫ 张宝秀，张妙弟，李欣雅. 北京中轴线的文化空间格局及其重构 [J]. 北京联合大学学报（人文社会科学版），2015，13（2）：17-23.

空间形态以城市公共文化服务空间场所为主，印证了王岗的新时期的北京中轴线是以为广大人民群众服务为核心的理念。王建伟等（2015）[①] 关注北京中轴线和朝阜大街这一纵一横两条城市文脉在城市空间格局变迁中的演变，以及随着新景观新建筑的不断产生而形成的更加丰富的当代空间结构。沈加峰（1989）[②] 通过市场调查方法分析、以城市意象理论为依托，分析北京中轴线在广大群众印象中的知名度、认知度。曹珊（2012）[③] 通过城市记忆测评方法分析北京中轴线建设目前存在的问题。李建盛（2020）[④] 阐释了北京中轴线北延线的城市文化空间生产的传统性与现代性。

三是北京中轴线的申遗相关研究。自2012年北京中轴线正式列入《中国世界文化遗产预备名单》以后，学界关于北京中轴线的世界遗产申报相关研究显著增多。吕舟（2019）[⑤] 在世界遗产价值体系下分析了北京中轴线的遗产价值。单霁翔（2019）[⑥] 指出保护好北京中轴线文化遗产的必要性与重要性，并提出要实现北京中轴线的有序保护、综合保护、整体保护和发展保护。孙燕等（2019）[⑦] 就当前北京中轴线文化遗产保护现状进行阐述。庞书经等（2019）[⑧] 提出北京中轴线遗产区内重要节点的保护

[①] 王建伟. 北京都市空间中的历史文脉传承[C]//北京市社会科学院历史研究所. 北京史学论丛（2015）. 北京：群言出版社，2016：14.

[②] 沈加锋. 从一个调查看北京中轴线的印象[J]. 城市规划，1989（4）：25-27.

[③] 曹珊，段进宇，侯硕，邢晓娟. 城市记忆度评测——以北京中轴线研究为例[C]//中国城市规划学会. 多元与包容——2012中国城市规划年会论文集. 昆明：云南科技出版社，2012：19-29.

[④] 李建盛. 城市文化空间生产的传统性与现代性阐释——以北京中轴线北延线城市文化空间为例[J]. 北京联合大学学报（人文社会科学版），2020，18（2）：25-31.

[⑤] 吕舟. 北京中轴线：世界遗产的价值认知体系[J]. 北京规划建设，2019（1）：4-8.

[⑥] 单霁翔. 保护好、利用好、传承好北京中轴线文化遗产[N]. 北京文化报，2019-08-31（05）.

[⑦] 孙燕，郑楚晗，李梦静，等. 浅析作为文化遗产的北京中轴线及其保护现状[J]. 世界建筑，2019（11）：80-87.

[⑧] 庞书经，等. 城市设计如何引导北京中轴线遗产区内重要节点保护与利用[J]. 北京规划建设，2019，184（1）：26-31.

与利用需要用城市设计思路。赵幸等（2019）① 以新时期的北京中轴线城市设计要求、遗产价值为导向，提出北京中轴线城市整体设计思路。

当然，除了赞成北京中轴线项目申遗外，也有学者就北京中轴线项目申遗持反对意见。阙维民（2018）② 认为北京中轴线混淆了项目的物质与非物质文化遗产性质，有悖于世界遗产精神，不适合申请世界文化遗产。

四是北京中轴线的节点个案研究。谢丽（2005）③ 就北京中轴线上的十七座城门尺寸大小、面积等进行研究、测量。陆原（2012）④ 就北京中轴线上的四十二座古建筑进行历史考证。章永俊（2016）⑤ 就北京中轴线中不同"市"和庙会进行聚焦研究。徐点点（2012）⑥ 以保护北京中轴线的重要节点——天坛整体遗产价值为前提，探讨为游客提供最佳游览路线的规划设计方案。戴俭（2012）⑦ 就北京中轴线天桥的保护与更新进行研究。

五是北京中轴线的传承利用研究。这一类文献相对较少，具体而言，金磊（2012）⑧ 提出北京中轴线的保护传承使命，并提出了未来五年保护规划工作重点。李飞（2013）⑨ 就北京中轴线上的非物质文化遗产、古建

---

① 赵幸，夏梦晨，叶楠，等. 围绕核心遗产价值的北京中轴线1整体城市设计［J］. 北京规划建设，2019，184（1）：15-22.
② 阙维民. "北京中轴线"项目申遗有悖于世界遗产精神［J］. 中国历史地理论丛，2018，33（4）：5-25.
③ 谢丽. 北京中轴线上的十七座门［J］. 紫禁城，2005（3）：100-110.
④ 陆原. 历数北京中轴线四十二座古建筑［J］. 北京规划建设，2012（2）：61-65.
⑤ 章永俊. 北京中轴线及两翼的"市"与庙会［C］//中国古都学会. 中国古都研究（第三十辑）. 西安：陕西师范大学出版社，2016：144-156.
⑥ 徐点点. 寻找北京中轴线周边景观地遗产保护与社会利用的平衡点［J］. 北京规划建设，2012，2（143）：83-89.
⑦ 戴俭，曾苏元，周璐璐. 北京中轴线（天桥）风貌协调区保护与更新的实践与思考［J］. 城市建筑，2012（8）：86-88.
⑧ 金磊. 北京中轴线建筑遗产的保护与传承［J］. 北京规划建设，2012，2（143）：67-71.
⑨ 李飞. 城市内部廊道遗产的文化价值与保护利用——以北京中轴线为例［J］. 中国名城，2013（7）：35-39.

筑腾退利用以及旺季疏流问题提出北京中轴线旅游利用的思考建议。张玮琪（2020）① 依托城市双修理论，探索北京中轴线南段内的北京老城公共空间更新路径。

总体就社会关注度而言，关于城市轴线尤其是北京中轴线的相关研究仍然相对匮乏。在已有的研究内容里，多是从建筑学角度、人文历史角度出发，分析北京中轴线的历史变迁、文脉演进、当代形态等。但是就北京中轴线的文化价值阐释、整体性保护、如何开发、如何利用、如何推动北京中轴线与城市发展更加密切的融合依然空白。

此外，笔者以"北京中轴线"为主题词在国家社会科学基金项目数据库进行检索时，并未检索到相关内容。综上所述，目前针对北京中轴线的相关研究仍有较大的发展空间，对北京中轴线文化遗产项目如何进行整体性保护、对北京中轴线文化遗产资源如何进行盘活与利用仍需深入研究。

二、国内外关于城市轴线的研究综述

（一）国外关于城市轴线的相关研究

国内外对轴线的设计运用于城市中的均有一些理论支持与相关的案例。研究发现，尤其是在欧洲国家占有重要地位，经常以几何的方式作为设计手法而贯穿始终。亚里士多德曾说，美是由度量和秩序组成的，强调以棋盘方格式的交通网络为城市骨架，构建格局分明、尺寸规整的城市中心，以各种几何轴对称形态的广场为中心，为市民提供活动空间，以实现城市整体的秩序与度量。这样的轴线布局形态甚至影响了近代西方许多城市的形态规划。

而法国古典主义建筑甚至将轴线这种设计手法视为"定海神针"。享誉世界的"建筑诗哲"路易斯·康（Louis Kahn）、日本著名建筑师安藤忠

---

① 张玮琪."城市双修"理念下北京老城公共空间有机更新策略研究——以北京中轴线南段沿线区域为例 [D]. 北京：中央美术学院，2020.

雄等都对城市轴线进行过深入的研究与探讨。著名城市规划家培根①曾经以巴黎、圣彼得堡等城市为案例，论述城市轴线对于城市发展的正向推动作用。斯皮罗·科斯托夫（Spiro Kostof）在《城市的形成》②其中一章中探讨了历史上城市空间纪念性场景的塑造问题，而在这一塑造过程中，城市轴线空间及其相关的规划设计是最重要和典型的途径之一。国外城市轴线多用以城市整体规划方面展开，一般以开放道路的轴线形式与轴心组成，连接着市民的公共生活为公众所共同享用。西方国家中存在明显轴线的城市有美国华盛顿、澳大利堪培拉、法国巴黎等。勒·柯布西耶（Le Corbusier）③对于中轴线的重要性进行表述，认为"几何学是人类的语言，也是空间秩序的维持者"。日本建筑师丹下健三等④在轴线"核心"的研究基础之上，形成了"城市轴和城市核"的理论体系。西方城市轴线的发展研究也在不断探索与发展应用之中。

（二）国内关于城市轴线的研究综述

从研究数量来看，以"城市中轴线"为主题在 CNKI 上进行检索，截至 2020 年 11 月 20 日，共检索到相关结果 345 篇文章，从文献种类看来，其中学术期刊 249 篇，学位论文 28 篇，会议 39 篇，报纸 5 篇。从学科领域来看，国内对"城市中轴线"的研究以建筑科学与工程为主，占比 65.77%，宏观经济管理与可持续发展领域位列第二占比 9.43%，而就城市中轴线的文化领域、旅游领域相关研究成果仍然较少，分别占总研究成果的 2.96% 和 4.04%。

从文献内容来看，其中以北京城市中轴线的相关研究居多，在上文检

---

① [美]埃德蒙·培根. 城市设计[M]. 黄富厢，朱琪，译. 北京：中国建筑工业出版社，1989.
② [美]斯皮罗·科斯托夫. 城市的形成[M]. 单晧，译. 北京：中国建筑工业出版社，2005.
③ [法]勒·柯布西耶. 明日之城市[M]. 李浩，译. 北京：中国建筑工业出版社，2009.
④ 丹下健三，黄蕾. 日本东京规划，1960—1986[J]. 世界建筑，1991（5）：40-45.

索结果的基础上进一步以"北京"为关键词进行检索,得到相关文献 150 篇,也就是说在国内"城市中轴线"的 345 篇研究成果中,有关"北京城市中轴线"的相关研究成果便占据总研究成果的 43%左右,就"北京城市中轴线"的相关研究综述上文已经单独分析,在此不做赘述。

除北京城市中轴线外的其他相关文献中,国内学者们主要从城市中轴线的发展渊源、历史演变、城市规划设计、文物保护利用以及国内外对比分析等层面进行展开研究。早在 20 世纪八九十年代,学者们便开始对"城市中轴线"展开研究,贺业钜(1982)[1] 探索我国古代城市规划体系的形成发展问题。史建群(1986)[2]、董鉴泓(1986)[3]、程建军(1987)[4]、姚庆(2013)[5] 分别从中国古代城市规划布局、布局艺术、规划层面分析中国古代城市中轴线思想来源、发展渊源、历史变迁。郑卫等(2008)[6] 剖析古代都城规划实例,并提出中国古代城市中轴线设计发展的六个阶段。问红光(2009)[7] 较为系统地分析了在礼制、风水、五行等思想对古代城市建设的影响。谭建欣(2006)[8] 从探寻轴线的历史渊源出发,较为系统地分析了城市轴线的构成、特点,并将城市轴线进行分类、总结。牛世山(2013)[9] 分析了东周时期城市规划风格与特点。

从"城市中轴线"的案例分析来看,除了分析北京城市中轴线,学者

---

[1] 贺业钜. 关于我国古代城市规划体系之形成及其传统发展的若干问题 [C] //中国建筑学会建筑历史学术委员会. 建筑历史与理论(第三、四辑). 南京:江苏人民出版社,1982:22.

[2] 史建群. 简论中国古代城市布局规划的形成 [J]. 中原文物,1986(2):91-96.

[3] 董鉴泓. 中国古代城市的规划布局艺术与规划思想 [J]. 时代建筑,1986(2):51-53.

[4] 程建军. 中国古代城市规划之"择中"思想 [J]. 新建筑,1987(4):80-84.

[5] 姚庆. 我国古代城市中轴线的历史变迁 [J]. 佳木斯教育学院学报,2013(11):489.

[6] 郑卫,丁康乐,李京生. 关于中国古代城市中轴线设计的历史考察 [J]. 建筑师,2008(4):91-96.

[7] 问红光. 中国古代建城思想研究 [D]. 西安:西北大学,2009.

[8] 谭建欣. 城市规划中的轴线理论研究 [D]. 保定:河北农业大学,2006.

[9] 牛世山. 东周时期城市规划的新风格 [J]. 考古学研究,2013:492-524.

们还以分析广州城市中轴线、西安城市中轴线居多。高雪梅（1999）[①] 以昆明城市传统中轴线为例，论述了昆明历史文化名城保护和延续的基本思路，是学界对国内城市中轴线的个案研究中的早期研究成果。何嘉宁（2003）[②]、李百浩等（2003）[③]、陈蔚珊（2011）[④]、汪进等（2010）[⑤]、李俊（2019）[⑥] 分别从广州城市中轴线的历史演进、概念设计、形成规划、地下空间利用、城市空间序列等角度进行研究。王树声（2004）[⑦]、李晨（2014）[⑧]、丁倩文等（2019）[⑨] 分别从西安城市的明初城市格局演变、城市中轴线空间序列发展、中轴线城市风貌更新等角度进行研究。同时，也有不少学者对成都市中轴线[⑩]、深圳市中轴线[⑪]、福州古城中轴线[⑫]、潍坊诸城中轴线[⑬]、青岛城阳区中轴线[⑭]等进行研究。

[①] 高雪梅. 历史保护与延续的"脉"——昆明市传统的城市中轴线 [J]. 城市规划, 1999（4）: 41-377.
[②] 何嘉宁. 广州传统城市轴线的历史演进 [J]. 南方建筑, 2003（4）: 65-67.
[③] 李百浩, 黄亚平. 历史·风景·街市·生活——广州传统城市中轴线概念城市设计 [J]. 城市规划, 2003, 327（3）: 81-86.
[④] 陈蔚珊. 论广州城市中轴线的形成与规划 [J]. 城市观察, 2011（5）: 124-127.
[⑤] 汪进, 黎均文, 张苒. 广州新城市中轴线北段地下空间利用策略及布局探讨 [J]. 规划师, 2010, 26（7）: 5.
[⑥] 李俊. 广州近代城市中轴线空间史研究 [D]. 广州: 华南理工大学, 2019.
[⑦] 王树声. 明初西安城市格局的演进及其规划手法探析 [J]. 城市规划汇刊, 2004（5）: 85-88.
[⑧] 李晨. 西安城市中轴线空间序列演变与发展研究 [D]. 西安: 西安建筑科技大学, 2014.
[⑨] 丁倩文, 杨豪中. 西安中轴线城市风貌更新研究 [J]. 城市建筑, 2019, 16（25）: 183-187.
[⑩] 彭莉. 成都市城市中轴线公共空间植物景观初探 [D]. 成都: 四川农业大学, 2013.
[⑪] 黄虎. 博弈下的深圳规划决策制度合理性研究——由深圳中轴线南端城市设计引发的一些思考 [C] // 中国城市规划学会. 城市时代 协同规划: 2013 中国城市规划年会论文集. 青岛: 青岛出版社, 2013: 10.
[⑫] 祁丽艳. 体现地域特征的城市设计研究 [D]. 西安: 西安建筑科技大学, 2007.
[⑬] 任璐, 何子张. 小城市中轴线的生成与塑造——山东省诸城东关大街街区规划 [J]. 中外建筑, 2008（5）: 112-115.
[⑭] 解辉. 青岛城阳区中轴线广场序列规划建设研究 [D]. 西安: 西安建筑科技大学, 2011.

此外，也有相关学者就国内外城市轴线以及国内不同城市之间的轴线进行对比研究。恭皓峰（2010）[①] 从美学角度出发，通过总结中西城市轴线的美学体现与对比，提出运用轴线的城市设计审美标准。袁琳溪（2014）[②] 对比了20世纪以来北京与华盛顿城市中轴线的空间发展异同点。陈珊（2015）[③] 对比了广州与佛山的城市轴线应用。

三、北京中轴线文化遗产保护利用研究方向展望

总结来看，多学科综合研究共同发展已成为文化遗产整体性保护重要趋势。随着遗产保护领域认知的不断发展，保护理念已经突破原有孤立的研究边界，从单一的文物保护转向遗产整体价值的关注。文化线路、遗产廊道等综合性新类型遗产概念的不断建立，表明遗产保护已成为一项复杂的社会系统工程。

无论是城市轴线还是北京中轴线的相关研究，研究数量虽有起伏但整体呈逐年上升态势，逐渐成为建筑学、规划学、遗产保护学、旅游学、景观学和考古学界共同关注的焦点。尤其在2014年中国大运河及丝绸之路申遗成功前后年间，研究成果颇丰数量呈现小高峰态势。

国内已有研究侧重于国外理论引进、概念辨析、案例介绍进行中国具体实践的建议性讨论，研究具有一定广度但不够深入。就北京中轴线的已有研究成果来看，目前国内对北京中轴线的研究仍然以建筑工程、历史考古领域研究较多，对北京中轴线背后的文化内涵、文化价值、传承利用研究仍需深入。由于北京中轴线历史悠久、文化遗产和文化资源丰富多元、数量庞杂，且应在多维尺度进行更为深入的研究思考。因此，在充分借鉴国际遗产保护先进理念以及国内学者的研究基础之上，需要结合北京中轴

---

① 龚皓锋.中西城市中轴线的美学分析［J］.安徽建筑，2010，17（2）：10-11.
② 袁琳溪.20世纪以来北京与华盛顿城市中轴线空间发展比较研究［D］.北京：北京建筑大学，2014.
③ 陈珊.景观廊道在广州与佛山新城市中轴线中的应用对比分析［J］.美与时代（城市版），2015（7）：78-79.

线的实际情况，探索适合的保护路径。

作者简介：孙巍，1994年，女，河北省唐山市，中国传媒大学博士研究生，主要研究方向为区域文化产业，文化遗产保护。

范周，1959年，男，山东省潍坊市，中国传媒大学教授，博士生导师，文化发展研究院院长，研究方向为区域文化产业、文化产业政策。

元大都精准测量和测控基线考证

——兼论钟楼和胡同的本源

摘　要：元大都是世界上少有的先规划后建造的古代都城，而且其空间安排非常讲究。本文通过探究元大都的空间尺度关系，并且与北京城历史遗迹相互印证，对元大都测量基线和测控网进行了研究，对"胡同"一词的本源提出测量导线及其通道的新释义，确为元大都历史遗产。

关键词：元大都　建造　精准测量　测控基线"胡同"

元大都兴建之前，金中都城的东北除以太液池的琼华岛（今北海）为中心的大宁宫外，当时的地理情况至今未尽知，当非城市地貌以农田类型为主，呈现西北高、东南低的地貌，"三海大河"古河道自北而南，地形有些不大的起伏，其间分布几处高地，间或不少的河湖沟渠、植被丰茂，而且可能有一条南北大道就在今中轴线位置。如此旷野平地起一座大城，南北七八千米，东西六七千米，如何平整土地？如何测量定线？如何组织施工？无疑是元大都面临的首要问题。

一、精心规划设计精准建造的都城

至元三年（1266）年，忽必烈即责令刘秉忠、张柔、郭守敬、段天祐、也黑迭儿等人着手规划筹建中都（即燕京，元代称为中都、大都）（《元史·卷一百四十七》），经过不到两年的勘测设计，并上先期基本建成的主要道路和桥梁，以万宁桥、后海堤坝遗迹为证，都为大都的开工奠定了基础。

至元四年（1267年）"春正月……戊午，立提点宫城所。……城大都。"① 正式成立"大都建设指挥部"。至元十一年正月初一（1275年2月9日），经过7年建设，大内宫阙终于告成，而且应该是"精装修"完工，配套的"衣食住行"基础设施也全部建好了。元世祖忽必烈首次在大都皇宫正殿大明殿举行朝会，接受皇太子、诸王、百官以及高丽国王王禃所派使节的朝贺。这一年非常不幸，未等大都全部建成，刘秉忠就去世了。直到至元二十二年（1285年），经过18年建设，大都的大内宫殿、宫城城墙，太液池西岸的太子府（隆福宫），中书省、枢密院、御史台等官署，以及都城城墙、金水河、钟鼓楼、大护国仁王寺、大圣寿万安寺等重要建筑陆续竣工。至此，朝廷发布了令旧城（金中都故城）居民迁入新都的诏书。据记载9年中有四十至五十万居民自金中都故城迁入大都。此时期还陆续完成了宫内各处便殿、社稷坛、通惠河河道、漕粮仓库等建筑工程。

元大都的设计是精心的，其建造也是极其精准的，特别讲究城市空间的几何象数，就是基于中国传统易学和风水学说所表现的一种关于帝都天地时空的安排。主要表现在如下几个方面②：

（一）元大都乃为太极之都

阴阳太极图的阳极为大明殿，表征为崇天门，坐于中轴线即陆龙中心；阴极为广寒殿，表征为团城仪天殿，坐于"三海大河"水龙中心；阴阳分界即大都几何中心线，其上太极点位于今养心殿前，是为大都、皇城和宫城的东西南北阴阳分界中心；阳极大明殿和阴极广寒殿、陆龙和水龙相互依存，将太极图布象于大都规划是当时的一个伟大创举。

（二）元大都有四条中轴线

建中立极，拱辰定向，在中国古代建筑与城市营造中具有悠久的历

---

① 元史.本纪第六［M］.北京：中华书局，1999：76.
② 王锐英.元大都城市空间和中轴线象天设都之象数解析［C］//地方文化研究.北京中轴线内涵挖掘与文脉传承——第22次北京学学术年会论文集.北京：北京市文物局，2010：40.

史。中国自古以来非常重视建中立极，以体现皇权"天命神授"。而象天设地必须处理好北极与磁极不一致的关系，并设定合理的安排。本文由此推测大都中轴线布局如下：

1. 中轴线为元代磁子午线即大都建中线，贯穿元、明、清三朝，中心点为崇天门（今午门），北过齐政楼（今鼓楼），推测取元大都当时的磁偏角 2°06′05″，且不出周天（365.2425 度）之 64 卦分之半卦度数（2°51′13″），符合一卦之内阴阳复生理念；

2. 真子午线为大都定中线，与中轴线交会于崇天门，北过中心台，位于鼓楼东即中轴线东侧 55 元步（即 108.46 米），取天地之数；

3. 几何中心线为大都测中线，并且与磁子午线相互平行，是太极图阴阳分界线规整化的结果，位于鼓楼西即中轴线西侧 55 元步（即 108.46 米），亦取天地之数。此点为元大都的几何中心点，即大都城墙四隅对角线的交会点；

4. 中轴测控基线为施工测量基线，推测穿过中心阁，过中轴线中心台东 49 元步（即 96.63 米），用后废止。亦取"大衍之数五十有五，用之四十有九"（《周易·系辞上传》）。

（三）元大都中心台为子午太玄之台。

中心台位于子午线，上承玄天北极，形状尺寸以《太玄》之数取象：方幅一亩为一玄（元），三面为地玄、天玄、人玄三方，九宫格为九州，相邻台间窝铺为二十七部，每方合计为八十一家，三方共二百四十三表。这些与历史文献中记载的"中心台，敌台一十二座，窝铺二百四十三座"（《洪武北平图经志书》）正合。

元大都的几何中心线、中轴线和真子午线是不重合的，这是客观存在的事实，尤其磁偏角的存在亦是刘秉忠必须面对的客观现象，只能利用，不可消除。相信刘秉忠、许衡、王恂、郭守敬等一代天文学家的理论和技术，是相当有可能测定出大都的真子午线和磁子午线。

（四）醮设罗天道场

元大都的空间安排按下述各条连线构成一个巨大正方形图案，如果将五行八卦方位标注其上，就像布设在元大都南部包括全部皇城在内的一个斋醮祈神的巨大"罗天道场"。

1线（东北）：元广寒宫—元观象台（已湮没，具体位置本文测定），西北指向元社稷坛（和义门即西直门内南侧）或大护国仁王寺（今五塔寺北一带）方向；中间穿过白塔山广寒宫、升平桥（元厚载门即神武门北侧筒子河桥）、元大内观星台；东南过元籍田暨元先农坛和先蚕坛（东便门以东的通惠河南岸今北京车辆段，东边通惠河上原有籍东闸，即庆丰上闸，现有庆丰闸公园）；

元大内的观星台位于厚载门（今故宫神武门）东侧百余步，本文估测约104步（205.088米），即大都最重要的测量控制点。

2线（东南）：元观象台—元天地坛（已湮没，具体位置本文测定），西南延伸连接677KM之外的河南登封告城镇观象台（这一点很是令人惊叹）；东北可能指向元风师坛；最令人惊叹的是这条线就是北京冬至晨昏线！由此，可以判断上述①线就是冬至晨昏线的垂直线，在北京的天空大致吻合了冬至时的黄道，此时此线上自东向西的先农坛、先蚕坛、观象台、观星台、升平桥、广寒宫、社稷坛等，皆可象设天上的黄道星座。

由此不难看出，观象台竖接天地坛、登封观象台，横接观星台、广寒殿等，这就是刘秉忠和郭守敬设定的大都冬至天象图。

3线（西南）：元天地坛—金元玉虚观（已湮没，具体位置本文测定），西北向穿过白云观或长春宫，再向西北延伸指向西山双泉寺，即金章宗双水院、忽必烈专门敕建赐额"灵应万寿宫"，以让刘秉忠主传正一道六丁神之祠祀。《日下旧闻考》记载："灵应万寿宫，元自开国始创建于西山，赐上名额，实自太保刘文正公之主也。"元代诗人称其地为"西宫秘祠"，地处平坡山上。由此，可看出与本文探讨的罗天道场和冬至天象图的密切关系。

4线（西北）：金元玉虚观—元广寒宫，东北延伸于元中心阁（即元大天寿万宁寺）附近；西南可能指向元雨雷师坛；

5线（对角线，南偏东）：元广寒宫—元天地坛，中间穿过元丽正门（今国旗杆北侧长安街边）；

6线（对角线，西偏南）：元观象台—金元玉虚观。

元大都天地坛虽然建于至元十二年，推测是刘秉忠的规划安排（此前一年刘秉忠刚刚故去）上述四方形的数据经过规整化，底边长2900元步（5718.8米）、斜边长2050元步（4042.6米），其大小几乎与金中都面积相当，对角线的交点落在（今天安门）广场东南角、广场东侧路的东边、东交民巷西口的南侧，今天安门旅游服务中心中间位置。这个交点位置非常值得研究，本文推测它就是中轴测量基线上的最重要的控制点。

（5）大都九坛布阵图（详见图1）

明清时期北京有九坛八庙，元大都也有九坛：天坛、地坛、先农坛、先蚕坛、风师坛、雨师坛、雷师坛、龙神坛、社稷坛。在探寻大都各坛庙的准确方位的过程中，发现了一个独特的空间关系——以元观星台为中心，存在一个半径为2580元步（5087.76米）的大圆曲线，天地坛和先农坛先蚕坛（籍田）都恰好在这个曲线上。以此为圆心和半径作图，与醮设罗天的四边延长线相交，就交会出一个包含大都核心城区的巨大圆形和内接长方形。这个长方形与外接圆形的东北交点，本文推测有可能就是元风师坛的位置，位于崇仁门（今东直门）外东北方向，今使馆区三里屯北小街路西、北京外交人员语言文化中心处；西南交点，推测有可能为元雨师雷师坛的位置，位于西便门外迤西三里河南岸，白云观东北的滨河路上，北京八中学校门口处；先农坛先蚕坛则恰好在东南交点上，即东便门外以东的通惠河南岸；西北交点则落在北京展览馆宾馆门口，至于西北点是什么坛，大都东北郊设坛的历史记录还没有发现。与明清时期北京设坛方位比较，这里有可能就是祭祀龙神、河神的龙王庙。如此设置与中国传统方位观念有关，龙王管水，必居水源处，而西直门外高梁河正是北京的水源所在，西直门又号称水门，龙王庙河神庙在此名正言顺。

图1　元大都九坛位置关系推测示意图

上述各条连线延伸穿越的建筑物是以中国传统风水和道教作为研究基础，具体是否符合历史原貌还需要考证，本文只是一种推测。

二、元大都测量基线和测控网推测

元大都的建造规模是人类城市发展史上的壮举，如此巨大城池的整体规划、精准布局、平地起建、秩序井然，要做到这些必然要依据一张详尽的规划图纸，还需要一份精细的测控网。但因文献记载有限，其面貌大都用如今存留遗迹来做推论。

（一）关于设计图纸、图根点和方位测定

《析津志》中记载："世皇（元世祖）经都之初，问于刘太保秉忠，定大内方向。秉忠以丽正门外第三桥南一树为方以对。上制：可！遂封此树为'独树将军'并赐以金牌。"这棵"独树将军"的位置经推断大约在今正阳门箭楼处。《析津志·朝堂公宇》："至元四年（1267年）二月己丑，始于燕京东北隅（金中都东北方向），辨方位，设邦建都，以为天下本。四月甲子，筑内皇城，位置公定方隅（刘秉忠勘定方位四至）。始于新都凤池坊北立中书省。其地高爽，古木层荫，与公府相为樾荫，规模宏敞壮丽。奠安以新都之位，置居都堂于紫薇垣。"《元一统志》和《析津志》皆记载："至元四年，城京师。有司定基，正直师塔（庆寿寺海云可庵二师塔，原址位于今西长安街），敕命远三十步许，环而筑之。"[①]《大元国先圣庙碑》记载："至元四年作都城，画地宫城之东为庙学基。"（熊梦祥《析津志·卷三十八》）

从上述记载看，元大都方位的规划设计是由刘秉忠负责的，且有专门机构勘测定位，并经过忽必烈的详细审定。忽必烈问及刘秉忠时，大都和大内的规划设计已经完成，并且绘制了图纸，因为丽正门的位置和名字都确定了，刘秉忠向忽必烈的汇报也应该是就着图纸进行交代的。以树定向，不管有何寓意，在测量方面反映了以既有地标物进行定点、定向的方法，并且提示了大内与都城南北中轴线的意义和作用。

《析津志》中还记载："于北省始刱办公宇，宇在凤池坊北，钟楼之西。……中书省，至元四年，世祖皇帝筑新城，命太保刘秉忠辨方位，得省基，在今凤池坊之北。以城制地，分纪于紫微垣之次。……枢密院在武曲星之次。御史台在左右执法天门上。太庙在震位，即青宫。天师宫在艮位鬼户上。……其内外城制与宫室、公府，并系圣裁，与刘秉忠率按地理经纬，以王气为主。故能匡辅帝业，恢图丕基，乃不易之成规，衍无疆之运祚。自后阅历既久，而有更张改制，则乖戾矣。盖地理，山有形势，水有源泉。山则为根本，水则为血脉。自古建邦立国，先取地理之形势，生王脉络，以成大业，关系非轻，此不易之论。"

《赵文昭公（赵秉温）行状》："公与太保刘公（秉忠）同相宅，公因图上山川形势、城郭经纬，与夫祖、社、朝、市之位，经营制作之方。帝命有同稽图赴功"。同时代的虞集在《大都城隍庙碑》中言："至元四年，岁在丁卯，以正月丁未之吉，始城大都，立朝廷、宗庙、社稷、官府、库庾，以居兆民，辨方正位，井井有序，以为子孙万世帝王之业。"

[①] 党宝海. 析津志：佚文的新发现 [J]. 北京社会科学，1998（3）：113-116.

上述说明刘秉忠对官署机构、皇家寺庙的位置不仅依据传统的周易思想勘定选址，而且能够做到让外人看来都井井有序，充分说明离开图纸设计肯定是不行的。

（二）几何中心作图法

同在《析津志》中还有："齐政楼，都城之丽谯也。东，中心阁。大街东去即都府治所。南，海子桥、澄清闸。西，斜街过凤池坊。北，钟楼。此楼（指齐政楼）正居都城之中。……齐政者，书璇玑玉衡，以齐七政之义。上有壶漏鼓角。俯瞰城堙，宫墙在望，宜有禁。"（《析津志·日下旧闻考·卷五十四城市引》）此条明确交代齐政楼之东南西北四个方向地望，齐政楼位于中轴线上无可猜疑，且与大明殿和崇天门遥遥相对，符合"齐七政"含义。《析津志》记录："中心台，在中心阁西十五步。其台方幅一亩，以墙缭绕。正南有石碑，刻曰：中心之台，寔都中东南西北四方之中也。在原庙之前。"（《析津志·日下旧闻考·卷五十四城市引》）此条说明中心台紧邻中心阁西侧，间距不过十五步，为都中东南西北四方之中心，齐政楼更在其西。

厘清并精确测定中心台与真子午线、齐政楼与磁子午线、几何中心点与大都四至四隅的方位关系，对大都的都城、皇城和宫城及中轴线同时做出合理安排，做到上应天象、下符地理、中和人事，由此可看出，大都的规划建设非常重视中心点和中轴线，其作业方法应依靠几何中心作图法。前提是必须精准测绘东西南北的距离和方位角，并且要做到图纸与地面标记物的一致，地面标记物还必须极其稳固并加以保护。

（三）天文大地测量技术探寻

元代的测量科技水平是世界级的，其顶尖科学家就是郭守敬，曾经进行过大规模的"四海测量"，其制定的"授时历"历法长期处于世界领先水平。[1]

---

[1] 编辑委员会编. 中国测绘史：第1卷~第2卷[M]. 北京：测绘出版社，2002：313-317.

大都的建设正是得益于当时先进的天文大地测量技术。

1. 中轴线方位关系和导线测量放线

从上述齐政楼和中心台同在都城的中心位置，两者位置听起来似乎矛盾。对此，本文指出大都有四条"中轴线"，各具功能和寓意，且分别是利用天文大地测量技术测定的。既要保证大都位置正南正北，同时取磁偏角并与真子午线交会于崇天门，使中轴线面向正阳（南偏东丙午之间），且处于一阳复生（北偏西壬子之间）的位置。推测崇天门与齐政楼的距离为1500元步（2958米），肯定涉及了导线（真子午线）定向、长距离量距、图上作业和实地放线等测量技术。

2. 钟楼之八隅四井之号

据《析津志》记载："钟楼，京师北省东，鼓楼北。至元中建，阁四阿，檐三重，悬钟于上，声远愈闻之。钟楼之制，雄敞高明，与鼓楼相望。本朝富庶殷实莫盛于此。楼有八隅四井之号。盖东西南北街道最为宽广。"何为"八隅四井"？

本文推测，所谓"八隅四井"称号，应在钟楼修建之前，即钟楼的前身为一座服务测量的塔楼，作为重要测量控制点之一，不仅提供方位测量，还可能提供水准测量。

钟楼处于城市中心，"八隅"，一可理解为"方向"，指东西南北四方和东北、东南、西南、西北四隅方向，合计八方；二可理解为一个立在大地（或高台）上的立方体塔架——形制为四面透空的亭阁，四根立柱和立柱上的四根横梁，合计八边；三可将八隅理解为"八边"，即平面布局呈八边形的塔楼，俗称八角楼，八个立面各为一间。本文推测此八角楼比较合理，所以钟楼的原型最大可能为八角形塔楼。四正对应的是"最为宽广"的"东西南北街道"，实则为楼前广场，很宽但不长。因为钟楼与南边的齐政楼仅相距100步（197.2米），齐政楼四周有大街，所以钟楼"四井"都是大广场，且与齐政楼连接。估计塔楼上设置瞄准具，"日官测圭，大匠置槷"，测圭以对中，置槷以取平。所以，钟楼位置曾经有一座用来测量的"塔架"或"塔楼"，其位置正好位于中轴线北部端点，并在齐政楼以北呈东西向的测量基线上，附近还有"胡同"作证。

3. 胡同本义是指测量导线的衢通通道

关于北京"胡同"的起源和词语变迁众说纷纭。在此本文提出一种最新解释——胡同、衚衕，衢通，本义为测量导线和布设导线的通道，以后演变为街巷，简写称为"胡同"。

有学者认为"胡同"是从蒙语"忽洞格"或"呼都格"转变过来的。北京最早的"忽洞格"估计是水准测量用的水池或水井。元人呼街巷为衢通，与井有关，但却不是依井而起，而是因测量而形成的特殊名称。衢通为"元人呼"即为元人语，并非专指蒙古人语。所以，胡同应是元大都建设过程中的独特起源，也即北京城历史上的独特语言遗迹和建设遗产。

《析津志城池街市》记载：大都"街制，自南以至于北，谓之经；自东至西，谓之纬。大街二十四步阔，小街十二步阔。三百八十四火巷，二十九衢通。衢通二字本方言。"此条记载有些疑问：衢通为胡同无疑，但为什么只有二十九衢通？衢通如果是胡同即较窄的街巷，当时的胡同难道只有二十九条吗？与三百八十四火巷又有何区别？作者熊梦祥绝不是不清楚街巷的分类，而一定是有意记录下当时的不同类型的街巷的。

先看三百八十四火巷，即窄小的街巷通道，按照易经六十四卦，每卦六爻，一共三百八十四爻。大都的火巷数居然和六十四卦六爻总数相同。按照大都五十坊分配，平均每坊不到 8 条，若取 48 坊则刚好每坊 8 条，且切合八卦之数。大都城方 60 里，东西约 6700 米、南北约 7600 米，合 50.92 平方千米。若按"国中九经九纬"即分别有 9 条东西和 9 条南北道路，其间隔为 8~9 个街区，即可将城市划分为 64~81 个区块，除去皇城和较大水面所占面积后（皇城约 5.5 平方千米），实际约 50 个区块，与 50 坊相当。每坊接近 1 平方千米，大都北部坊面积较大，南部坊面积较小。每坊平均有 8 条火巷（东西向），平均间距（南北向）则为 70~100 米，与现今北京城遗存的元代胡同间距很是接近。所以，火巷即后来的胡同，其规划数量取自六十四卦总爻数。

再看二十九衢通，其数值实为"二十八宿"加一。本文认为"衢通"

为测设导线，其数量即取自二十八宿。外加之一条，推测应是特设一条南北向且平行于中轴线的主导线即中轴测量基线。如果有更多的空间数据，相信可以复原这个由 28+1 条导线组成的大都测控网，估算衖通间距约 200 元步（即导线边长约 400~500 米），测控点（导线交点）不少于 225 个，平均一里地不到就有一个测控点。

所以，火巷就是如今的街巷胡同，而衖通是建设大都时用来测量的导线通道。大都建成后，这些测量通道的功能作废，便有可能转化为火巷，并延续了其发音"衖通"变为"胡同"，影响所及将其他火巷也变成了胡同。作为测量通道，其最大特征应该是线路笔直和视线通达，从字义上看无论是衖通、衖衕，表达为两端通视之义。元代记载的"砖塔胡同"东西一线，据本文推测极有可能就是其中的一个遗存。

可以推想，元大都建设时，金中都东北郊除了琼华岛和太液池外，相当今北京城范围的地貌还是以农田、田野为主的景观，推测其间分布有大小相错的沟渠，植被可能相当茂盛。384 火巷和 29 衖通都是在没有房屋建筑的情况下事先"画图"设计出来的，也就是事先规划好的。街道火巷的开通是为了划定院落建筑的边界，衖通的开辟则是专门为了导线和水准测量，所以后者特别强调"通视"。

对比一下，现今时代，大地控制测量的一级导线限值，总长度 4 千米，平均边长 0.5 千米，测角精度 5″；二级导线长度 2.4 千米，平均边长 0.25 千米，测角误差 8″；三级导线 1.2 千米，平均边长 0.1 千米，测角误差 12″。测量中由于各种原因，导线长每站一般控制在 200 米以内。鉴于元代大地测量技术和精度要求当以尺、步为基准，当时平均 400 米导线边长不短，但也不是很长，比较合适，视力上也能够保证。元代在 400 米距离上分辨半步（3 尺）即 1 米的视力还是足够的，辅助其他测量手段如使用望筒、短距离校核等，精准度会更高。

说到街巷胡同，必然涉及其宽度和等级划分。据考古资料，在光熙门一带发现那里街巷的宽度约为 9.4 米，有人说相当元人的 6 步（9 米），即是火巷的宽度。而且类推胡同的宽度是火巷的二分之一，也就是 3 步，相当于 4 到 5 米之间。本文推测，火巷宽度应该约为 5 元步（9.86 米），不能太窄，是为了骑马和马车交错通行。至于胡同，初期不是作为街巷的类型和等级，胡同的宽度满足通视有四五米足够了，也可以窄一些，宽度上并不规范，以至于后来将宽宽窄窄的火巷，尤其很窄的都称之为胡同，这也是胡同特征形成的原因之一。

（四）一条关键测控基线的追寻——第四条"大都中轴线"

1. 测控导线网的技术要求

类似于元大都这样人类超大规模的土木工程，没有一个缜密可靠的高精度的测控导线网想要"平地起高楼"是不可想象的。根据本文可以推测，一个贯穿大都至少十八年建设过程的测控网，其基本的技术要求必须保证：

（1）各条导线要躲开城楼、宫殿、寺庙、王府、衙署等大中型建筑，又不可过远；

（2）紧邻中轴线需要设置一条高精度的测控基线；

（3）充分利用地形高地、城墙（临时）高处，或高塔或搭建高塔、或利用既有建筑如大宁宫，以保证视线贯通、无障碍。如上冈、下冈（金中都的东、北城墙遗迹）、悯忠寺前的大悲阁、砖塔胡同形成之前的砖塔、正建或先期堆建的大都土城（虽然城墙修建要晚一些），还有今天安门广场东南高地、后海高地、西城南北高地，等等；

（4）大致沿主要街道的一侧设置导线，便于沟通联系和进行长距离测量；

（5）导线网络覆盖全城，如四周城墙上也应该有密集的测控点，城区内要有纵横网络；

（6）测控不仅需要方位距离，还有竖向的高程控制，即水准测量。本文推测大都的某些"井"，如高井就是测量控制的基准点，包括水准和方位距离测量，可从"井点"的分布做出进一步的推测和验证；

（7）需要延伸到大都城外，如南城，因为大内宫殿靠南，城外还有天、地坛等。

2. 中轴测控基线

前面提到的中轴测控基线位于中轴线东侧且平行于中轴线，即磁子午线，这样也便于随时采用磁针（司南）进行方向核校。

基线位于中轴线东侧 55+49 元步（205.088 米），55 为天地之数，49 为大衍之数。

基线距离中轴线不近不远，既无障碍也不会相互妨碍，实则便于测量和检测、控制宫殿建筑的位置、朝向和高程。基线上应该布设了众多控制点，推测有：

（1）大内观星台，位于厚载门东，可视为"一级"导线点，正对厚载门。

（2）"醮设罗天"中心点，也应是"一级"导线点。按布设方法推测，连接此点的广寒殿、观象台、天地坛和玉虚观四个顶点当与此中心点的空间关系应该是同时确定的（晨昏线）。

（3）崇天门东边的星拱门和拱辰桥中心点，后来作为宫门修建在基线上。

（4）丽正门外五云坊内中书省外仪门和内仪门中心点，估计也是与星拱门同步设计的。

（5）让我们把眼光向北发散一下，发现三处可疑的测控点和测控方向。

一是东、中、西绦胡同。绦儿胡同位于钟楼以北、贴近明北城墙的一条东西向胡同，自西向东分为西绦胡同、中绦胡同和东绦胡同。在明张爵《京师五城坊巷胡同集》中即有记载，称西绦儿胡同，至晚清简化为西绦胡同。胡同狭长，曾经于此发掘出元代遗址，历史上曾是北城东西向往来的重要通道。

绦，指系于木杆、竹竿顶部，就像柳条一样垂挂下来的缨带、饰条。绦儿胡同可能源于胡同口立有高竿，上系垂绦，作为测量对中瞄准用的标杆。钟楼本身如为"八隅四井"的测量塔，那么在钟楼以北呈东西向布置三根高高的测量觇标——绦竿，以方便中轴线两侧南北观测对中，应该是很有需要的，所以也就形成了正中的中绦胡同、西边的西绦胡同、东边的东绦胡同，其分界点正好对应测量基线方向。

二是如张旺胡同、王佐胡同。是否张旺为张望，王佐为望左？均可能与测量瞄准相关。

三是如醋儿胡同。醋儿胡同早先分为东、中、西，后来变成南、北醋儿胡同，不过从其位置看，中醋儿胡同正好位于真子午线上，可能是最早先的与子午线测量有关的胡同。

（6）还有著名的中心阁。据《元史·成宗纪》载："大德九年（1305年）二月，建大天寿万宁寺。"又据《元史·泰定帝纪》载："泰定四年（1327年）五月，作成宗神御殿于天寿万宁寺。"万宁寺比元大都城的建成的时间晚29年，万宁寺的中心阁比大都城建成晚51年。晚建是有道理的，因为测控功能一直存在。中心阁是在中心台以东十五步的位置，二者相距29.58米，这个距离应该是围墙外皮距离，不会是建筑物的中心距离。考虑建筑物的体量，中心阁应该接近齐政楼的宽度。齐政楼占地宽约60步（118米；今鼓楼外围墙南北进深约97米，东西116米），反算中心阁宽度如果在53步（104.5米），其中心点距离齐政楼刚好104步，也就正好位于中轴测量基线上。根据本文可以推测，中心阁前身或地点正好坐落在测量基线上，是一个重要的测绘控制点。

三、与测控导线有关联的测量方法和胡同遗迹

说到胡同与测量的关系，还可挖掘出一些信息，并且与测量方法紧密相关。如箭杆胡同、麻线胡同、高井胡同、史家胡同等。

（一）箭杆胡同

大家众所周知的可能是李大钊住过的箭杆胡同，本文作者的出生地——老宣武区醋章胡同有一条箭杆胡同。研究发现，老北京至少有13处箭杆胡同，此外还有相关的竹竿胡同、旗杆胡同、标杆胡同，与杆、竿有

关的胡同不下于16处。

箭杆胡同不仅多，更加令人惊奇的是它们的分布几乎都在元大都可能的测量基线（胡同）上，而且与下述麻线、缨子、麻绳胡同、史家胡同、高井胡同聚合在一起或具有高度的空间关联性。本文推测，箭杆胡同源自于大都的测量，而箭杆就是高度标尺（水准点）和瞄准器具。一是形同漏刻中的"箭尺、箭杆"，有尺寸标记；二是站点标杆（竿），上系缨子、绦带，作为测量目标；三是指类似箭尾凹槽的观测仪器。

（二）缨子胡同、麻线胡同

北京至少有麻线胡同、麻绳胡同6处，缨子胡同、马尾胡同5处，还有绦儿胡同，总共不少于12处。诚如上述，麻绳、麻线就是线绳，作为测量用的吊坠垂线和瞄准线；缨子、绦带则是挂在箭杆顶上，可自远处观察、测量、瞄准、定位。

（三）高井胡同

北京有高井、井儿、金井、龙头井、大井等胡同不下于13处，与上述箭杆、麻线胡同一样，不排除其中肯定有专门供水、吃水而命名的胡同，但有的与测量也有着相关性。高井，即井台、槽帮比较高的水井、水池，可以想象测量吊坠垂线如果深入水井，可保证垂线不受外界干扰。说到井与测量，北京还有巴巴胡同，蒙古语含义为八角井，或者就是指多方位测量用的高井，而且北京城里的巴巴胡同就有5~8处。

（四）史家胡同

此名颇令人费解，因为北京有史家胡同、苏家胡同、史刚家胡同、施家胡同7家，绝大部分不仅与箭杆、高井等胡同聚集一处，表明了两者的高度相关性；另外极其巧合的是，就在"醮设罗天"中心点处有史家胡同（今正阳门东、东交民巷南侧）、朝内大街（东四）南面有史家胡同、醋章胡同中箭杆胡同旁边有史家胡同，三者几乎处于同一条直线上，与此交叉于中心点的一条直线正好穿过了广渠门内大街南面的史家胡同和位于西单

200

以北甘石桥西面的苏家胡同。推测：史家可能源自测量观测者的出身和职业。史家发音类似视家、眂家、眂架、视架，不仅指专业测量师，还可能指测量瞄准仪器。查阅历史文献，果不出所料，史姓的起源之一就是以观测职司为图腾的，据说是使用测量天圆地方的天文仪器——璇玑玉衡。最早的史姓就是观天测地并记录观测结果的柱下史官，因此得姓，并且将仓颉称作始祖。

大都测量中立杆对中时，杆或竿的高度其实不高，一般房屋的高度不超过5米，但可能受到树木的影响大一些，所以20多米基本上够用了。大都时代竖立高竿不成问题，类似的立竿可以参考，如在元仁宗皇庆二年（1313年），为万寿山制幡竿，"高百尺"，33~40米高。[①] 由此观之，无论技术方法，还是城市空间关系的历史遗存，可以推测，不仅砖塔胡同是元大都的最早遗存，上述一些胡同之中也极有可能也是元大都早期胡同遗产，胡同与测量技术和方法密切相关。

四、结束语：元大都测控网复原研究方向

现代的大地测控网一般是三角网，源于早期地图测绘和方格网。地图测绘技术中国曾经领先世界，如计里画方技术，是按比例尺和方格网绘制地图的一种方法。元代朱思本用此方法绘制的全国地图《舆地图》，精确性超过前人。此法沿用1500余年，在我国和世界地图制图学史上具有重要意义。

大地测量所采用的三角测量是指采用测角方式测定各三角形顶点水平位置的方法，是建立国家大地网和工程测量控制网的基本方法。1617年由荷兰W. 斯涅耳首创。直至1631年，三角学传入中国。同年，德国传教士邓玉函、汤若望和明朝学者徐光启编译成《大测》一书，"大测者，观三角形之法也。"三角测量精度高，且要求条件高，计算需要三角函数，这

[①] 却拉布吉. 元上都铁幡竿和元大都铜幡竿鎏金铜幡竿探微 [C] //第二届元之都遗址与文化研讨会文集，2012.

在中国古代是比较困难的。但导线测量要早于三角测量，测量工作比较简单。元大都的测量不仅使用"计里画方"的方格网，导线测控也有可能采用四边形测量和直角三角测量（勾股定理）相结合的方法进行验核控制。至于到底是采取什么测控方法，还需要开展进一步研究：

一是，探究复原元大都主要建筑的测控点，如中心点、中心线，尤其是基础台座的方位、朝向、尺度；

二是，探究复原元大都主要建筑物之间的空间关系；

三是，探究复原主要建筑物与测控基线之间的空间关系；

四是，在上述基础上，复原元大都的测控基线网，由此计算其控制精度，推测其测量方法。

总之，元大都的规划思想、建造过程、测量技术等都值得深入研究，对于保护北京中轴线及传承北京历史文化意义重大。

作者简介：王锐英，男，1958年生，北京人，北京建筑大学原图书馆馆长，研究员。主要研究方向为土木工程、道路桥梁工程、北京历史文化与建筑文化。

北京中轴线的文化内涵

摘　要：本文试图通过对北京中轴线上几处重要的建筑物的解析，去揭示中轴线最为本质的文化内涵。

关键词：中轴线　皇帝之线　政体之线　发展之线

目前北京正在为北京中轴线的申遗项目做准备。学者们围绕着中轴线的课题，从不同的视角发表着自己的看法和研究成果。本文就中轴线的文化内涵的问题，展开论述。

一、中轴线

所谓中轴线，是在中国古代建筑群的建筑平面中统率全局的轴线，是对称均衡的基准线。中轴线两侧形成对称的建筑，"一切组织均根据中线以发展，其布置秩序均为左右分立"。中轴线是中国建筑学中十分重要的传统理念，由来已久。根据考古发掘，大溪文化早期的湖南澧县城头山古城遗迹就发现有中轴线思想的存在。到了西周时期，其都城更是采用了严格的中轴线，王宫居中，左右对称，以体现"天子"位居天下中心的权威。

中轴线是有"生命"的，它可以引发出不同的文化内涵：寺院主体建筑群的中轴线引发的是佛教的文化内涵；道观主体建筑群的中轴线引发的是道教的文化内涵；文庙主体建筑群的中轴线引发的是儒教的文化内涵；而都城的主体建筑群的中轴线引发的当然是都城的主宰者——皇帝和皇权的文化内涵。

二、申遗中轴线的基本情况

北京申遗项目的名称是：北京城中轴线，其核心词是"中轴线"；限定词是"北京城"，是具有近800年历史的古都北京老城区。就此可以确定，申遗的这条中轴线，是以北京皇宫建筑群为核心的南北中轴线。

时间跨度：自元至四年（1267年）始建元大都城时起，至当代（2005年，永定门复建时）止，历经五个时代：元、明、清、民国、当代。

空间范围：北起钟鼓楼，南至永定门；东、西至皇城墙之延长线的区域。当然，不排除与皇宫相关的个别建筑物超出这一范围。依据资料，这条中轴线的位置及走向从元至今始终未变。

长度：官方公布的为7.8公里。民间有约8公里、7.902公里等不同说法。

性质：中国古代皇家建筑群体的中轴线。

三、申遗中轴线的文化内涵

坐落在中轴线上和中轴线两侧的建筑物是一个庞大的建筑体系，虽然这个体系中各组建筑群的功能不同，规制造型也各异，但它们之间的关系却是十分密切、十分清晰的。它们都被"皇帝与皇权"这一主题的逻辑关系紧紧地联系在一起。可以说，北京的中轴线就是一条"皇帝之线"，"皇权之线"，或"政体之线"。它将中国古代"皇帝是天子，享有天赐神授的中央集权，统辖着大一统家族天下"的封建社会思想表达得淋漓尽致。我们认为，这就是北京中轴线最突出、最本质的文化内涵。

而坐落在中轴线上的太和殿和钟鼓楼、天坛、太庙、社稷坛、先农坛、蚕坛、孔庙、历代帝王庙、钦安殿等，则是"皇帝与皇权"主题链上最核心、最具代表性的建筑。通过对这些个体建筑的剖析，人们可以感受到"皇帝与皇权"这一内涵丰富的主题是如何得以体现的。

(一) 太和殿（俗称金銮殿）和钟鼓楼是皇帝与皇权的代表

"皇帝"之称始于秦朝，是"三皇""五帝"合并而成的尊号，代表皇帝兼备三皇五帝的美德。皇帝享有"九五之尊"，掌握着集权，统领天下。太和殿是故宫前朝三大殿中最大的一座，是明清皇帝举行重大庆典的场所。每年的元旦、冬至、万寿（皇帝生日）等三大节，以及皇帝登基、大婚、册立皇太子（清雍正帝起改为秘密立储）、册立皇后、派将出征等重大庆典活动都在这里举行。太和殿是前朝的核心，建筑规制最高：面阔11间，进深5间，建造在宏广高大的三层汉白玉石基上，黄琉璃筒瓦重檐庑殿顶，双龙和玺彩画，螭吻、望兽、垂脊小兽十种，殿内金砖满铺，皇位雕龙髹金宝座居中坐落在中轴线上，天花正中的藻井雕有口衔宝珠（称"轩辕镜"）、俯首下视的蟠龙。全殿龙饰12000多处。殿前设有嘉量和日晷。所有这一切都在证明，坐在龙椅宝座上的皇帝是"天下共主"的最高统治者，皇帝的权力至高无上，掌管四海之内一统江山。正所谓"普天之下，莫非王土；率土之滨，莫非王臣。"

建造在中轴线最北端的钟鼓楼是全城的报时设施，同时也强烈地展示"皇帝授时"和皇权一统天下的理念。

说到这里，人们不禁要问：皇帝如此尊贵，皇权如此之大，是谁赋予的呢？

(二) 天坛是皇帝与皇权的法理所在

中国古代历史上，历代皇帝都自称"天之骄子"，皇位是"天赐神授"，其宗旨就是让天下臣民绝对顺从于朝廷，听从皇帝的御旨，不得犯上、不得妄为。"君权神授""受命于天"成了皇帝的法理依据。因此，祭天必由皇帝亲行大祀。《礼记》载："礼，不王不禘"。意思是，按照礼的规定，不是天子不得行禘祭之礼。禘，乃祭天之郊祭。

圜丘坛，又称祭天台，是皇帝通天和"皇天上帝"对话的地方。皇帝每年要在这里举行声势浩大、隆重繁缛的祭天大礼，因此天坛是皇家祭祀的"九坛"之首,而圜丘坛则是天坛建筑群中的至尊者。

圜丘坛宽广宏大,呈圆形,以象征天;南向,上下分为三层,每层四面出阶各九级。明嘉靖九年(1530年)初建时,坛面是蓝色琉璃砖,清乾隆十四年(1749年)扩建时,换成了艾叶青石。上层坛面直径9丈(1丈等于3.33米),中央采用一块圆形中心石,名曰"太极石"。此石具有独特的声响效果,站在太极石的正中央,发出声音,可以听到四面的回声,声音浑厚、洪亮,好像听到了天音。围绕中心石环转铺砌扇面形石块共九圈,第一圈9块,以后按9的倍数递加,即第二圈18块,第三圈27块,第四圈36块,第9圈81块;中间一层直径15丈,亦分九圈,分别由90块至162块扇面石铺成;底层直径21丈,九圈仍按此法铺砌,即用171块至243块扇面石铺砌最外圈。每层四周的栏板数目和台阶也是9或9的倍数。古代以奇数为阳数,而9又是阳数的最高数值,"阳数"又称"天数",以示皇天至高至大。

每年冬至,皇帝在圜丘坛上举行隆重的祭天仪式,面北如臣,至诚行礼。此外,皇帝还要在这里举行祈雨的祭天活动,称为雩祀,或常雩礼。如遇大旱,则要行大雩之礼。

皇帝祭天之前要斋戒三日,要祭祀当日迟明,将昊天上帝的神位,位南向高阁安奉,祭具、牺牲(古代祭祀用的牲畜,色纯为"牺",体全为"牲"一应俱全,大臣、乐队、卤部按部就班。祭祀时皇帝身着黼服(即祭服),面北,向神位先后跪着上香、献玉帛、献肉献酒,行三献礼。每个环节都要行三跪九叩的大礼,毕恭毕敬,十分虔诚。以此求得上苍的旨意和庇佑。

"奉天承运"的皇帝获得了统治天下的权力,同时也受领了应尽的责任。

(三) 太庙和社稷坛是皇帝感恩和牢记职责之所

作为明君、圣君,皇帝必须牢记,天下是祖先打下的,要"敬天法祖",要感恩祖宗的功德,守住祖宗的基业,保护好民生。

太庙居"八庙"之首，是皇帝感恩祖先功德的地方，每年在此举行的祭祖仪式，属皇家大祀。

太庙的主要建筑为三座大殿，由南向北依次为享殿、寝殿和祧庙。享殿（即前殿）为祭祀主殿，建筑等级很高：三层汉白玉须弥座台基，黄琉璃瓦重檐庑殿顶，面阔11间，进深6间，脊兽9种，殿内68根大柱均为整根名贵的金丝楠木，最高的柱子高达13.32米，直径最大的1.2米；地面铺设"金砖"。大殿整体气势宏伟、庄严朴素，殿高比故宫太和殿还高出2米。足见其地位之高。每年四季首月祭典，称"四孟时享"；岁末祭典，称"祫祭"。凡婚丧、登基、亲政、上尊号和徽号、万圣节、册立、征战、献俘等家国大事还要举行"告祭"。

社稷坛则是皇帝祭祀社稷神的场所。最初出现于夏商时期，到了周代，社稷坛已成为王城规划的一个重要组成部分，形成了以"宫"为中心的"左祖右社"的位置关系。原本，"社"指土地，土地之神；"稷"指谷类，谷类之神。随着时代的发展，社稷的概念逐渐发生转换，变成了皇帝管辖的大一统"国家"的代名词。祭坛上面按中黄、东青、西白、南红、北黑五行方位铺设五色坛土，俗称"五色土"，暗含"普天之下，莫非皇土"之意。社稷坛的祭祀活动，体现了皇帝守土保民的责任。社稷坛的祭祀活动属大祀。据中山公园管理处统计，明清皇帝祭祀社稷坛，明代共进行了617次，其中嘉靖和万历两位皇帝祭祀的次数最多，分别为149次和113次；清代共进行了755次，其中康熙和乾隆皇帝祭祀的次数最多，分别为157次和145次。

为了江山永固，民生乃重中之重，先农坛和蚕坛的祭祀活动不容忽视。

（四）先农坛和蚕坛是皇帝重农的演示地

国与民生之本在于农业，必须予以重视。皇帝每年到先农坛祭祀先农诸神，然后还要行耕耤（亦作"耕籍礼"耕藉礼）礼，亲耕皇帝的"一亩三分地"，以表达重农、劝天下从农之意。

皇后要在蚕坛举行"亲蚕礼",以示"皇帝亲耕,皇后亲桑"之意。

农桑确系国计民生之本,但要管理好一个偌大的国家,仅此还远远不够,执政艰难,需要皇帝的大智慧。太和殿中乾隆皇帝所题的额匾"建极绥猷"和对联"帝命式于九围,兹惟艰哉,奈何弗敬;天心佑夫一德,永言保之,遹求厥宁"明确表示,要想保证江山稳固、国泰民安,皇帝就必须修德,厚德方能承载万物,以德治国、以德抚民,以德制定策略,行政符合天道,这样才能得到上天的保佑,天下才会安宁。而这些思想的形成都源于以孔子为首的儒家思想体系。由此,皇帝建造孔庙祭孔,就是顺理成章的事了。

(五) 孔庙是皇帝执政主导思想的文脉之源

孔子是儒家思想的创立人,受到秦始皇以外的历代帝王的尊崇。尤其是从汉武帝"罢黜百家,独尊儒术"以来,更是将孔子尊为"先师""先贤",不断给他加封尊号,冠以最神圣、最智慧的头衔:汉、晋及隋称"先师""先圣""宣尼""宣父";唐代加谥"文宣王";宋代又加"至圣";元代复加号"大成",尊称为"大成至圣文宣王"。皇家建孔庙,祭孔子,旨在明确地表示儒家的思想体系是皇帝执政指导思想的宝库。

清朝帝王承袭了这种执政思想理念,崇尚儒学,倡导尊孔。到了光绪时期祭孔活动被提高到了大祀的等级。除祭孔外,自康熙帝始,历代皇帝即位,必亲临国子监"辟雍"讲学一次,称为"临雍"。随后到孔庙大成殿悬额匾一方。这种做法一直延续到清末未变。如康熙的"万世师表"、雍正的"生民未有"、乾隆的"与天地参"、嘉庆的"圣集大成"、道光的"圣协时中"、咸丰的"德齐帱载"、同治的"圣神天纵"、光绪的"斯文在兹",以及宣统的"中和位育"。民国大总统黎元洪也曾书匾"道洽大同"。

有作为的皇帝除了遵照天道行政、注意修德勤政外,还注重向过往的圣君学习,为后继帝王树立榜样,为此建立了历代帝王庙。

（六）历代帝王庙是皇帝树立明君、圣君和有为之君形象的殿堂

历代帝王庙的建立表达了皇帝对"三皇五帝"的尊崇敬仰，和以先代帝王中的明君为效法榜样的愿望。而明朝对历代帝王和名臣的崇祀重视之隆，超越前代。明朝开国皇帝朱元璋认为，三皇五帝及汉、唐、宋创业之君，都应该于京城立庙祭祀，便于洪武六年（1373年），在国都南京钦天山之阳修建了历代帝王庙，并确定祭祀的帝王是16位（三皇五帝，夏禹，商汤，周武王姬发，汉高祖刘邦，汉光武帝刘秀，唐太宗李世民，宋太祖赵匡胤、元世祖忽必烈），以及名臣37人。为了使帝王形象更为生动，朱元璋把他们都塑成衮冕坐像，要求"仿太庙同堂异室之制"，按照"先祖居中，左昭右穆"的顺序排列位次。

北京的历代帝王庙始建于明嘉靖年间，按照南京历代帝王庙的规制而建，但又有所不同。北京历代帝王庙，只设神位不设塑像。清袭明制，每年均在历代帝王庙举行祭祀活动，顺治皇帝定都北京后，确定的受祭帝王为21位，并派官员会同明朝遗臣以黄舆将太庙内原明朝历代帝王神主牌位移入历代帝王庙供奉。康熙、雍正、乾隆三代皇帝对历代帝王庙都非常重视。康熙曾经留下谕旨：除了因无道被杀和亡国之君外，所有曾经在位的历代皇帝，庙中均应为其立牌位。乾隆皇帝更是提出了"中华统绪，不绝如线"的观点。他反复思量，几经调整，最后将祭祀的帝王确定为188位。上自三皇五帝，下至明代历朝帝王名臣，均增入祀典。无道被弑及亡国之君，不列入。秦、三国时期的魏和吴两国、西晋、隋等全朝的帝王和臣子均未入祀。未入祀的帝王中有人们十分熟悉的商纣王，秦始皇嬴政、秦二世胡亥，三国时期的魏武帝曹操、魏文帝曹丕、东吴大帝孙权，隋代开国皇帝隋文帝杨坚和隋炀帝杨广，唐代武则天，北宋徽宗赵佶，明神宗万历帝朱翊钧（明十三陵定陵的墓主）、明光宗泰昌帝朱常洛（在位仅一个月）、明熹宗天启帝等。从祀的良臣武将80位，其中有人们熟悉的：仓颉、伯夷、周公旦、太公望（俗称姜太公）、伊尹、召公奭、吕尚、张良、萧何、诸葛亮、赵云、李靖、狄仁杰、寇准、范仲淹、司马光、文天祥、

岳飞、徐达、常遇春、刘基（刘伯温）、于谦等。在陪祀的文臣武将中，关羽的待遇最高，在历代帝王庙西南隅专门为他修建了一座关帝庙，单独祭祀，以突出关羽独享其尊的特殊地位。

从明嘉靖十一年（1532）至清末的380年间，在历代帝王庙共举行过662次祭祀大典。

（七）钦安殿是皇帝与皇宫的保护神

皇帝在理政处理国家大事的同时，其安保不容忽视，紫禁城始建时就建造了钦安殿。皇帝和皇宫不但有众多亲兵时刻把守，还要请"神"来护卫。这位守护神就是玄天上帝，又称真武大帝，被安奉在皇宫偏北的御花园正中、南北中轴线上，位置显赫。这是故宫中唯一建在北京中轴线上的道教建筑，明永乐年间与故宫同时建造。道教中，玄天上帝为北方之神，属水，因此它不仅负责皇帝的安全，还为皇宫的防火做着贡献。

古人认为，上有北斗七星，下有真武大帝，皇帝和皇宫的安全有了绝对的保障。每年元旦皇帝都要来钦安殿拈香行礼，以表达对真武大帝的崇敬和感谢。

以上，我们以中轴线上几处具有代表性的建筑为实例，分析和探讨了北京中轴线的文化内涵，清晰地看到了一条以"皇帝、皇权"为主题的逻辑链：皇帝、皇权及其法理依据、皇帝职责、国与民生之本、执政的主导思想、明君的表率作用，以及"中华统绪，不绝如线"的文化根脉。

四、中轴线各时代的风貌

北京中轴线从元至今，位置和文化内涵始终未变，但是不同时代却又赋予了它不同时代的风貌。总的来说，元代始建，明代定型，清代沿袭，民国过渡，而当代则增添了全新的内容。

以忽必烈为代表的元代统治者在一定程度上接受了汉文化，遂命汉臣刘秉忠依照汉族都城最高礼制的《考工记》标准建造大都城，但同时又将蒙古人的草原文化融入了皇宫建设，致使宫城内充满了草原文化的气息。

殿内布置保留蒙古族特有的毡帐色彩。地上铺设厚厚的地毯；墙壁上挂着用黑貂、银鼠、黄鼬等名贵兽皮缝制成的壁障，以挡风寒；殿内摆设，如御榻、胡床等，皆依照蒙古毡帐的风格设置。宫殿四周遍植茂草，被称为"誓俭草"，观者好像置身于大草原之上。宫殿群的空隙之处，遍布着毡帐、毡车等岁时北行上都的必用之物，更展现出草原文化的特色。元人陶宗仪所著《南村辍耕录》有较详细的记述，可供参阅。

明代的北京城虽说是在元大都城的基础上改建而成的，但改动却是翻天覆地的：永乐年间拆除元大都的北城墙，向南移动约五里（2500米），拆除南城墙，向南移动约二里（1000米），新建南北两面城墙；嘉靖年间又增建了南城，由此改变了大城的形状，也改变了中轴线的长度。中轴线两侧建筑的布局也做了变动，比如，元代的太庙和社稷坛分别建在齐化门（明改称朝阳门）内和平则门（明改称阜成门）内，明代则将其改建在今址。此外还增建了历代帝王庙等建筑。

清袭明制，但也有变动。将皇城和紫禁城的门与宫殿的额匾改为满汉合璧，有的还是满汉蒙三种文字的合璧。同时，按满族习俗，仿盛京（今沈阳）故宫清宁宫形制对坤宁宫进行内部改建。将正门开在偏东的一间，改成具有满族特色的"口袋房"，且将窗纸糊在外面。宫内西侧改建成安放神像的三面环形万字炕，并设置了制作祭品的煮肉大锅，成为清宫内举行宗教活动、萨满祭祀的神堂。坤宁宫是故宫中最具民族特色的宫室。此外，在皇城东南隅兴建了具有满族祭祀特色的堂子。堂子所祭祀的诸神神像平时都供奉在坤宁宫，行祭时再临时请出，由此更增添了皇宫的满族特色。

民国推翻了清朝的封建帝制。依据《关于清室优待条件》细则，将故宫内象征旧政权的三大殿及以南的建筑收为民国所有，其各门额改成单一汉字书写；乾清宫及以北的建筑仍由清皇室暂用，原门额没有改变，沿用至今。

1949年北京（时称北平）和平解放，北京恢复了国都的地位。天安门和天安门广场发生了重大变化，成为中华人民共和国、新政权的代表性标志。经过1952年的小修、1962年中修、1970年的落架重修和1980年的大修、1999年再次大修，天安门焕然一新，规制得到了提升和改变：原来的大点金旋子彩画改为金龙和玺彩画，高度提升了0.87米，恢复到明制高度。如今的天安门高大、庄严、雄伟，黄琉璃瓦重檐歇山顶，一层檐下悬挂中华人民共和国的国徽，城楼正中的门洞上方悬挂着开国领袖毛泽东的巨幅画像，城台两侧分别镶嵌"中华人民共和国万岁"和"世界人民大团结万岁"的标语。

在明清两朝六部衙署的旧址上，建起了金碧辉煌的中国革命历史博物馆和中国历史博物馆（后合并为中国国家博物馆）和人民大会堂，前者在广场东侧，后者在广场的西侧。也就是说，中国革命历史博物馆和中国历史博物馆，是在太庙的南向延长线上；人民大会堂是在社稷坛的南向延长线上。这种平面布置是工程设计人员无意间造就的一种巧合吗？笔者认为绝非巧合，而是有意为之，是在继承传统文化的基础上注入了新的内容。

封建帝王建太庙，是为表达不忘家族祖先的功德，而中华人民共和国建中国革命历史博物馆和中国历史博物馆，则是在传达新政权的一个理念，即不忘中华民族的民族祖先，永远牢记中华民族悠久辉煌与屈辱的历史，永远牢记为建立新政权而走过的艰苦卓绝的奋斗历程，永远牢记和缅怀那些为建立新政权而牺牲的先烈们，以及历史上为中华民族崛起而献身的民族志士们；封建帝王建社稷坛，是为了永远不忘牢牢掌握家之天下，而新政权建人民大会堂则是一种庄严的宣告：中华人民共和国是人民当家做主的国家，其最高权力机构是通过人民代表选举产生的全国人民代表大会，换言之，其所行使的权力是人民赋予的，因此是为人民服务的。两者是截然不同的，封建王朝所维护的莫非一家之私利，而新政权则是为公、为民的，是在一个全新的、崇高的基础上，去延续和传承中华民族传统文化的。

广场上还分别建有国旗台和人民英雄纪念碑。

1976年伟大领袖毛主席逝世后，中国政府代表人民的意愿在广场南端，人民英雄纪念碑与正阳门之间，亦即中轴线上原中华门的位置建了毛泽东主席纪念堂，供人民祭奠和寄托哀思。毛泽东主席纪念堂的建造为北京中轴线的发展做了最后的定格，画上了圆满的句号。

五、小结和建议

（一）小结

北京中轴线要传达的是中央集权和大一统的执政理念。这种理念居于中华传统政治体制文化中的核心部位，是整体中华文化中最为重要的一部分，根深蒂固，代代传承。元、明、清依然如此。发展到今天，这两点仍是我国的政治底线，即民主集中制下的中央集权和全国各族人民共同缔造的统一的多民族国家，不走议会的道路，不搞联邦制，更不能闹独立、搞分裂！

通过对中轴线的分析，我们还得出了如下的结论：任何一个国家的政体形式绝不是凭空从天上掉下来的，而是从该国的历史发展进程中逐渐形成的，是在历史的实践中得以定型和完善的。英国的政治体制是在英国的历史发展中形成的；美国的政治体制是在美国的历史发展中形成的，尽管它的历史很短；俄罗斯的政治体制是在俄罗斯的历史发展中形成的。中国现行的政治体制则是在中国曲折、漫长、复杂的历史发展中形成的。实践中，特别是在抗击2019年底开始发生且一直持续到现在、世界各国无一能幸免的瘟疫大灾难中，以中国共产党为领导核心的政治体制发挥了巨大的作用，统一指挥，统一调配人员、物力，相互支援，相互协作，形成合力，有效地控制了疫情，保护了人民的生命安全。于此，中国有目共睹，世界有目共睹。这是北京中轴线申遗的信心所在，是中华民族文化自信的所在！我们可以满怀信心地说：北京中轴线申遗项目具有世界文化意义！

（二）建议

纵观历史，北京中轴线自元代起，发展、演变到今天的面貌，已经功德圆满。以后所需做的事情，是要全力以赴，真正保护好这条具有世界意义的中轴线。而我们认为,最好的保护就是不要继续在现有的中轴线上增加新的建筑,展现新的内容了。因为不论再创建什么高大上的建筑物都是画蛇添足,它们和这条中轴线在逻辑上不会有任何的关联。

作者简介:郎守廉,男,满族,北京人,副教授,研究方向:北京文化发展史。

北京核心区四合院微更新策略探讨

摘　要：历史街区中的小型改造更新一直是建筑师的兴趣所在，北京近年出现了或丰富、或保守、或激进的改造项目，这些不同的作品背后存在着区域保护等级的差异和产权的根本区别。公产院落由于没有真实的业主，邻里关系相对简单而具有比较大的发挥空间。私人产权的住宅则受到功能、修缮材料、边界、屋顶轮廓等多重管理限制。作者以私人院落为主要更新实践对象，在遵循风貌要求和房屋产权限制的前提下进行了多处四合院的改造更新设计，在此基础上整理出不同对象在地理文脉、空间格局完整性、建筑历史信息等方面的差异，并基于这些差异采取不同的设计及技术策略。文中通过几个不同的实践案例，讨论北京核心区内传统建筑和院落的针对性更新策略。

关键词：北京核心区　四合院更新　历史信息　空间活化

背　景

北京二环以内即我们通常认定的北京旧城的范围，这片区域内先后确定了33片历史文化保护区，其中除了获得文物身份和专项保护的文物建筑，更多的是风貌不一、尺度各异但共同构成老城机理的普通居住型四合院，这是历史中最为复杂和善变的部分，也是本文关注的主体。近年来随着北京核心区更新提示的社会趋势，笔者作为设计师投入到各类院落的更新实践中，这些四合院的原始风貌，质量各异，规模体量不一，存在的问题也千差万别，但业主都在寻求一种更好、更丰富的生活，寻求舒适的现代功能与传统宜人风貌的结合。两年中类似私产院落项目实施或研究的案例有21个，重点集中在东城区，其中的得失与经验也成为本文分享的重点。

一、产权解析

历史原因造成北京历史街区内建筑产权复杂，一个区域内常常涉及央产、军产、公产及私产房屋几类，甚至同一处四合院内的产权不同。其中公产（由房管所管理）和私产是现存四合院中最主要的两种产权形式。以上两种产权形式的房屋都要遵循《北京历史文化名城保护规划》中对四合院的风貌提出的要求，这一要求涵盖从建筑材料、檐口高度、容积率、建筑位置、入口造型等多个方面。但在保护更新的实施层面私房与公房的不同之处在于：由于私房存在着交易和买卖的可能性，每一次易主需要经过严格的测绘和规划比对检查。私房的房屋和院落都需要遵守诸多严格的风貌和规划控制要求，历史文化街区保护规划及风貌要求则对建筑的材料类型、结构类型和屋顶样式做出了控制。标识为瓦、灰，其他一律被归结为临建类型。而公房则不存在类似的检验环节，院落的处理也相对自由。由此可以实现布局、结构上的突破，尝试更为激进的建筑实验。针对公产院落的那些相对激进的四合院改造，由于没有真实的业主，也不用面对复杂的邻里关系，而有了比较大的发挥空间。（见表1）

表1　直管公房与私房四合院规划控制实施中的区别

	直管公房	私房
建筑面积	严格，与50年代历史房本一致	
建筑轮廓	—	严格，与历史图纸轮廓一致。一层如有加建，需结构可逆可拆除
层数	—	严格，与历史房本一致，多为1层
地下室	—	严格，可报批下挖一层，四周退界1.5米

续表

	直管公房	私房
建筑材料	—	严格，木结构、瓦屋面
临街门户	严格，需采用北京四合院传统大门形式	
屋顶形式	中等，可平改坡	
维修主体	房管所	私人
施工单位	房管所下属施工队	自寻
资金来源	政府拨款	自筹

在实际实施中，过往的大量工作显示：直管公房的修缮重点是关注原有边界的精准（涉及产权面积）以及临街风貌（符合风貌保护规划要求）。而对不同街区、不同等级身份的院落本体，一方面无人力、无精力在拆除之前进行细化研究，另一方面造价和工期控制都导致建设样式单一、设计粗糙。2008年，北京市财政及市发改委安排了12.3亿元的专项补助资金，用在传统街区整治及房屋修缮。仅当年，便对44条胡同共1954个院落的房屋进行了修缮整治工作。从市政提升角度来说，这的确是可观的成果。但这种短期、快速、批量化改造，其千房一面也造成了院落及街区美学价值的跌落。

与此同时，传统私房修缮中的问题则演化为：不计条件及场景，过度追求装饰。普遍出现屋顶及装饰预制、混用不同文化装饰要素、装饰内容的错用和滥用等情况。这种修改中设计师往往是缺席的，仅有熟练的古建施工队。建成环境中体现了户主对中式豪奢的想象，满足了自身富足的展示欲，但也成为风貌上的另一种破坏，并且在基础设施的舒适度上并未有明显的提升。

以上问题成为我们设计的前提，这不同于文物保护，也不同于新建筑设计，要在理性与无序之间，在规律与突变之间，用有限的成本找到一条协调有弹性的修缮方案。

二、项目特点评估

我们参与的项目大多分布在北京东城区。参照《北京历史文化保护区保护规划》中的评定标准，这些院落建筑质量多为"一般"或"差"；建筑风貌方面，"二类"建筑仅占少数，不协调的"三类"建筑居多。随着研究案例的增多，传统的基于文物保护的处理原则已不足以解决各院落的具体问题，因此我们在研究中细化了每一历史院落的评估，以求形成更有针对性和适应性的解决策略。评估要点包括地理区位与历史信息、院落格局完整性、建筑本体结构质量、历史建筑信息等方面。（见表2）

表2 历年私产四合院设计对象综合情况评估（以好中差区分）

	项目名称/地址	占地面积（m²）	地理区位与历史信息	空间格局完整性	建筑结构质量	历史建筑信息	投资成本
1	前永康三巷9号	220	好●●●	中●	中●	差○	低○
2	石猴街6号	100	中●	差○	好●●●	差○	低○
3	本司胡同16号	300	好●●●	好●●●	好●●●	中●	中●
4	交道口二条	170	差○	差○	差○	差○	差○
5	东新帘子胡同	290	好●●●	差○	差○	差○	差○
6	门楼胡同49号	600	好●●●	好●●●	差○	好●●●	高●●●
7	花梗胡同	500	中●	差○	好●●●	中●	高●●●
8	西扬威胡同	230	差○	中●	中●	中●	中●
9	花园东巷5号	100	差○	差○	好●●●	差○	差○
10	月牙胡同	190	差○	差○	差○	差○	差○
11	流水巷15号	120	差○	差○	中●	差○	低○
12	大经厂胡同23号	500	差○	好●●●	好●●●	中●	高●●●
13	小厂胡同2号	400	好●●●	好●●●	好●●●	中●	中●
14	东石槽胡同	240	差○	差○	差○	差○	中●

续表

	项目名称/地址	占地面积（m²）	地理区位与历史信息	空间格局完整性	建筑结构质量	历史建筑信息	投资成本
15	前抄手胡同23号	110	中●	差○	中●	差○	低○
16	焕新胡同	700	好●●●	好●●●	好●●●	中●	中●
17	旧鼓楼大街	150	好●●●	差○	中●	差○	中●
18	宫门口四条	120	中●	差○	高●●●	中●	中●
19	耀武胡同	500	好●●●	好●●●	高●●●	差○	高●●●
20	流水巷胡同	140	中●	中●	中●	中●	低○
21	北沟沿胡同	180	好●●●	差○	中●	中●	中●

　　地理区位与历史信息即院落的历史及人文背景，为查遗补缺，每处院落设计之初我们都尽量通过口述记忆和文档查询来确认它的历史演变，发掘其人文价值；院落格局完整性则重点关注主体结构组成的空间机理和尺度，传统教科书中对四合院解读过于单一，在实地测绘中可以观察到更多适应性的布局；建筑本体结构质量评估关注大木结构部分，这也是落架重修和修缮改建的分界；历史建筑信息关注各种细部设计和工艺处理，即建筑的艺术性。综合以上四方面，笔者整理了历年设计研究的各个院落，也总结出了一些基本的设计规律。最为重要的制约因素是私房房主有限的资金能力，这也明显地影响到设计决策。

　　从上表中可以看出：规模较大的院落普遍位于较好的地理位置，特别是皇城区；空间完整性角度小院子的破坏格外严重；多数建筑质量较好，但在过往加固中严重破坏了建筑的历史信息；而中低改造成本才是大多数业主的选择。

　　在以上评价要素的影响下，针对历史信息和空间格局完善的案例，我们会采取相对保守的风格和工艺做法，这也会造成较高的造价；综合评分较低的案例适合尝试些更为激进灵活的方式，这时造价对效果的影响较大；单项优势突出的作品受造价高低的限制，设计重点往往集中在创造新的空间体验上。本文选取了以下三个代表性的案例进行讨论其设计策略。

三、三个实践案例

（一）在历史中求真：门楼胡同49号风貌恢复

门楼胡同49号是座堪入教科书的传统院落：格局完好，规整的两进院，面阔5间，第一二进院落间以垂花门间隔，正房五间屋顶勾连搭，室内进深可达11米。20世纪40年代此处曾被日本人占用改建，这期间前院、东西厢房及连廊均被改造为民国式样，建筑门窗采用砖砌平拱，廊子改为木挂檐的灰面平顶连廊。正房除北墙面外其他结构未有大动，内部分隔采用日式壁龛、增设现代卫生间，并铺换木地板。中华人民共和国成立后此处房屋格局未做改变，继续沿用至90年代。设计展开之初，我们看到的是长时间荒废导致屋顶结构失修、部分坍塌；自然沉降也引发部分墙体拉裂。与之类似情况的院落包括小厂胡同2号、大经厂胡同23号及新鲜胡同。这类院落从航拍图上便能感受到其完好的格局，格局的完整性是我们修缮的第一前提。而相互独立的传统四合院布局在实际使用中已经不能适应现代生活习惯，这点成为我们改造的重点。即尊重原有格局，尽可能减少对原始结构的改动，实现现代化的提升。同时，房主对日伪年代的改建从文化上持抵触态度，也希望将院落整体恢复为传统四合院的经典形式。（见图1）

图1　门楼胡同49号正房原始状态

1. 研究要点

建筑形式曾经是典章制度的最直观体现，当它作为等级标识的功能被弱化之后，修缮容易陷入过度装饰和过度演绎的失控之中。这也是北京四合院风貌修缮中普遍存在的问题，四种典型的大门混用及夸张的尺度，都让历史街区表现出失真的夸张。在外观修复环节中业主也有类似的偏爱，我们需要在沟通中用更多的案例和分析来说服业主。我们在改造的系列工作中，对北京现存古旧四合院大门进行了调研统计。收集了13条胡同的59处未经改造的传统院落大门数据，得到了不同等级门户的普遍尺寸。作为《清式营造则例》中小式大木门做法的补充。最终确认了大门形式，将原有的金柱大门恢复成广亮大门，以更匹配原有开间体量及勾连搭做法的正房。

2. 实施方案

最终形成的设计方案，以重现原有空间格局为前提，以两个合院为核心。其中外庭院尽量保持原貌，作为室外空间；内庭院增加了水景，浅水环绕、树影婆娑，成为建筑中的景观中心；就餐区及书房、客厅都围绕着庭院展开；两侧抄手连廊安装双层中空玻璃仿古窗，使内部空间能够相互连通，打破了传统上用门、窗、墙隔绝室内外的空间法则，更好地应对的北京寒冷的天气；正房勾连搭屋顶上添加了玻璃采光窗，为公共客厅提供了更好的光线环境（见图2、图3、图4）。

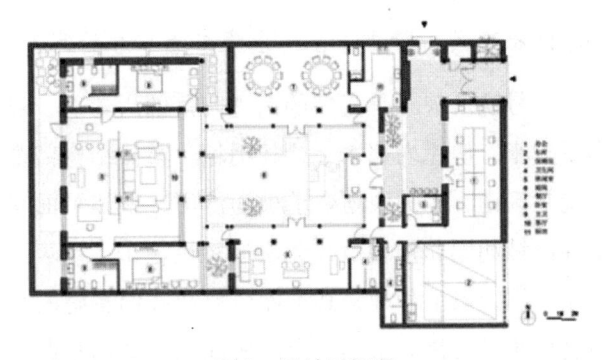

图2 设计平面图

图3　从庭院经门厅看到连续的空间层次

图4　更新后的院落环境

(二) 保持格局下的情景重造：前永康三巷9号的写意庭院

前永康三巷9号院落曾经是完整的两进院落的后罩房，形态狭长，占地面积两百多平方米。房屋内部木架糟朽坍塌。整体结构需全部重建，其地处雍和宫历史片区内，相关规划要求极为严厉，整体平面须与原有轮廓一致。院子所在区域胡同非常狭窄，无法通行运输车、垃圾清运车，会引发大量人工费用。综合以上种种，其难度系数在我们实施的众多项目中是比较高的，但这也正是大量北京小四合院所面临的共同难题，对它的解决也具有现实意义。(图5)

图 5 改造前的院落状态

1. 设计策略

（1）原拆原建：规划条件下的平面调整

原有建筑平面分为两部分：作为后罩房的坡顶部分以及民国期间增加的木质平顶部分，两者连接处留出了一个小天井。设计在遵循历史街区"原拆原建"的前提下，扩大了内部的天井，并对平顶部分加建钢结构用以承重，形式上保留了原有的木结构，在最大程度上还原历史。加固后的平屋顶被改造成可以上人的露台。上到露台需要经过"庭院—门厅—小天井—绕石榴树而行—露台"这一序列，拾级而上，迎面看到的就是院外翠冠如盖的古槐。（见图6、图7）

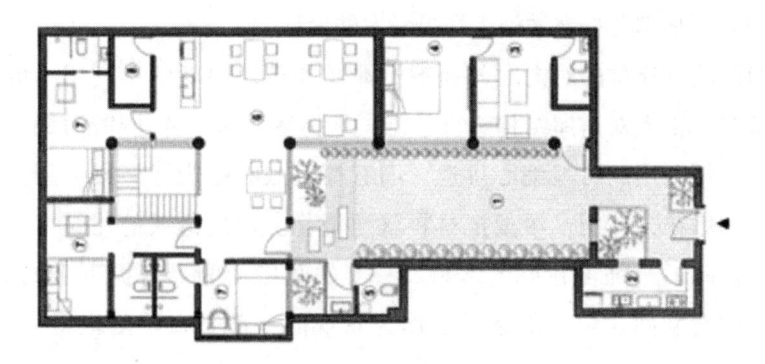

图 6 设计平面图

223

图7　高低内外连续转折对比的空间层次

（2）原地消化：老城施工局限激发的设计

如何减少建材的对内对外运输？涉及了传统建材的再利用。拆除时设计师要求工人对房屋结构进行了温柔地拆解，每一片瓦片都精心对待，对于可以再利用的材料细心挑选。旧有檩条截断作为三架梁使用，更小者改为木墩花架使用，尽量把材料就地消化。最后落成的建筑中，使用了所有拆除下来强度较好的木料。一半的瓦屋面为老房拆下来的旧瓦。拆解出的老墙面、台基阶条石也作为景观的一部分在院落里得以展现。（见图8）

图8 利用拆解后的木梁重新开隼做成五架梁及旧有墙面展示

（3）南方园林意匠的重塑

拆除了近代所有私搭乱建的厨卫之后，形成了一个完整的庭院，这在北新桥地区高密度的四合院中格外少见。庭院呈东西向长条形，入口外的小叶黄杨掩映着老木门，进入后则迎面是旧有的电表墙，通过种植竹子和芭蕉，形成一处绿荫粉墙的照壁。稍微移步绕行，就可以看到主庭院。设计考虑到小院的地势较低，且坡屋顶庭院汇水面积大，使用了全渗透的地面设计。以竹林、人字缝青砖铺地和白色鹅卵石为三种基本要素，拼贴成不同气质的交通空间和休憩空间，一条3米长的青石阶条石居中架起，成为庭院的视觉主体，这条青石也是由老建筑基础转化而来的。这个让人喜爱的阶条石不仅保存非常完整，还带着纯正的古韵基调与朴素的气质，搭配宣纸般的背景墙与竹子等景观元素，打造出了一个饶有韵味的"慢"空间。（见图9）

图9 纵横笔触连续引导的庭院空间

(三）从材料与经验中学习：西扬威胡同杂院改造

西扬威胡同杂院所在区域风貌杂芜，临近的建筑呈现出各不相同的类型学特征。这个院子也像周边环境一样充满了拼贴的记忆，在不同时期的私搭乱建过程中，建筑材料已经替换为彩钢板、水泥板、地板革、高光的瓷砖。这正展现了城市正处于经济快速增长的时期，居民不断追随建筑风格变化的过程。在早期拆除清理工作中我们还追溯到了它最早的信息：坡屋顶交接处的斜木屋架，五架梁又增加了斜撑，在传统做法之余又有些近代的漫不经心。这是它最早、也是最主要的结构：年轻草率、朴素有力。（见图10）

图10　庭院内原始状态

1. 设计构思

这是一处典型的杂院：历史短暂，区位环境平常。理想中传统四合院的材料和工艺早已荡然无存，朴素的民宅用料平平也谈不上精美，除了格局和尺度外，似乎很难再引发理想四合院的联想。很容易被认为是危改和衰败的象征。也正因如此，相较其他院落，它的改造更有适应性的意义。最初的争议集中在材料的选择上，对一处年轻的场地，一味地仿古绝对不是建筑师认可的途径，木结构古建形式一开始被我们排除在外。这座院落远期将作为咖啡馆和民宿使用，也是对原有居住功能的承袭。在设计中我们捕捉到材料拼贴的意向，并将"拼贴"作为其关键词。（见图11）

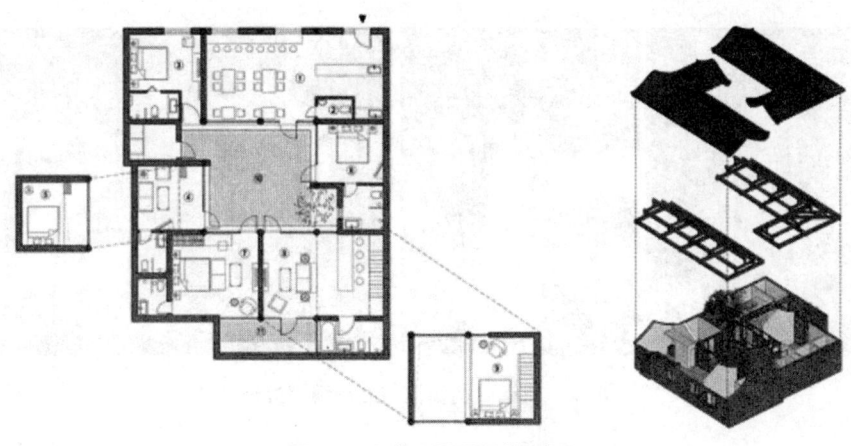

图 11　设计平面图及轴测图

2. 技术要点

每个时代的居民都在选取最新的材料来优化自己的房屋，我们反思了建筑审美短暂周期的问题，希望通过将新的设计元素插入旧建筑中的方法来延续这种理念，同时也力争在美学上更加纯粹。最终我们找到了竹钢这种材料，既有材料上的创新优化，也有历史质感的传承延续。竹木墙板立面采用双层竹木板内填保温板做法，嵌双层中空玻璃。竹钢的防火为 B1（耐火等级）级，高抗压、抗弯强度，耐磨耐腐，防白蚁，户外稳定性较好，使用年限可达 20 年，质地与木质可以比较好地协调，相较传统木门窗，减少了地仗层和油饰的环节，稳定性膨胀率小于1%，后期维护与传统做法相比也有明显优势。

竹钢不仅与古建木结构材质机理协调，主要在构造细节上能与传统木结构更好的结合。通常木柱为变截面柱，下端比上端多 1 厘米，在安装门窗时，常常出现门窗与木柱不能紧密贴合的问题，上部会出现 1 厘米宽的缝隙；常规金属框门窗在安装环节采用先打发泡胶再打黑色密封胶的处理方式，或后续增加其他封包处理，但做出来的效果并不理想。竹钢门窗则将木条打磨成楔形，填补到缝隙中，再将细缝补腻子，最后打磨，表面可基本实现浑然一体的效果。（见图 12）

图 12　竹钢结构窗框与立柱缝隙处理

　　竹钢窗的立面形象处理上将之拼贴式划分，玻璃与竹面材、冷与暖、通透与温和，反复地对比，共同围合成院落的四面。这种对照与割裂，有时也让人联想到对现实的关照。

四、实践回顾

　　北京四合院的保护更新一直以来都处于复杂的管理形态中，其中不同产权关系的公房和私房又各自面对特殊的问题和束缚。庆幸的是，近年来社会资本和私人资本都在推动其更新改造，身体力行，以小尺度、小规模的改造方式，探索着适合这座传统文化城市的新居生活形式。

　　面对传统四合院的空间形式与文化记忆，设计师如何解析，进而以什么样的态度去与之对话，是我们在多个设计中思考的问题。风貌保护往往强调仿古，而明星设计师则追求更激进的对比。我们不想去枉然臧否两种选择的优劣，只是希望在更深入地了解这座院落本身之后，有针对性地寻找适合的处理策略，延续它原有的价值所在，同时提供更舒适、更有尊严的生活氛围。在建设中把握住多方面限制的平衡，用当代的建筑语言对话传统空间，在历史的造物中留下这个时代应有的痕迹。

参考文献

[1] 陆翔. 北京四合院人居环境[M]. 北京：北京建筑工业出版社, 2013.

作者简介：齐莹（1980），女，北京，讲师，博士，研究方向建筑遗产保护、保护更新设计

英国建筑遗产保护的若干理念与措施

——以曼彻斯特城市历史建筑更新保护为例

摘　要：英国是世界上建筑遗产保护理论和实践较为先进的国家之一。其建筑遗产保护有两个重要理念："保守性维护"和"保护性利用"，前者是指通过日常维护改善建筑物的衰败，强调历史建筑物历经时间洗礼的"原真性"；后者基于历史建筑保护的"可持续性"，强调在充分尊重和保护的前提下，对建筑和景观做适应现代生活要求一些再利用，在使用中延续其生命力。作为工业革命发源地的曼彻斯特，城市转型和更新的一个方面是工业遗产的维护和再利用，另一方面通过老建筑的保护和利用实现社区的营造和传承。

关键词：建筑遗产保护　保守性维护　保护性利用

作为中世纪以来在世界政治、经济、文化发展史上最重要的国家之一，英国百年以上的历史建筑遍布全境。根据英国建筑遗产保护名录统计，目前仅英格兰在册的建筑古迹就有374,000多处，建筑风格从古代的撒克逊式、诺曼式到哥特式、都铎式，古建筑数量繁多、风格林林总总，构成一部立体的、鲜活的历史，不仅激发了盎格鲁—撒克逊民族的民族意识，推动社会各界对历史文化的自发的传承和保护，同时也深刻影响着现代化进程中普通民众的生活理念和生活方式。

英国建筑遗产保护的一个重要理念是"保守性维护"，即用日常维护的方式改善建筑物的衰败。相对于较为激进的"修复观"，"保守性维护"是建筑遗产保护中的"渐进式改良"，这种渐进式的改良传统渗透在英国政治、经济、社会生活的方方面面，体现在历史建筑和景观遗产保护上，虽然也存在"修复"与"反修复"的争论，但"保守性维护"，甚至"反修复"的理念，始终在英国建筑遗产保护中占据主流影响力，在城市更新、社区规划领域，都能看到这一理念的影子。遍布英格兰、苏格兰、威尔士的老城堡、古建筑、废墟遗迹，大多保持着最初的建筑材料和结构，时间流逝的痕迹也被忠实记录和保留，正是这种"保守性维护"理念致使建筑和景观历经时间洗礼的"原真性"得到充分体现。

英国建筑遗产保护的另一个特征是"保护性利用"，即在充分尊重和保护的前提下，对建筑和景观做适应现代生活要求一些再利用，在使用中延续其生命力。英国社会形成了这样一种共识：历史建筑不仅具有历史和艺术价值，同时也是构成社区生活、家庭生活的重要组成部分。只有当这些古老的建筑，深深地植入人们的日常生活中，与现代文明息息相关，并成为现代生活方式的一部分，建筑文化遗产才能最终得以保存，并能持续存活下去。同样，一座城市的更新与保护也应遵循这样的理念，才能够焕发出新的生机与活力。

这种保护理念之所以能够成为政府和民间的共识，一方面是由于"修复观"与"维护观"经历了二百多年的充分争论，在政策法规、组织管理、学术研究等领域都日趋完善。另一方面是基于现实的考量：一是出于解决保护经费，随着进入建筑遗产保护名录的项目越来越多，保护经费捉襟见肘；二是人们普遍意识到，建筑遗产保护应实现"可持续性保护"，重新定义建筑遗产的历史文化价值和社会价值，使古建筑融入现代生活，在社区中发挥功能，为居民提供居住、工作、娱乐等机会，使之合乎社区利益，促进民众福祉，形成商业利益与文化价值的相互支撑。与法国、意大利、中国不同，民间组织和私人团体是英国建筑遗产保护的主要力量之一，国家信托（the national trust）、英格兰遗产（english heritage）、历史苏格兰（historic scotland）等均是其中有影响力的民间保护组织，这些民间保护组织与政府机构深度融合，推动了建筑遗产保护经费的收入多元化，提高了建筑遗产保护的公平性和可持续性。

接下来仅以笔者在英国曼彻斯特的一段生活经历为例，对以上问题加以说明和补充。

与利物浦、伯明翰、格拉斯哥等英国城市类似，曼彻斯特是一座典型的工业城市，因工业革命而闻名于世，工业革命为曼彻斯特带来辉煌和荣耀。托克维尔在《旧制度与大革命》中曾形象地描绘过19世纪上半叶的曼彻斯特，高耸巨大的建筑物隔绝了空气和阳光，城市的一边属于富裕的少数人，另一边则属于贫穷的绝大多数。机器不知疲倦地日夜轰鸣，男人、女人和儿童都被困于其中。肮脏的下水道里流淌着足赤的黄金，的确，作为英国工业革命的发源地之一，棉纺织业在历史上一直是曼彻斯特的传统支柱产业，棉纺织原料和成品的采购、运输、生产、销售深刻影响了这座城市的建筑、交通和城市景观。在曼彻斯特和港口城市利物浦之间，有铁路、河流相连，这是世界上最早的一段铁路，至今仍在使用，默西河直通阿尔伯特码头（albert dock），铁路、工厂、仓库、码头形成了曼彻斯特—利物浦丰富的工业遗产资源，引领了全球"工业考古"和"工业遗产保护"潮流。

工业化伴随而来的是城市化，曼彻斯特一度是世界上人口最密集、城市化程度最高的区域之一，漫长的工业化和城市化进程留下一座遍布工业遗址的城市，棉纺织业的衰退也带了产业转型和城市更生的挑战。作为老工业城市向"科技""创意"型城市转型的范例，曼彻斯特在历史建筑再利用和城市更生等方面创造了很多十分成功的案例。其中，最为经典的就是凯瑟菲尔德城市遗址公园（Castlefield Urban Heritage Park）改造项目。这处公园的原址是一处古罗马时期的城堡遗迹，19世纪被改造为铁路仓库，至今仍保留着当年的高架铁路和巨型仓库。20世纪90年代，这里改建成了遗址公园，铁路、仓库改建为公共文化设施，科学和工业博物馆就在公园内，此外还有为数众多的画廊、酒吧等公共设施，时至今日，已经成为曼彻斯特的一张城市名片。

曼彻斯特另一处工业遗址改造案例是杰布斯乡村公园（Deansgate Lock），利用铁路桥梁的桥拱空间改造为商业店铺。由于地形起伏、河流蜿蜒，英国很多铁路都架于桥梁之上，桥梁下形成了巨大的拱形空间。Deansgate Lock 位于曼彻斯特市中心，市区道路、铁路、运河平行通过，铁路桥梁目前仍在使用，每日有火车穿流通行。这种道路交叉的城市空间，一般的解决方案是设置立交桥，但该区域充分利用铁路、运河、公路的相对位置，将铁路桥梁下巨大的桥拱空间，融入城市日常生活，创造出一个可以步行的生活、娱乐街区，而不是车水马龙川流而过的立交桥。桥拱的空间里设置店铺、餐厅和酒吧，与对面的建筑围合出城市的街道，依托铁路勾勒街区结构，运河则成为街区的景观。为了保存铁路桥的原有状态，新建部分的立面用钢和玻璃把桥拱封起来，与厚实的红砖形成对比，建筑内部依然保留拱和砖作为结构框架。（见图1）

图1　曼彻斯特杰布斯乡村公园桥拱空间改造实例

英国很多城市都保留着大量百年以上的老建筑和大片的老城区，在产业转型、城市变迁、人口流动的过程中，这些建筑经过不断改造，融入社区，仍然在城市生活中发挥重要作用，老建筑、老城区历经岁月洗礼，呈现出的铁锈色调，配合建筑材料本身木质、石头的机理，呈现出独特的历史感。这些老建筑在保护、更新、再利用的过程中，并非简单的"修旧如旧"，而是在保持原有风貌和历史痕迹基础上，通过室内空间的改造、室外建筑的延伸，以及与周围社区环境的协调，保护建筑的"原真性""可持续性"以及当前的实用价值,曼彻斯特大学惠特沃斯(Whitworth)美术馆就是一个历史建筑融入社区的典型案例。

Whitworth美术馆位于Whitworth公园一侧,紧邻城市主干道牛津路(Oxford Road),周边是曼彻斯特大学、医院和印巴人聚居区。美术馆始建于1889年,是一座石质建筑,占地面积不大,共两层,一层主展区常年设纺织品展、古埃及展,笔者还遇到过安迪·沃霍尔作品展。二层是小型临时展区,如铅笔素描、泥塑等。扩建部分从老建筑的两翼扩展到公园纵深处,玻璃、不锈钢和红砖材质的新建部分与古老的岩石结构相得益彰,砖砌部分的立面图案来自传统的斜线纺织工艺,致敬这座城市悠久而荣耀的棉纺织工业传统,在冰冷厚重的砖石外墙上投射出织物的经纬机理。

扩建部分包括一个扩大的画廊空间,一个小型收藏中心,主体是一条玻璃长廊,不仅为景观作品和大尺寸雕塑作品提供了展览空间,巨大的玻璃窗将Whitworth公园景色延入馆内,将公园与美术馆完美融为一体。长廊尽头设计了一个咖啡馆,有楼梯连接公园,周边居民可以方便地穿过公园,走进美术馆,或者来喝杯茶,或许只是在湿冷的天气里进来坐一坐。扩建后的美术馆以更大的空间、更加开放的姿态融入周边,为这个平民社区增添了艺术和文化氛围。(见图2)

图2 曼彻斯特大学惠特沃斯美术馆内馆图

如果说市中心的历史建筑再利用有来自城市空间规划的压力，那么郊区的建筑保护和利用则更多地体现了社区营造和传承的功能。旅居英国期间，笔者一家住在曼城南部一个叫查尔顿（charlton）的小镇，距离市中心的皮卡迪利花园（Piccadilly Garden）大约半个小时车程。小镇面积不大，但是拥有三个公园、二所小学、二座教堂和一个公共墓地，以及隐匿在居民区里的咖啡馆、酒馆、书店、花店、杂货店、裁缝店、鱼店，很有中国八九十年代小城镇的样貌。小镇安静祥和，家家户户独门独院过着平静的日子，日常的公共社交空间包括社区教堂、广场、小学校和酒吧等。（见图3）

图3 曼城南部的查尔顿小镇景观图

教堂是宗教国家最重要的建筑，是建筑、雕塑、绘画、音乐等艺术门类的集大成者，Chorlton最高大最宏伟的建筑也是教堂。年轻一代对宗教的热情江河日下，不再像他们的长辈一样虔诚，礼拜日来教堂的人越来越少，教堂日渐变成了一个类似社区活动中心的场所。这座教堂始建于19世纪末，主体建筑只有一间六十平方米左右的礼拜堂和二十平方米左右的侧室，以及简易的茶水间和卫生间。除了主建筑，还有东西两侧附属建筑，其中西侧变成了仓库，东侧一层开了一家咖啡馆，兼营土耳其菜，二层是一家面料设计师工作室。（见图4）

235

图4 查尔顿小镇教堂

笔者的一位朋友 Kim 是一位瑜伽教练,她的瑜伽教室就设在教堂里,每周周二和周五下午5点到6点开课。Kim 使用教堂是免费的(因此保障了每次课6磅的超低价),作为回报,她义务为教堂打理庭院。来上瑜伽课的都是 Kim 的朋友,除了上课,他们会把家里做的点心、小食带来课堂上,并交流小镇新闻,比如4月庭院节、9月曼城马拉松比赛等。除了 Kim 的瑜伽课,教堂里还会举办各种社区活动,如募捐会、读诗会,常常是这厢边瑜伽课一结束,下一波人已经到来,大家打着招呼,顺利完成场地交接。

Chorlton 中心的旧时集市广场(Market Square)是另一个社区活动中心。名为广场,实则是一个几十平方米的小庭院,四周被 Costa、Boots、面包店、肉铺、鱼店、水果店、杂货店、旧货店、殡葬公司、旅行社、邮局围合,Costa 和鱼店门前的座位总是人满为患;邮局门前有一个货架,陈列着来自 City Council、社区图书馆、游泳馆、野营俱乐部等机构的宣传册,平时小广场是居民采买之余歇脚聊天的所在,是附近居民的"信息集散地",周末则会有各种集市,如春天的花卉集市、夏天的野营集市、圣诞节前的圣诞集市。(见图5)

图 5　旧时集市广场

在中国，当新一轮城镇化浪潮席卷而来之际，我们需要认真思考，城市发展的"硬道理"与历史古迹，如何才能和谐共处、相得益彰？历史古迹的保护，能否融入社区生活和居民利益？如何找寻到一条既不延误城市的现代化步伐、又能够对古建筑很好地加以保护地城市发展之路？在进行旧城改造的同时，找到一条古建筑保护与利用的可持续之路，让建筑遗产融入社区，融入现代生活，在这方面，英国的某些理念和做法值得我们去思考和借鉴。

作者简介：*卢彬彬，1972年生人，女，博士，副教授，山东潍坊人，主要研究方向为产业经济。*